120 [COLECCIÓN TRÓPICOS]

Edición exclusiva impresa bajo demanda
por CreateSpace, Charleston SC.

Editorial Alfa
Apartado postal 50304. Caracas 1050, Venezuela
Telf.: [+58-212] 762.30.36 / Fax: [+58-212] 762.02.10
e-mail: contacto@editorial-alfa.com
www.editorial-alfa.com

ISBN: 978-980-354-404-1

Diseño de colección
Ulises Milla Lacurcia

Diagramación
Yessica L. Soto G.

Corrección
Ross Mary Gonzatti

Fotografía de solapa
Efrén Hernández

Imagen de portada
La entrega de la bandera española, óleo sobre tela de Arturo Michelena, 1883.
175 x 223 cm. Museo Bolivariano de Caracas.

Printed by CreateSpace, An Amazon.com Company

FRANCISCO ALFARO PAREJA

La historia oculta de la Independencia de Venezuela

De la guerra idealizada a la paz imperfecta

EDITORIAL
ALFA

Índice

Prólogo
La historia: un camino para la paz
Tomás Straka

EN AQUEL TIEMPO YO ERA UN *LOBATO*. Es decir, estaba en el primer peldaño de las jerarquías del escultismo e iba los sábados a la Abadía de San José del Ávila a pasar la tarde corriendo y jugando. Naturalmente, no eran juegos al acaso, sino direccionados por los líderes y usualmente con alguna moraleja al final (que no siempre entendía a los nueve años). Una vez, cerca del 24 de junio, se organizó uno de rugby, deporte cuyas reglas nunca aprendí, pero en el que me ayudaba el tamaño (siempre he sido el más alto en todas partes): me daban la pelota, me decían que corriera hacia adelante y que tumbara a los demás. Fue divertido hasta que en una ocasión todo el equipo contrario me brincó encima –¡tenían que pararme de algún modo!– y aún la angustia de morir asfixiado me despierta algunas noches. Pues bien, ese día nos dividieron en dos equipos: realistas y patriotas, para conmemorar la Batalla de Carabobo.

No me acuerdo si en la cancha pasó lo mismo que en el campo de batalla y ganaron los patriotas, ni me acuerdo a qué bando me asignaron, pero la anécdota viene al caso porque se conecta directamente con el libro que Francisco Alfaro Pareja me ha pedido que le prologue. Ella habla de una memoria histórica basada en las guerras, o incluso algo peor: de una idealización de las mismas convirtiéndolas en un juego de niños. No se trata de ocultar el sol con un dedo, de borrar las guerras, tan importantes, para bien o para mal, en la historia de la humanidad; o de asumir un pacifismo lerdo, que impida defenderte de agresiones cuando tienes vecinos como Hitler o Saddam Hussein; rebelarte contra las tiranías o, si es necesario, ir a las barricadas para defender tus derechos. Se trata de no idealizar aquello, al menos no como la única forma gloriosa de resolver los conflictos. ¿Por qué, además de las batallas, no exaltamos la paz? ¿Por qué aún recordamos más a los grandes conquistadores que a quienes se empeñaron en convivir sin pleitos con el resto de la humanidad? Como en Alemania, que huyendo de sus viejos fantasmas en la posguerra llenó sus billetes, toponimias y estatuarias de compositores, científicos y artistas, para crear una nueva cultura de la paz, con héroes de la paz; el resto de los pueblos del mundo no debemos esperar a masacrar millones de personas para tomar la misma decisión. Carabobo merece seguir siendo conmemorada, el ejército venezolano, estirando un poco las cosas, puede seguir celebrando el 24 de junio como su día, y no hay problema en que los niños sepan del evento jugando rugby; pero también pueden jugar a ser un Louis Daniel Beauperthuy, descubriendo el agente transmisor de la fiebre amarilla; a ser un Armando Reverón, llevando la luminosidad hasta más allá de todo límite; o, por qué no, un líder democrático y civilista como los tantos que tuvimos en la segunda mitad del siglo xx.

Una nueva visión de la historia

Por generaciones, el recuerdo de las clases de historia ha sido poco menos que una tortura para la mayor parte de las personas: una interminable sucesión de fechas, reyes y guerras. Así, la fama de que la historia es «aburrida» es una de las losas más pesadas con las que ha tenido que lidiar la disciplina desde que, a finales del siglo xix, se hizo de obligatorio estudio en las escuelas primarias y secundarias del mundo occidental. Aunque eso no debería seguir siendo así en la actualidad, como quiera que tanto la historia, en cuanto ciencia, como los programas y manuales escolares, han cambiado radicalmente en las últimas décadas, el sambenito sigue teniendo formidables aliados. No pocas veces los educadores hacen caso omiso de los programas, para impartir las materias según lo aprendieron siendo niños; por la otra, la escuela es solo una de las vías por las que la historia llega a las mayorías, de modo que los discursos de los políticos, las fiestas cívicas y los medios de comunicación influyen tanto o más que ella en la memoria de los pueblos; y por último, porque aquello por lo que se han sustituido las guerras y los reyes no es siempre más atractivo que aquellas crónicas en las que, al menos, hay el colorido de la aventura. No siempre un adolescente se deja seducir por explicaciones de, por ejemplo, historia económica y social, más sustantivas, pero también más abstractas para un niño o un adolescente. Se puede hacer un juego de rugby para estudiar la Batalla de Carabobo, pero es más difícil hacerlo para aprender, por ejemplo, la sociedad feudal.

Así las cosas, las propuestas de interpretación novedosas, como la que se ensaya en el libro que prologamos, deben ser vistas con atención. Especialmente cuando apuntan de manera directa al nudo ideológico que suele haber en los discursos históricos, especialmente cuando son promovidos por el poder: el de la legitimidad que le da a determinadas ideas y estructuras. ¿Por qué ese gusto por las batallas y los gobernantes? Porque detrás de sus páginas hay una visión del mundo que esperaba formar a los ciudadanos en ciertos valores (tal es el objetivo esencial de la historia en los programas escolares) expresados de forma *ejemplar* y *ejemplarizante* en ellos. Por ejemplo, la legitimidad del Estado-nación venezolano, de su separación de España, del régimen republicano, del liberalismo que adoptó, con sus altas y bajas, nuestra república tienen mucho que ver con las ideas y las ejecutorias de Simón Bolívar, la Independencia, presentada como una *gesta* (y no una cualquiera: una *Magna Gesta*); con Antonio Guzmán Blanco y la forma en la que diseñó el país durante el Liberalismo Amarillo. El *sentimentalismo político bolivariano* que, según la fórmula de

Luis Castro Leiva, ha sido nuestra filosofía de Estado, se cimentaba en una lectura, digamos, *emotivista*, con la que se esperaba que la historia generara unos determinados sentimientos que, a su vez, determina unas actitudes: la emoción de la carga de los lanceros en las Queseras del Medio, la inmolación de Ricaurte, la fantasía de la despedida del *Negro Primero* en Carabobo, la supuesta victoria de los estudiantes –es decir, ¡solo de ellos!– en La Victoria eran monumentos al patriotismo que debían ser emulados. La clarividencia de Bolívar en Casacoima, sus arrebatos en El Chimborazo, sus ideas en Angostura, todo estaba presentado para que los ciudadanos aceptaran como inapelables sus dictámenes (y sobre todo los de sus portavoces actuales, los gobernantes de la hora, todos a su modo *bolivarianos*). Otro tanto pasó con la Guerra Federal y la saga del Liberalismo, las artimañas de la *oligarquía*, las genialidades atribuidas a Guzmán Blanco; y es lo que hemos visto últimamente con los manuales escolares del chavismo: todo en la llamada «4ta. República» fue, con contadas excepciones, reprobable; todo cuanto hizo o pensó *el Comandante*, una prueba de amor a la patria, redención de los pobres, libertad para los pueblos…

No se trata, ni de lejos, de un fenómeno venezolano y se ha escrito lo suficiente sobre ello como para insistir más en este prólogo. El punto es que si los reyes, los presidentes y las guerras estuvieron por mucho tiempo en el núcleo de la investigación y la enseñanza de la historia, se debió a que se respondía a una visión del mundo en la que la política, la relación entre los pueblos y los valores a inculcar eran esos: la guerra como estado normal (todo Estado-nación tenía un enemigo *histórico*, contra el que había que emprenderla, acaso como aglutinante de la nacionalidad: lo que se llama *nacionalismo negativo*); los pueblos no eran tanto agentes de su destino, como rebaños detrás de un líder; y los hombres debían ser, como prueba suprema del civismo, soldados dispuestos a inmolarse como Ricaurte o el Negro Primero… Fue en la medida en la que las ciencias sociales y la democracia se han abierto paso en el último siglo y medio que eso ha cambiado. Hoy sabemos que la historia se refiere, fundamentalmente, a procesos sociales; que los líderes pueden ser muy importantes, pero que se trata de una construcción en esencia colectiva, que hasta hombres como Hitler y Stalin actuaron dentro de los marcos de sociedades que los acunaron y se vieron reflejados en ellos; y que los valores guerreros no son los que conducirán a la humanidad a su libertad y salvación, después de lo demostrado en las escabechinas de las guerras mundiales, los genocidios que ha permitido la industrialización (se industrializó la muerte, como en Auschwitz, aunque también se ha combinando la tradición de los machetes con la modernidad de la radio, como en Ruanda) y el reto, aún no disipado, de la Espada de Damocles nuclear que nos tiene en un hilo todos los días.

Historia de la paz

Por eso cada vez que oímos que la historia está formada solo por «fechas y batallas», los historiadores nos enfurecemos. No, no lo es, y en prueba hay una larguísima literatura; incluso cuando hoy estudiamos lo militar, la guerra y el poder lo hacemos a la luz de los grandes procesos que encierran; pero lo del sambenito dicho al principio sigue actuando (aunque, hay que reconocer, cada vez menos). Por eso, si bien las corrientes dominantes de los últimos cincuenta o sesenta años (la historia social de énfasis cultural, como la de las mentalidades, el género y las cotidianidades; la historia intelectual; la nueva historia militar), se preocupan tanto por la paz como por la guerra, vistas como dos caras de procesos más amplios; aparecieron investigadores con un programa ético-político concreto, el pacifismo, que decidieron estudiar a la paz como un tema en sí mismo. Es decir, identificar los casos en los que los valores de la paz, la convivencia y la conciliación han prevalecido, o al menos sobrevivido al lado (o adentro) de las peores tormentas.

13

La idea es que la *magistra vitae* que tradicionalmente quiso formar soldados, forme ahora hombres de paz; es decir, lo que el historiador español Francisco A. Muñoz (1953-2014) denominó *Historia de la paz*. Convencido de que «el historiador tiene una gran responsabilidad en la construcción de imaginarios, de hitos culturales y sociales, de parámetros políticos, etc., su formación es clave para la construcción de futuros pacíficos»[1].

Muñoz y sus alumnos y colegas emprendieron desde el Instituto de la Paz y los Conflictos de la Universidad de Granada un conjunto de investigación para estudiar a la paz como fenómeno, qué la permite, qué la acosa, cómo se logran alcanzar unos mínimos de convivencia (lo que llamó la «paz imperfecta»). Una enfermedad nos lo arrebató prematuramente, pero dejó una obra que merecerá ser leída con atención por mucho tiempo: *Historia de la paz. Tiempos, espacios y actores* (2000), *La paz imperfecta* (2001), *Manual de la Paz y los Conflictos* (2004), *Pax Orbis. Complejidad y Conflictividad de la Paz* (2011), *La Paz, partera de la historia* (2012), *Filosofías y praxis de la paz* (2013). También la semilla de la inquietud sembrada en muchos de sus discípulos. Uno de ellos es el autor del libro que se prologa en este momento, Francisco Alfaro Pareja. Joven (nació en Caracas en diciembre de 1980) investigador y activista venezolano, llegó a los trabajos de Muñoz a través de una angustia que lo ha movido en los últimos tres lustros: la reconciliación de una sociedad polarizada, que varias veces ha llegado al borde del conflicto generalizado, en la que la violencia política y delincuencial golpean todos los días le rasgan un poco más su tejido.

Graduado de politólogo en la Universidad Central de Venezuela en el agitado año 2002, la preocupación por hallar un mínimo de consenso, de tender puentes, aunque sean endebles puentes

---

1   Muñoz, Francisco A. y López Martínez, Mario, «Prólogo» a Muñoz, Francisco A. y López Martínez, Mario (Edits.), *Historia de la paz. Tiempos, espacios y actores*, Granada (España), Instituto de la Paz y los Conflictos/Universidad de Granadas, 2000, p. 9

colgantes, entre chavistas y opositores, le ganaron reprimendas de ambos lados. En el mejor de los casos, fue visto como un iluso; en el peor, como un «chavista de closet», entre los opositores, o un «escuálido» sospechoso que se deja confundir entre los «revolucionarios». Eran, además, los días en que un golpe, una matanza en el centro de Caracas y dos grandes paros, aliñaban todos los enconos. Sin quitarle alguna responsabilidad a la oposición, Chávez, desde el poder y con recursos públicos, promovía un discurso guerrerista y de forma creciente trasvasaba el imaginario militar al mundo político («batallas», «unidades de combate» y «brigadas» forman lo que parece más un ejército que un partido); revivía el *sentimentalismo político bolivariano* a niveles dejados atrás hacía más de sesenta años, establecía la formación militar como obligatoria en las secundarias, se hacía llamar *comandante-presidente* y vestía una boina y una casaca de claros tintes militares. Fue, en toda su expresión, el retorno de lo que Alfaro Pareja ha llamado «la idealización de la guerra»; una idealización no ya como la del juego de rugby en el que creí que casi me mataban, sino como la de *Venezuela Heroica*, la de «Ricaurte en San Mateo en átomos volando» o la de «vengo a decirle adiós porque estoy muerto». No son las batallas como lo que cuentan todos cuantos las han vivido que son gritos de dolor, carne chamuscada y en poco tiempo –¿de qué otro modo en el calor y la humedad de San Mateo?– descompuesta; no son familias quebradas, vidas física y psíquicamente mutiladas: es la guerra como algo sublime. Como en los cuadros del ochocientos, donde los muertos caen con expresiones operáticas y relucientes uniformes que no se manchan de sangre.

El presente libro y su autor

La Independencia, la Guerra Federal, la Revolución Cubana, las guerrillas comunistas venezolanas de la década de 1960 fueron inyectadas por el Estado a todos los niveles de la vida, para que los *nuevos republicanos,* más milicianos que ciudadanos, no tengan piedad con la *oligarquía,* los *escuálidos pitiyanquis,* la *Derecha.* Frente a esa guerra perpetua e idealizada, Alfaro Pareja contrapone la tesis de la paz imperfecta. Busquemos cómo convivir, dejemos de pensar en la destrucción del otro, aceptemos las diferencias. No es poca cosa lo que se planteó Alfaro Pareja. Pero para ello consideró que había que buscar algún referente histórico, una prueba de que, aun en los peores momentos, ha sido posible el entendimiento, siquiera en algún grado. Fue por eso que se inscribió en la Maestría de Historia de Venezuela de la Universidad Católica Andrés Bello, en Caracas. Allí fue donde lo conocí cuando me nombraron su director en 2006. No me acuerdo en qué materia le di clases, pero sí como rápidamente sus ideas de algo llamado «historia de la paz», de lo que nunca había oído, me fueron convenciendo. Yo venía de investigar a los derrotados en la Guerra de Independencia, los realistas, y aunque no avancé más allá de 1821, me había encontrado con su dificilísima inserción en la sociedad republicana, que nunca dejó de desconfiar en ellos (por algo muchos se reconvirtieron en fervorosos bolivarianos: su pasado había que ocultarlo detrás de los más encendidos gritos del *sentimentalismo político*). Por otra parte, me había percatado de la presencia de un grupo, más bien pequeño pero muy olvidado, de civiles, que durante las guerras del siglo XIX se empeñaron en mantener un mínimo de continuidad institucional, de lograr los acuerdos mínimos entre los beligerantes. Me parecían (y me parecen) de un heroísmo cívico que contrastaba con las batallas y los chafarotes que Chávez presentaba como modelos.

Finalmente Alfaro Pareja me pidió que le tutorara una tesis sobre los acuerdos de regularización de la guerra firmados por Simón Bolívar y Pablo Morillo en 1820, al socaire de la Revolución Liberal de Rafael de Riego y Antonio Quiroga. Ya me había parecido (y así lo puse en un artículo) un hecho notable que a siete años de la feroz Guerra a Muerte, Colombia (la Gran Colombia, como la llaman los libros) y España lograran llegar a un entendimiento. Y no uno cualquiera: sino uno que, me hizo ver Alfaro Pareja, marcó un hito en la historia del Derecho Internacional Humanitario, poniendo orden en la guerra, estableciendo derechos para los civiles, heridos y prisioneros, reconociendo la humanidad del contrincante, ¡todo con lo que suspirábamos en el 2006 o 2007! No vamos a exagerar diciendo que Chávez barrió con toda la institucionalidad democrática o que desató una especie de purga estalinista contra los *escuálidos*, pero no tenía que llegar a esos extremos para entender que la democracia estaba en peligro (y de hecho, se empobreció horrores desde entonces). Fue el momento en que Alfaro Pareja obtuvo una beca para irse a España para cursar el máster internacional en Estudios de Paz, Conflictos y Desarrollo auspiciado por la Unesco e impartido en la Universidad Jaume i, en España. Prometió volver y terminar la tesis. Debo admitir que era cuando menos difícil creerle en momentos en los que el sueño de muchos de los jóvenes era emigrar, no poca veces usando como excusa algún postgrado (ya en Europa se las arreglan para quedarse: buscan otros postgrado, un trabajo, un marido, lo que sea). Pero me equivoqué: Francisco terminó el máster en 2009, regresó, culminó las materias de la maestría en Historia, entregó una estupenda tesis sobre las regulaciones pacíficas de Trujillo y se graduó de magíster en 2010, consiguió otra beca (¡ahora sí se va!, me dije), pero volvió en 2013 hecho todo un doctor en Estudios Internacionales de Paz, Conflictos y Desarrollo, por la misma universidad.

Desde entonces brega por crear espacios para el encuentro en Venezuela, ha dictado clases en la Universidad Simón Bolívar, trabaja en varias organizaciones y ofrece consultorías a diversos entes nacionales e internacionales. El presente libro ofrece una panorámica de las que fueron sus tesis de maestría y doctorado; busca delinear el proceso que nos llevó de la idealizada Guerra a Muerte a la paz imperfecta con España, remachada por el reconocimiento de la independencia por Isabel ii en 1845, en un tratado tendencialmente ventajoso para Venezuela, aunque no sin claroscuros que ya entonces generaron molestias, pero que nos indican que, como dice el adagio popular, «es mejor un mal arreglo, que un buen pleito».

Hijos de su tiempo y de valores trascendentes, el libro y su autor son la prueba de que el civismo (y el civilismo) venezolano tiene mucho que hacer y decir en el país. Mejor aún: que lo está haciendo. ¡Enhorabuena por ambos!

Introducción
El conflicto por la Independencia

BUENA PARTE DE LA HISTORIA DE LA INDEPENDENCIA de Venezuela no ha sido contada. Grandes esfuerzos se han venido realizando en los últimos cincuenta años por ir revelando la historia de las voces silenciadas: la de los civiles, la de los vencidos, la de las mujeres, la de los indígenas, la de los estratos más bajos de la sociedad colonial, la de las regiones, la de las contradicciones, la de las mentalidades. Sin embargo, todavía una importante historia permanece oculta: la historia de las instancias, momentos, espacios, acciones y documentos de paz entre los bandos en pugna. En síntesis, la historia compleja del conflicto.

En América Latina, hablar de las independencias es hablar de las *guerras de independencia*. Desde aquella historia patria o nacional hasta la desarrollada por la historiografía de manera rigurosa e interdisciplinar se suelen definir dichos procesos como guerras. Sin embargo, no parece haber conciencia sobre lo que implica calificarlas así. Reducir un conflicto tan complejo como la independencia a la categoría de *guerra* implica partir del hecho unidimensional de que la violencia fue perfecta y permanente a lo largo de sus casi treinta y siete años, entre 1810 y 1846 fecha en que se ratifica el tratado mediante el cual España reconoce la independencia de Venezuela. No obstante, las independencias pueden ser definidas (y deben serlo) como *conflicto*, porque dichos procesos tuvieron regulaciones pacíficas, en interacción con regulaciones violentas, a lo largo de toda su duración. El historiador Germán Carrera Damas ha dado pasos en ese sentido al asumir la independencia como *disputa* para distanciarse del simplismo del término guerra y explicar la complejidad de este proceso. También historiadores como Elías Pino Iturrieta, Inés Quintero y Tomás Straka han abierto nuevas e innovadoras líneas para entender la complejidad de dicho proceso, desmitificar personajes, comprender mentalidades, visibilizar la voz de los vencidos y presentar la realidad del país en ese período más allá de la guerra.

En el caso venezolano, si tomamos la extensión espacial y de tiempo de las regulaciones pacíficas en el conflicto independentista y las comparamos con las violentas, veremos que las primeras superan a las segundas. No obstante, para poder identificar una realidad tan reveladora, es necesario cambiar las preguntas que nos hacemos, o los presupuestos de partida, lo que el filósofo e historiador español Francisco A. Muñoz denomina el giro epistemológico a la hora de abordar los conflictos. El giro epistemológico es una propuesta, una dinámica que busca generar un cambio en la forma en que los seres humanos nos acercamos al conocimiento. Específicamente, en este caso de estudio es el cambio en la forma en que abordamos y entendemos los conflictos y las vías para regularlos. Abordar el conflicto independentista desde esta perspectiva permite equilibrar el desfase que existe entre la violencia que reconocemos en los relatos históricos y su presencia en la realidad, así como develar una historia de paz que hasta ahora permanecía oculta o traspapelada como materia tangencial de una guerra idealizada, sobredimensionada o, por lo menos, simplificada.

En las líneas subsiguientes se pretende dar un giro epistemológico para deconstruir esta visión incompleta y develar las regulaciones pacíficas que dinamizaron la mayor parte del conflicto, es decir, identificar e interrelacionar las mediaciones, los espacios, los momentos y las capacidades para la paz de los actores que interactuaron de manera imperfecta. Sin embargo, y vale la pena destacarlo aquí, dicha propuesta no pretende desconocer la existencia de dinámicas y acciones violentas en la independencia. Por el contrario, lo que se busca es darles su justo peso.

Este libro es el resultado de más de diez años de investigación. Parte de los hallazgos han sido publicados en el libro *El iris de la paz. Paz y conflictos en la independencia de Venezuela* y en la tesis doctoral *La Independencia de Venezuela relatada en Clave de Paz: las regulaciones pacíficas entre patriotas y realistas (1810-1846)*, ambos publicados en España, en donde se presenta la interacción entre los momentos, los documentos, las acciones y los espacios de paz y violencia en el conflicto emancipador, a través de un discurso sincrónico. En la presente publicación el abordaje del conflicto se plantea desde otra perspectiva, mucho más resumida y al alcance del lector no especializado a través del relato cronológico de los hechos y las acciones de los actores de los diversos bandos en la potenciación de sus capacidades para la paz y la violencia.

Para entender el conflicto independentista es necesario partir del hecho de que, a pesar de que su motivación fundamental fue de carácter político, hubo una serie de conflictos económicos y sociales que se arrastraban desde finales del período colonial y que se superpusieron a este y lo dinamizaron. Esto implicó la participación de diversos estratos de la sociedad con distintas motivaciones, intereses y objetivos, en ocasiones para potenciar las regulaciones pacíficas y en otras, para potenciar las violentas.

A principios del siglo xix, Venezuela era una Capitanía General del Imperio español con relativamente poca relevancia en comparación con otras colonias de ultramar como el Virreinato de la Nueva España, el de Nueva Granada y el de Perú. Como en todas las colonias, prevalecía un sistema basado en el honor, en el que los derechos y roles estaban marcados por el color de la piel, el ascendiente familiar y la condición económica. Los blancos peninsulares, originarios de la península ibérica, ocupaban los cuerpos políticos administrativos; los criollos o mantuanos eran los dueños de las grandes extensiones de tierra; los canarios ejercían actividades comerciales y ocupaban cargos administrativos medios; los pardos, mestizos cuyo color de piel era blanco, representaban a un importante grupo de la población que se dedicaban a actividades comerciales sin ocupar puestos políticos; los mulatos eran mestizos de piel más oscura y se dedicaban fundamentalmente a actividades agrícolas; los indígenas formaban parte de misiones católicas donde recibían adoctrinamiento y otros habían logrado apartarse hacia zonas boscosas y selváticas; finalmente, estaba la población proveniente de África, que había sido obligada a salir de sus tierras para realizar trabajos forzados en América bajo la figura de la esclavitud. En sí, era una sociedad con una violencia estructural institucionalizada donde pocos tenían privilegios y otros menos ejercían el poder político.

A lo largo del siglo XVIII, se producirán numerosos levantamientos sociales de diversos sectores, desde los negros «cimarrones» y el canario Juan Francisco De León, hasta la conspiración de Gual y España en contra de la clase terrateniente que dominaba el poder colonial. Sin embargo, ninguno tendrá éxito. A la par de esta dinámica, y con el surgimiento de la Ilustración, Venezuela será poco a poco influenciada con las ideas de la emancipación, que cuestionan la soberanía absoluta de un monarca, y se comienza a proponer la república como sistema en el cual la soberanía reside en el pueblo. La invasión del venezolano Francisco de Miranda será una de las primeras con esta tendencia. No obstante, un evento coyuntural como lo fue la invasión napoleónica a la España peninsular hace que se genere una dinámica compleja y entremezclada que inicia como un movimiento patriota español en contra del invasor francés y que termina con un movimiento secesionista de patriotas venezolanos –del sector mantuano mayoritariamente–por la libre determinación de la Capitanía.

A partir de 1811, para los criollos la independencia representaba fundamentalmente la posibilidad de ejercer la libre determinación sobre un territorio de ultramar donde, si bien monopolizaban las actividades económicas, no así las comerciales ni el ejercicio del poder político. Esta situación que a lo lejos, y simplificada por la historia oficial, pareciera obvia, sencilla y justa, fue más compleja en su tiempo histórico de lo que se imagina. Señala el historiador Brito Figueroa que, al inicio del conflicto, la masa popular contempló con asombro cómo la clase terrateniente insurgía para consolidar su poder político. Y es que en 1811, cuando se proclama la independencia que busca romper el orden colonial, se excluyen de lleno las reivindicaciones fundamentales de los sectores más bajos de la sociedad, capaces de denotar un nuevo orden político que se reflejaría en la república. La opresión parecía entonces la independencia, por lo cual muchos de los miembros de estos sectores apoyaron las banderas realistas al lado de caudillos y con los cuales se identificaban. La independencia de los patriotas solo será internalizada y defendida en el imaginario de los estamentos más bajos más de seis años después cuando, a través de la virtud armada republicana, comienzan a abrirse espacios para el acceso a nuevos derechos y bienes.

Este conflicto, si bien complejo, estará lleno de instancias o regulaciones pacíficas imperfectas poco relatadas por la historia, en la que los realistas (defensores de la monarquía y de la pertenencia de Venezuela a España) y los patriotas (defensores de la libre determinación y secesión de Venezuela del Imperio español) desarrollan sus capacidades para canalizar los conflictos por vías constructivas y de diálogo, a veces de manera no consensuada, otras de manera deliberada e incluso programada. Gran parte de las regulaciones pacíficas serán impulsadas por el liberalismo político, que funge como «espacio mediador» permanente entre patriotas y realistas a lo largo del conflicto. La propia evolución de esta corriente filosófica, la interacción con filosofías y/o prácticas más radicales en sus respectivos contextos (como el republicanismo y una incipiente igualación social enmarcada en el caudillismo) y su consiguiente decantación y socialización en ambos lados del océano permitirá promover nuevas mediaciones que aumentarán las zonas de coincidencia para generar acuerdos en función de intereses y posteriormente en función de un objetivo.

La gran mayoría de estas regulaciones pacíficas serán favorecidas, impulsadas o estarán enmarcadas dentro del espíritu del liberalismo político, especialmente en lo referido a «la valoración de la persona en sí misma» y a «la valoración de su racionalidad» para cuestionar el absolutismo, para relacionarse con sus semejantes y para canalizar de una manera óptima sus diferencias. Ciertamente, en el marco de la complejidad de este conflicto, hay que reconocer que hubo, por una parte, algunas prácticas de igualación social, emprendidas por caudillos como José Tomás Boves y José Antonio Páez y, por otra, se implementó la corriente política republicana que depositaba formalmente la soberanía en el pueblo y que permitió cierta igualación social a través de la práctica virtud republicana armada. Las acciones enmarcadas dentro de este tipo de virtud, interactuaron con el propio liberalismo. Sin ser perfectas, las regulaciones violentas y pacíficas se potenciaron, unas más que otras, en determinados momentos.

Podemos identificar importantes antecedentes y al menos tres fases en el conflicto independentista para diferenciar algunas tendencias en la potenciación de determinadas paces y violencias, en la preeminencia en el accionar de algunos actores y en la dimensión del conflicto. Un preludio, caracterizado por el progresivo solapamiento de conflictos, tanto internos como externos, que abonan lo que sería en años posteriores un complejo conflicto independentista. Ya desde el siglo XVIII distintos grupos de la sociedad colonial, basada en el valor del honor, buscaban cubrir necesidades e intereses que estaban desigualmente satisfechos. Asimismo, ya desde este período se exacerban los conflictos generados por la incomprensión entre la realidad del contexto ultramarino y las decisiones y medidas tomadas desde la distante península ibérica. Finalmente, el aumento de conflictos regionales entre las provincias, producto de la progresiva centralización del poder en Caracas con la instalación y desarrollo de la Compañía Guipuzcoana, alimentaron e hicieron más complejo el conflicto que estaba por desarrollarse.

La primera fase del conflicto independentista, entre los años 1811 y 1820, se inicia formalmente con la Declaración de Independencia, proceso que se venía fraguando desde 1810 con la crisis de legitimidad que provoca el establecimiento de la Junta Defensora de los Derechos de Fernando VII. En esta fase, si bien la violencia directa y cultural alcanza su más alto grado a lo largo del conflicto, se potencian de manera imperfecta paces positivas que benefician directamente a los estratos más bajos de la sociedad que decidieron defender con las armas algunas de las causas. Por otra parte, es en esta fase cuando se consolidan los liderazgos en los bandos realista y patriota y se inclina la balanza de poder hacia este último, gracias a los apoyos crecientes que va conquistando, haciendo del conflicto una dinámica intra- e internacional.

La segunda fase, comprendida entre los años de 1820 y 1831, fue impactada por una gran mediación que dinamizó el conflicto, potenciando las paces negativas y culturales entre patriotas y realistas, tanto en Venezuela como en otros conflictos similares del continente suramericano. Esta mediación, representada por los Tratados de Armisticio y Regularización de la Guerra suscritos en 1820, así como por el encuentro de los líderes de ambos bandos, fue sin lugar a dudas determinante en la reducción de la violencia y el fortalecimiento de espacios y momentos de paz, tales como la regularización de la guerra, el génesis del Derecho Internacional Humanitario, la reinserción de realistas a la vida nacional y la promulgación de amnistías y perdones. Asimismo, en esta fase se observa la interacción de paces y violencias imperfectas ya que, mientras en España se producía el regreso del liberalismo y la posterior restauración del absolutismo, en Venezuela se potenciaban progresivamente espacios de paz entre patriotas y realistas con la consolidación de la secesión.

Finalmente, la tercera fase del conflicto, comprendida entre 1831 y 1846, se caracterizó por el inicio de las negociaciones diplomáticas entre España y Venezuela como estados, tendientes al inicio de un proceso de paz. Venezuela, con una independencia de hecho consolidada, y España, con un conflicto sucesoral y político a cuestas y la progresiva disgregación de su Imperio –condiciones ambas que favorecieron los acercamientos entre gobiernos–. En esta fase ya no se observan regulaciones violentas y destaca la potenciación de capacidades para las paces y para el entendimiento mutuo en diversos tipos de personajes. En cada una de estas tres fases, el liberalismo político fungirá permanentemente y de manera imperfecta como espacio común entre patriotas y realistas para la potenciación de instancias de paz cada vez más numerosas.

El «conflicto» es el resultado permanente de la interacción de los seres humanos en la potenciación de sus capacidades, los cuales tienen expectativas, necesidades, intereses u objetivos distintos sobre un mismo aspecto, no siendo estos necesariamente incompatibles. Las vías para canalizar los conflictos pueden ser pacíficas, violentas o ambas. En el caso del proceso por la independencia de Venezuela, los objetivos fundamentales de patriotas y realistas fueron suficientemente excluyentes para que no se pudiera plantear una solución intermedia en el conflicto central. Sin embargo, la coincidencia en ciertos intereses permitió generar mediaciones, espacios de entendimiento, zonas de acuerdo posible y potenciar nuevas instancias de paz hasta su resolución definitiva.

Si bien la independencia tuvo un conflicto central que fue el protagonizado entre patriotas y realistas, existieron al interior de ambos bandos conflictos de diversa índole. En los realistas existieron conflictos entre los absolutistas y los liberales, entre los soldados profesionales y los caudillos, entre las autoridades civiles y militares. Por su parte, en el bando patriota también existieron conflictos entre los republicanos y los monárquicos, entre los liberales y conservadores, entre militares profesionales y caudillos, entre autoridades militares y civiles, y entre integracionistas y separatistas. La mayoría de las veces se canalizaron por vías pacíficas, pero en otras se hizo por vías violentas.

La independencia de Venezuela fue un conflicto tanto *intranacional* como *internacional*. *Intranacional* en el sentido de que durante todo ese período involucró a personas nacidas en Venezuela que apoyaban tanto al bando realista como al bando patriota. Sin embargo, puede ser considerado también un conflicto *internacional* en la medida en que a partir de 1815 se incorporan al conflicto un gran número de españoles, enviados expresamente desde la península ibérica a enfrentar a los independentistas. Asimismo, es internacional en la medida en que durante el mismo intervienen nacionales de otros países (como por ejemplo el Reino Unido, al principio en intentos de mediación y posteriormente en el bando independentista), o a partir del reconocimiento de Colombia (del cual era parte Venezuela) como un país soberano por el jefe del ejército realista en los Tratados de 1820, o de la República de Venezuela por parte de España en 1846.

A su vez, la Independencia fue un conflicto *político*, en la medida en que durante su desarrollo intervinieron intereses de diversa índole en el marco de un enfrentamiento ideológico y en el que los actores involucrados se disputaron el control monopólico del poder de la República o de la Capitanía (depende del bando de donde se mire).

Si bien hubo factores sociales y económicos que avivaron el conflicto y que a lo largo de su duración fueron utilizados por los líderes de ambos bandos para obtener adeptos a su causa, su inicio se debió formalmente a una motivación política y su finalización derivó en una solución política. Esto es reconocido por las partes en conflicto, en el artículo 7º del Tratado de Regularización de la Guerra que se suscribe entre patriotas y realistas en 1820, el cual reza en parte de su articulado: «Art. 7°.- Originándose esta guerra de la diferencia de opiniones…»[2].

A lo largo del conflicto independentista de Venezuela, se observa la interacción de diversos tipos de paces y violencias en la regulación del conflicto. Para entender mejor su interacción, nos apoyamos en las categorías que propone el filósofo Johan Galtung. La *violencia directa* es aquella que se le inflige a una persona o colectividad directamente a fin de generarle daño físico. A este tipo de violencia se contrapone el concepto de *paz negativa*, entendida como todas aquellas acciones que buscan contrarrestar la violencia directa. La *violencia estructural,* vista como aquella que se genera sobre un sector de la población por causa de estructuras injustas o poco equitativas. A este tipo de violencia se contrapone el concepto de *paz positiva,* vista como aquellas acciones que buscan impulsar reivindicaciones sociales y promover estructuras más justas. Finalmente, habla de *violencia cultural* para referirse a aquellos discursos e ideas que justifican la violencia directa y estructural. Ante este concepto, propone el de *cultura de paz,* entendida como aquel conjunto de valores, discursos e ideas que promueven el diálogo, la tolerancia y la empatía. De algún modo es el tipo de paz que justifica las acciones de paz negativa y positiva.

No obstante, dichas categorías no son suficientes para comprender que la paz no es solo un objetivo a alcanzar, sino que también es un fenómeno que ha estado presente hasta en los más violentos enfrentamientos, de modo que su interacción es constante y compleja. Es por ello que Francisco A. Muñoz define la paz como «imperfecta». La *paz imperfecta,* más allá de la suma de la paz negativa, positiva y cultural, es una herramienta teórica que nos permite reconocerlas e interrelacionarlas. Hay que hablar de «paces imperfectas», porque son muchos los espacios y

---

2   Tratado de Regularización de la Guerra, citado en LARA, Jorge Salvador. *El Gran Mariscal de Ayacucho, precursor del Derecho Internacional Humanitario.* Caracas: Comisión Nacional del Bicentenario del Gran Mariscal de Ayacucho, 1996, p. 94.

momentos en los que se producen (y se han producido) regulaciones pacíficas. Vista así, la paz es una *capacidad* porque está presente en los seres humanos. Su potenciación o activación depende de la propia voluntad de los actores. Hasta aquellos que en algún momento pueden ser los impulsores de acciones violentas pueden llegar a cambiar sus intereses, e incluso sus objetivos, de acuerdo a la dinámica del propio conflicto. Pueden llegar a potenciar sus capacidades de paz en algún momento porque el conflicto en sí es dinámico y en él intervienen diversos factores. Asimismo, es una *dinámica*, porque es desarrollada de manera continua, permanentemente. La mayoría de las veces de manera automática cuando se trata de conflictos cotidianos. No obstante, en ocasiones, su activación puede hacerse de manera consciente cuando nos topamos con un conflicto que sale de la cotidianidad, es decir, con un conflicto excepcional[3]. Acerca de esta capacidad reguladora, Muñoz enfatiza que no siempre la percibimos o somos conscientes de ella. Solo cuando esta regulación comienza a plantearnos problemas, cuando los mecanismos aprendidos no dan soluciones adecuadas a los conflictos, nuestra conciencia nos alerta de que algo va mal[4].

Esta inconsciencia o automatismo en nuestra capacidad reguladora es quizá la razón por la que solo reconocemos como conflictos aquellas situaciones en las que nuestra conciencia tiene que actuar para regularlos, aunque de hecho estemos inmersos en muchos más. En ese sentido, más que un modelo específico para el abordaje de los conflictos, con pasos y procedimientos a seguir, la «regulación» es un término que nos permite identificar las formas en que los seres humanos manejan, transforman o canalizan sus conflictos.

---

3   Muñoz, Francisco A. «La paz imperfecta ante un universo en conflicto», en Muñoz, F.A. (Ed.) *La paz imperfecta*. Granada: Universidad de Granada, Colección Eirene, 2001, p. 39.
4   Muñoz, Francisco. A. «¿Qué son los conflictos?», en Molina Rueda, B. y Muñoz, F.A. (Eds.) *Manual de paz y conflictos*. Granada: Universidad de Granada, 2004, p. 162.

Algunas expresiones de regulaciones pacíficas en el conflicto político por la independencia de Venezuela fueron negociaciones, mediaciones (en el sentido tradicional y en el sentido imperfecto), regulación de la guerra, diálogos, concertación, armisticios, amnistías, acuerdos de paz, vindicaciones políticas, sociales y/o económicas, reinserciones, trato igualitario ante la ley, reconocimientos, procesos de perdón y olvido y aplicación de justicia, entre otras. Por su parte, algunas expresiones de regulaciones violentas en el conflicto de la Independencia de Venezuela fueron la desaparición física intencional de personas, los enfrentamientos armados, la guerra (como máxima expresión de la violencia), las injusticias sociales, políticas y económicas, el trato desigual ante el ordenamiento jurídico, la discriminación por raza o lugar de origen, la tortura, el irrespeto a los preceptos del Derecho de Gentes, la agresión a población no combatiente, la violencia extrema por raza o grupo social, entre otras.

Si bien se toma el año 1810, específicamente el día 19 de abril, como fecha en la que un grupo de notables caraqueños se pronuncia en defensa de la soberanía del monarca español ante la invasión francesa, y el 5 de julio de 1811 como fecha en que se declara la independencia de Venezuela, la separación de España no terminó con su declaratoria, sino que requirió de la organización de un nuevo Estado para establecer su argumento y convencer a los que no los seguían. En ese sentido, es el año de 1846, fecha en que el gobierno español ratifica el reconocimiento formal de Venezuela como Estado independiente y soberano a través de un Tratado, el momento en que se resuelve el conflicto.

Es fundamental destacar que, a pesar de que en el conflicto se produjeron regulaciones pacíficas y violentas a lo largo de todo el proceso, la causa independentista representa en sí misma una reivindicación de paz. Para poder entender esta afirmación es importante entrar brevemente a una reflexión acerca del derecho de autodeterminación de los pueblos como concreción plasmada en los Derechos Humanos, después de años de luchas en la trayectoria de la humanidad. Y es que existe una aceptación internacional sobre la legitimidad y legalidad que tienen los pueblos –cuando forman parte de territorios colonizados– a la «secesión», ya no solo en el marco del Derecho Internacional sino en el del derecho de «libre determinación» de los pueblos como Derecho Humano y reivindicación de paz. En ese sentido, los procesos emancipadores como causa política pasan a ser *reivindicaciones de paz en sí mismas*, no solo por su fuerza moral sino por la fortaleza que adquieren cuando quedan plasmadas y acordadas jurídicamente como un Derecho Humano.

Sin embargo, y a pesar del valor moral de estas premisas, esto no es suficiente si la libre determinación no se traduce en una mejora real de las condiciones de la mayoría de las personas. La independencia de un pueblo termina teniendo significado real porque su consecución suele significar una mejor gestión de los conflictos, el desarrollo adecuado de las capacidades y proyectos de la mayoría de sus habitantes y la mejor distribución de los recursos para atender las diversas necesidades en comparación con el estado anterior de las cosas. En el desarrollo del proceso emancipador venezolano veremos que, más allá de las expresiones de la violencia, se desarrollarán una serie de instancias de apertura que fomentarán espacios de paz negativa y positiva, promoviendo cambios progresivos de una sociedad colonial estratificada y esclavista en un largo camino hacia una sociedad con movilidad social, soberanía republicana y procesos de igualación social.

Metodológicamente, el análisis parte de la interrelación de la Historia y los estudios de la paz y los conflictos a la luz de la transdisciplinariedad, condición *sine qua non* para el análisis de la complejidad de la realidad y de los conflictos que esta genera. Específicamente, se utiliza la matriz unitaria, propuesta metodológica que parte de cinco ejes: primeramente, *elaborar una Teoría General de los Conflictos* que tenga la capacidad explicativa de las diversas entidades humanas, en las diversas culturas, momentos, espacios geográficos e históricos. Esto implica conseguir una definición de conflicto suficientemente amplia que permita establecer las interacciones entre unos y otros espacios, y tener una perspectiva dialéctica y abierta del conflicto. En segundo lugar, *pensar desde una «paz imperfecta estructural»*, entendida la paz como una dinámica y no como un estado estático, la cual está presente en nuestro entorno conflictivo y que interactúa con determinadas formas de violencia; comprendiéndola como un fenómeno en permanente formación e inacabado, lo cual implica asumirla como categoría analítica de un campo, multi-, inter- y transdisciplinar. La imperfección nos permite ver las paces como regulaciones pacíficas, es decir, vivencias reales, complementarias y dinámicas interactuando permanentemente con diversas formas de violencia. Por otro lado, *deconstruir la «violencia estructural» imperfecta* y entenderla (al igual que la paz) como un fenómeno humano que se potencia y que interactúa con diversos tipos de paces. Esto, a fin de equilibrar el desfase epistemológico que existe entre las manifestaciones de violencia en la realidad y su expresión en nuestra conciencia, darle su peso justo en el desarrollo cotidiano de las regulaciones de los conflictos, así como aumentar su comprensión a fin de orientar acciones hacia la paz desde sí misma. En cuarto lugar, *identificar las mediaciones y dialécticas sutiles y abiertas* donde los conflictos se dinamizan y catalizan hacia unas vías u otras y donde se producen las interacciones entre paces estructurales imperfectas y violencias estructurales imperfectas, sus dinámicas, escalas y vías de regulación. Estas mediaciones quiebran la polaridad binomial, como un sobredimensionado o único instrumento, con el que muchas veces comprendemos y nos relacionamos –tensamos y violentamos– con las realidades. Finalmente, el quinto eje es el *empoderamiento pacifista*, a través del reconocimiento de las experiencias de paz a lo largo de la historia, las regulaciones pacíficas en nuestra cotidianidad y las acciones no violentas, a fin de que ocupen el mayor espacio en todas las escalas (personal, grupal y planetaria) para poder transformar nuestro entorno. Es un empoderamiento que busca generar un efecto multiplicador basado en la praxis, es decir, en un proceso de reflexión y acción permanente para incidir en los procesos normativos[5].

En síntesis, y a partir de un giro epistemológico, el presente libro busca mostrar que el proceso por la independencia de Venezuela fue un conflicto, del cual la violencia y las regulaciones pacíficas fueron dos formas de canalización; constatar que el conflicto se puede abordar desde una visión pacífica de la historia, más allá del enfoque de los relatos tradicionales que han puesto el énfasis en las regulaciones violentas; analizar las dinámicas pacíficas entre patriotas y realistas desde una visión de paz imperfecta y deconstruir las interacciones violentas.

---

5   Muñoz, Francisco A., Herrera Flores, Joaquín., Molina Rueda, Beatriz y Sánchez Fernández, Sebastián. *Investigación de la Paz y los Derechos Humanos desde Andalucía*. Granada: Universidad de Granada, 2005, p. 138.

Capítulo I
La conflictividad en la Capitanía General de Venezuela

La sociedad colonial venezolana y la metrópolis del imperio

LOS ANTECEDENTES DEL CONFLICTO ENTRE PATRIOTAS y realistas por la independencia de Venezuela encuentran sus causas en diversos fenómenos políticos, económicos y sociales del siglo XVIII. Si bien la idea independentista no se plantea seriamente hasta principios del siglo XIX, ya en el siglo anterior se presentan conflictos de gran magnitud entre diversos factores de Venezuela y la metrópolis del Imperio español –regulados pacífica y violentamente–, que daban atisbos de un conflicto mayor en el mediano plazo. Ese conflicto mayor fue la canalización de diversos intereses y objetivos en torno a dos grupos más o menos delineados que disentían entre la secesión de Venezuela o su pertenencia al Imperio, entre la creación de una república independiente o el mantenimiento de una Capitanía General bajo una forma de Estado monárquica. Los que encabezaron este conflicto desde el punto de vista político ideológico fueron, por una parte, grupos de vanguardia, que propugnaban ideales revolucionarios de república e independencia y, por otra, aquellos que mantenían su fidelidad al rey como soberano, al pensamiento tradicional y al llamado buen orden. Este conflicto, si bien involucró progresivamente a los estratos más bajos de la sociedad, no los penetró ideológicamente en su totalidad. Dichos sectores se adscribieron mayoritariamente a cada partido en la medida en que canalizaban sus distintos intereses y necesidades.

Por su parte, los patriotas serán, a mediano plazo, los más exitosos conciliando dichos intereses con los objetivos políticos de su causa. Examinemos los antecedentes.

En el siglo XVIII, los conflictos que se presentaron al interior de la sociedad eran, fundamentalmente, producto de dos causas: a) la imposición de directrices o normas emanadas del monarca que no eran aplicables al contexto venezolano y b) el trato diferenciado a nivel social, político y económico que recibían los territorios de ultramar en comparación con las provincias de la península. Uno de los eventos que generó mayores conflictos fue el establecimiento de la Compañía Guipuzcoana en la Provincia de Venezuela proclamada por el rey Felipe V y su competencia sobre las provincias vecinas. Esto generó en los pobladores mucha incertidumbre, ya que vieron cómo una compañía comercial vizcaína –la cual sentían como extranjera– asumía las riendas de la Gobernación por órdenes directas del rey. La creación de la Compañía en la Provincia de Venezuela fue la primera señal de cambio en el régimen comercial que se venía practicando hasta el momento, afectando a las élites dominantes y a los sectores más desfavorecidos. Las élites estaban compuestas por los blancos criollos de la capital. Sin embargo, en el interior del territorio y en las provincias vecinas, los canarios, que se habían convertido en una especie de élite comercial y controlaban el contrabando, también sufrieron las consecuencias.

La Real Cédula que crea la Compañía expone claramente en su primera parte las motivaciones del rey. Estas las podemos resumir de la siguiente manera: la escasez de cacao en España, la débil acción de los vasallos en la lucha contra el contrabando, los excesivos derechos políticos otorgados a las provincias de América, la consecuente pérdida de control sobre las costas y territorios de las provincias, principalmente ante los ingleses y los holandeses. De este modo, las consecuencias de la instalación de la Guipuzcoana fueron diversas y variadas y los efectos en la gestación de un conflicto comercial fueron determinantes para el curso de la historia de Venezuela.

En primer lugar, podemos hablar de las consecuencias económicas en la generación del conflicto. La Guipuzcoana aplicó la estrategia de centralizar el comercio y combatir enérgicamente el contrabando que, especialmente, se efectuaba con extranjeros. Según Mago de Chópite, este fue el primer elemento de alteración del régimen comercial que se venía practicando desde hacía mucho tiempo en la región, afectando profundamente intereses de diversos grupos sociales. Principalmente los terratenientes criollos y los inmigrantes canarios de la región interior oriental y occidental de la actual Venezuela fueron los más afectados[6]. Asimismo, otro elemento que la Compañía no tomó en cuenta es que el contrabando, si bien era un negocio rentable, era primero un asunto de subsistencia para otros grupos sociales más desfavorecidos de la provincia de Venezuela y sus provincias vecinas, que para la época se encontraban muy descuidadas por la Corona[7].

Por otra parte, la instalación de la Guipuzcoana en Venezuela tuvo también consecuencias desde el punto de vista político en la generación de conflictos. Las provincias americanas habían ido ganando desde el siglo XVI una serie de derechos. En la provincia de Venezuela, por ejemplo, el Cabildo tenía el derecho de ejercer el gobierno –a través del alcalde ordinario– en ausencia de sus titulares. Pero con la instalación de la Guipuzcoana en 1728, la figura del gobernador designado por la Corona fue fortalecida en detrimento del Cabildo y la élite criolla. Además, a partir de ese momento, los gobernadores comenzarían a tener una fuerte relación con la Compañía de los vascos, velando más por sus intereses que por los de la sociedad provincial. De esta manera, se puede decir que la instalación de la Compañía Guipuzcoana, si bien era

---

6   Mago de Chopite, Lila. *El Cabildo de Caracas 1750-1821.* Sevilla: CSIC, 2002, p. 14.
7   Castillo Lara, Lucas Guillermo. *La aventura fundacional de los isleños: Panaquire y Juan Francisco de León.* Caracas: Academia Nacional de la Historia, 1983, p. 187.

hasta cierto punto "legal", puesto que fue una decisión de la cabeza del Imperio, su legitimidad era bastante cuestionable porque la decisión provenía de un monarca de una Casa Real recién instalada (la cual algunos aún no reconocían) y por la forma en que se llevó adelante dicha medida, es decir, sin tomar en cuenta los intereses de algunos grupos sociales de peso en la Venezuela colonial. Esto sin lugar a dudas no tardó en generar un conflicto cuya máxima expresión fue la imprevista unión que se dio entre diferentes grupos sociales por la pérdida de derechos comerciales y, adicionalmente, por la disminución de poderes políticos en el grupo de los canarios y criollos en el marco de la revuelta de Juan Francisco De León para expulsar a la Guipuzcoana.

La relación entre criollos y canarios en los territorios venezolanos fue –hacia el final del período colonial– bastante controvertida y tensionada, principalmente por el tema de la confluencia por la hegemonía económica y el acceso a posiciones políticas. No obstante, las consecuencias comerciales y políticas de la actuación de la Guipuzcoana acercaron a ambos grupos en función de lograr su expulsión. Y es que en ambos existían coincidencias en cuanto al libre comercio de la Provincia con extranjeros y su expansión hacia Veracruz, Curazao y otras zonas del Caribe, además del mantenimiento de los derechos políticos alcanzados. Esta coincidencia en intereses se convirtió en un espacio de encuentro entre los dos sectores. Para los canarios la instalación de la Guipuzcoana se tradujo en el fin de su hegemonía en los cargos públicos venezolanos[8]. Del mismo modo, el poder del mantuanaje criollo caraqueño comenzó a verse mermado cuando le fueron suspendidas todas aquellas disposiciones reales anteriores que perpetuaban derechos

---

8   Los gobernadores Nicolás Eugenio de Ponte y Hoyo y Marcos Bethencourt y Castro –que ejercieron labores entre 1716 y 1721– serían los últimos canarios en ocupar una posición política de tanta importancia en estos territorios, hasta la aparición de Domingo de Monteverde a principios del siglo XIX. Hernández González, Manuel. *Los canarios en la Venezuela colonial 1670-1810*. Madrid: Centro de la Cultura Popular Canaria, 1999, pp. 26-27.

autonómicos concedidos al Cabildo de Caracas. La insurrección encabezada por De León, si bien no girará en torno a un ideal emancipador, republicano y/o liberal, reflejará muchas de las necesidades e intereses políticos, comerciales y sociales de los diversos grupos de la sociedad venezolana y que complejizarán posteriormente el conflicto por la independencia.

Para 1749, las tensiones habían llegado a su punto máximo. El descontento con la Compañía venía de diversos sectores sociales de Venezuela y de las provincias vecinas: los sectores mestizos, tales como pardos y mulatos, veían a la Compañía como un ente opresor, causante de fraudes, monopolios y dolos, que obstaculizaba el contrabando y que en general los había empobrecido aún más de lo que ya lo habían hecho los grupos blancos dominantes. En abril de ese mismo año, el capitán poblador de la Villa de Panaquire y teniente de justicia de Caucagua, Juan Francisco De León, es sustituido por Martín Echeverría por órdenes del gobernador, siendo este elemento el detonante de una situación que se desbordaría, teniendo consecuencias sociales y políticas inimaginables hasta la fecha. Y es que los vecinos de la zona no aceptaron a Echeverría por ser un hombre colocado por la Compañía. Esto provocó una revuelta que se inicia el 19 de abril y que hace que este huya hacia la población de Caucagua[9].

Juan Francisco De León era canario y por ende recibió inmediatamente el apoyo de sus paisanos opuestos a la regulación del contrabando y de los precios del cacao por parte de la Compañía. El apoyo vino en hombres y recursos. Por su parte, la aristocracia criolla apoyó calladamente la gesta de De León porque le molestaba la intromisión de la Guipuzcoana en la política. Si bien la revuelta se incubaba desde hacía mucho tiempo, la alianza entre canarios y criollos no fue en un principio explícita. Más bien, a medida que se abre la coyuntura del movimiento liderado por De

---

9   Rojas, Arístides. *La Rebelión de 1749*. Caracas: Ediciones Culturales INCE, Colección INCE, 1976, p. 13.

León en 1749 y los acontecimientos comienzan a seguir su curso, este actúa como mediación (en el sentido de la paz imperfecta), incidiendo en la unión de fuerzas tanto de isleños como de mantuanos para que la Compañía fuese retirada. Luego de que en su casa de Panaquire recibiera el apoyo de todos los sectores, tanto campesinos como propietarios de Caucagua, Guatire, Guarenas y de otras poblaciones aledañas, De León deja su pueblo y sigue hacia Caracas con aproximadamente ochocientos hombres. Ante la poca información acerca de las intenciones del canario, el gobernador Castellanos envía una misión de parlamentarios a su encuentro en compañía de algunos clérigos. Esto obligó a De León a despachar rápidamente a los representantes del Cabildo y darse prisa en su marcha hacia Caracas.

Aquí se presenta la primera instancia pacífica del conflicto, iniciando las vías del diálogo para la regulación óptima del diferendo. Ya en su camino a Caracas, escribe desde la población de Chacao al gobernador Castellanos explicando que viene en son de paz, pero exige inmediatamente la expulsión de los factores de la Guipuzcoana[10]. De León sorprende a Castellanos y el 20 de abril de 1749 llega a la Plaza Mayor de Caracas con todos los que lo apoyaban. Allí, se entrevistó públicamente con Castellanos exigiendo a nombre de los habitantes de la Provincia simplemente la expulsión de todos aquellos factores que tuviesen que ver con la Compañía de Caracas. De León consiguió apoyo de los grupos sociales más bajos del centro y oriente de la costa venezolana.

Siguiendo el hilo institucional y las vías del diálogo, el canario pide la convocatoria del Cabildo para certificar lo bueno y lo malo de la Compañía desde su fundación en 1728. Después de aceptadas las demandas del canario y leídas en acto público por el gobernador las resoluciones, este se retira pacíficamente con todos los hombres que lo acompañaban[11]. El apoyo multisectorial a De León, dice

---

10 *Ibídem*, p. 17.
11 Morales Padrón, Francisco. *Rebelión contra la Compañía de Caracas*. Sevilla: Publicación de la Escuela de Estudios Hispanoamericanos, 1955, p. 54.

Castillo Lara, lo certifica el propio gobernador en una carta posterior dirigida al rey donde explicaba que la revuelta estaba protegida de manera encubierta por casi todos los demás vecinos de todas clases, por el odio que normalmente sentían hacia la Compañía[12].

Al retirarse De León, el gobernador no certificó las medidas a las que se había comprometido y huyó a La Guaira el 2 de mayo de 1749. A partir de aquí la situación comienza a tornarse más compleja. El hecho de que la máxima autoridad del Imperio en la Provincia escapara al puerto de La Guaira para protegerse de una posible represalia, y por otra parte no haberse producido hasta esa fecha la salida de ningún factor de la Guipuzcoana, hizo que De León retornara a Caracas y sitiara la ciudad portuaria de La Guaira con aproximadamente nueve mil personas que lo acompañaban. Ante tal situación apremiante, el gobernador vuelve a comprometerse a hacer salir la Compañía Guipuzcoana. Si bien De León se somete nuevamente a las promesas de Castellanos, siguiendo vías pacíficas para la resolución del conflicto, la élite criolla comienza a reconsiderar su apoyo a la revuelta llevada a cabo por De León, por no terminar de imponer su posición.

Ya retirado De León junto a sus hombres por segunda vez a Caucagua, nombran un nuevo gobernador que arriba a la Provincia en noviembre de 1749. Es Julián de Arriaga y Rivero, quien comprende que lo ocurrido con De León no fue sino un llamado contundente de gran parte de la sociedad venezolana ante las necesidades e intereses del país. Arriaga introduce una serie de cambios radicales en la política comercial de la Provincia de Venezuela para satisfacer las necesidades de gran parte de los sectores sociales. Sin embargo, estos no pudieron materializarse de la manera más oportuna, certera y adecuada, debido a su repentino traslado a un ministerio español[13]. Este cambio no había sido casual. La salida de Arriaga fue producto de una hábil maniobra de la Compañía,

12 Castillo Lara, *op. cit.,* p. 231.
13 Rojas, *op. cit.,* p. 29.

al igual que la introducción de Felipe Ricardos como sustituto de este a principios de 1751. Ricardos era el hombre que la Compañía andaba buscando. Las medidas restrictivas que este aplica provocan una nueva revuelta por parte de De León. No obstante, esta vez el canario no cuenta con el apoyo masivo de los sectores más humildes ni con el de los aristócratas criollos. Según Morales Padrón, se percibía el fracaso de la revuelta de De León, por lo que la aristocracia guardó completo silencio[14].

Así, en 1751, luego de algunos enfrentamientos violentos con los soldados del gobernador, De León decide entregarse a las autoridades, poniendo fin a una revuelta que pudo haber cambiado los destinos de Venezuela. Los intereses y necesidades de los grupos que apoyaban a De León no fueron escuchados. Por el contrario, las represalias contra él y los líderes del movimiento fueron bastante severas, regulando de manera violenta el conflicto. Si bien esta revuelta es sofocada en 1752, el conflicto contra la Compañía se mantuvo hasta su desaparición en 1784.

A la par de los conflictos sociales y económicos con repercusiones políticas, se generaron también conflictos políticos frente la metrópolis del Imperio, que implicaban consecuencias económicas y sociales. Ya desde el siglo XVIII, las interacciones entre los diversos intereses y la búsqueda de su satisfacción por parte de los grupos sociales de la sociedad colonial venezolana, vislumbraban un posible conflicto de mayores magnitudes en los años venideros. En ese proceso, la composición territorial de Venezuela, tal como hoy se conoce[15], se conforma en el año 1777, fecha en la cual el rey Carlos III, como consecuencia de la Real Cédula del 8 de septiembre, crea la Capitanía General de Venezuela. A partir de allí, las provincias de Maracaibo, Guayana, Margarita, Trinidad, Cumaná

---

14   Juan Francisco De León apeló a los hombres acomodados que en varias ocasiones le habían ofrecido recursos, pero esta vez, por el contrario, obtuvo un silencio sepulcral. Morales Padrón, *Op. cit.*, p. 28.
15   Tomando en cuenta algunas variaciones producto del resultado de disputas limítrofes con países vecinos.

son separadas de la jurisdicción del Virreinato y Capitanía General del Nuevo Reino de Granada y son unidas a las provincias de Barinas y Venezuela, pasando a formar esta nueva entidad política y territorial. La Capitanía General era una institución militar de rango máximo que hacía referencia a la existencia de un importante contingente armado en dicho territorio. Venezuela era considerada como el gran «cuartel» de toda esa zona caribeña de los territorios ultramarinos del sur.

La joven Capitanía hereda los conflictos sociales y económicos que venían arrastrando las provincias que la conforman. Pero adicionalmente se le suma una aspiración que finalmente comienza a germinar: el sentimiento de libre determinación de algunos venezolanos, el creciente sentido de pertenencia y/o el interés por monopolizar el poder político, influenciados por las ideas del liberalismo y el republicanismo. Esta situación fue alimentando el surgimiento de un conflicto político de gran escala que derivaría en el proceso de emancipación de Venezuela. Los criollos, al sentir la pérdida progresiva de sus privilegios y el celo de la Corona ante sus prácticas autonomistas, se decantarán mayoritariamente por el partido secesionista; los canarios y los pardos, al verse reivindicados en sus derechos políticos y sociales, validarán mayoritariamente sus apoyos al bando realista, uniendo esfuerzos con los blancos peninsulares; los mulatos apoyarán en principio la causa realista, no tanto por convicción, sino por estar en contra del sistema de privilegios encabezado por los criollos, posteriormente la mayoría se decantará por la independencia.

Ya a mediados de 1797, se generaría una de las conspiraciones más organizadas y definidas ideológicamente: la conspiración de Manuel Gual y José María España, que se extendió hasta el mes de mayo de 1799. Manuel Gual era capitán de infantería y hombre de refinada cultura, hijo de un coronel español. José María España desempeñaba el cargo de teniente de justicia de Macuto, en La Guaira. El movimiento, que tuvo su foco en dicha ciudad, desde donde se extendió rápidamente a Caracas, contó con un conjunto de documentos teóricos e instrucciones de carácter organizativo práctico. Se trató del primer movimiento organizado que plantea para la América española la conformación de gobiernos republicanos independientes, y en sus ordenanzas iniciales declaraba la igualdad de sus habitantes sin distingo de raza o condición social y la abolición de la esclavitud por ser contraria a la humanidad. En la conjura participaron individuos de todos los grupos sociales, exceptuando a los mantuanos. Los objetivos de Gual y España eran la destitución de las autoridades españolas de Venezuela, la libertad de comercio y producción y la creación de una república con la unión de las provincias de tierra firme de Caracas, Maracaibo, Cumaná y Guayana. Ante el descubrimiento de la conspiración, sus líderes y principales cabecillas tuvieron que huir de Venezuela a las islas del Caribe. Aunque el movimiento fracasa, los textos que se difundieron durante la conspiración tuvieron una considerable influencia en el movimiento emancipador de Hispanoamérica.

Posteriormente, en el año de 1806, el venezolano hijo de canarios Sebastián Francisco de Miranda inició el segundo movimiento conspirativo de importancia para impulsar la causa independentista en Venezuela. Había invadido la Capitanía General por La Vela de Coro al mando de tres barcos con reclutas estadounidenses (la mayoría de ellos de origen irlandés), con la idea de generar apoyos para alcanzar la independencia. Miranda, quien había ejercido primero una carrera militar destacada en los ejércitos de la Corona española, y luego se había ganado a las ideas republicanas, emancipadoras y liberales, participando activamente en las revoluciones estadounidense y francesa, se había convertido en un personaje perseguido por la monarquía borbónica. El intento de Miranda fracasaría por falta de respaldo interno de los mantuanos en la ciudad de Coro y por la reacción de las autoridades realistas[16].

---

16 Mondolfi Gudat, Edgardo. «Travesía de Perros o la Expedición de 1806». En: *Tierra Firme*. Nº 96, Caracas: Fundación Tierra Firme, 2006, pp. 571-578.

Si bien se manejan diversas causas sobre las razones del abandono de los habitantes de la ciudad de Coro a la llegada de Miranda, el historiador Carlos González Batista señala la conciencia de sus élites acerca de su antigüedad y tradición, la frustración ante Caracas por su legítima aspiración de ascenso a provincia principal y la desconfianza hacia el extranjero por las reiteradas invasiones, principalmente de ingleses[17]. En todo caso, el relato de este conflicto refleja algunas de las causas que fueron reiterativas en la generación de otros conflictos con la metrópolis del Imperio, tales como la imposición de directrices emanadas del monarca que eran difícilmente aplicables al contexto venezolano, el trato diferenciado a nivel político, social y económico que recibían los territorios de ultramar en comparación con las provincias de la península, el surgimiento de nuevos postulados políticos que cuestionaban el modelo monárquico y la dependencia hacia un imperio. Asimismo, este conjunto de conflictos refleja la interacción de las necesidades, intereses y proyectos que los diversos grupos de la sociedad colonial venezolana buscaban satisfacer. Serán estos mismos los que, una vez se desate el camino hacia la independencia de Venezuela, alimentarán y harán más complejo el conflicto y determinarán la participación de diversos grupos en el partido realista y patriota, en un interesante zigzagueo de bandos entre ideales, necesidades e intereses.

La sociedad colonial venezolana: una relación compleja y conflictiva en el período preindependentista

La historia de las relaciones entre los grupos sociales de la sociedad colonial fue desde el principio compleja y conflictiva debido a la estratificación social basada en diversos criterios, entre ellos el valor del «honor» sustentado por las leyes reales. A partir de

---

17 González Batista, Carlos, citado por López, Isaac. «La invasión de Francisco de Miranda a Coro en la historiografía regional». En: *Tierra Firme*. nro. 96, Caracas: Fundación Tierra Firme, 2006, p. 588.

ese valor, se establecieron preeminencias y se reconocieron privilegios. El honor circunscribía al individuo a un determinado grupo social, a un lugar específico dentro de la sociedad y, por lo tanto, iba acompañado de una serie de derechos, deberes y privilegios, que representaban, ante la opinión pública, la calidad de ese individuo[18].

El honor lo dictaba el color de la piel, el ascendiente familiar y la legitimidad del nacimiento. El honor establecía una agenda distintiva de la discriminación. Los que lo tenían disfrutaban de privilegios negados por ley o por la costumbre popular a los que no lo tenían. Pero adicionalmente –señala el historiador Tomás Straka–, la conflictividad será expresión de la complejidad de una sociedad triplemente estructurada por la raza (color de la piel), por la riqueza (acceso a la tierra) y por la condición jurídica (libertad o servidumbre), en sus más variadas combinaciones[19]. En ese sentido, era un sistema que legitimaba distintos tipos de violencia estructural, para lo cual se valía de formas de violencia cultural (discriminación por color de piel, acceso a la tierra y condición jurídica) y de violencia directa (esclavitud y sometimiento) para su sostenimiento.

Si bien hubo amplias zonas del territorio venezolano y sus comunidades que quedaron al margen de esta conflictividad, tales como parte de los Llanos, las selvas del Amazonas y del sur de la zona de Guayana por lo intrincado del terreno, otras –principalmente la zona nortecostera, la andina y parte de los Llanos– estuvieron signadas por la interacción conflictiva de los diversos grupos de la sociedad colonial.

---

18 García, Carlos. «Representación y orden jerárquico en la provincia de Venezuela, siglo xviii». En *Montalbán*, n. 43, Caracas: Universidad Católica Andrés Bello, 2009, p. 9.

19 Straka, Tomás. *La voz de los vencidos. Ideas del partido realista de Caracas: 1810-1821.* Caracas: Colección Monografías, Comisión de Estudios de Postgrado, Universidad Central de Venezuela, 2000, p. 51.

Efectivamente, existían conflictos entre diversos grupos sociales en Venezuela. Por ejemplo, entre los criollos y los canarios hubo siempre tensión por temas de índole político, económico y social. Y es que los criollos o mantuanos eran el sector socioeconómico más poderoso de la Provincia de Venezuela. Ya desde el siglo XVI dominaban el Cabildo siendo una de las instituciones de su tipo que a nivel continental había logrado mayor autonomía y por ende detentaba más poder. Los criollos no permitían el ascenso de los inmigrantes canarios por considerarlos "blancos de orilla", sin ningún tipo de estirpe social y además por ser el grupo que representaba la amenaza más importante para sus intereses económicos, ya que de alguna manera controlaban el contrabando en las zonas orientales y occidentales de provincias vecinas. Por otra parte, los canarios estaban por encima de los criollos en cuanto al ámbito político se refiere. Si bien también eran considerados blancos de orilla por los blancos peninsulares, los isleños tenían el derecho de ocupar cargos administrativos medios y, en ocasiones, llegaron a ocupar cargos políticos de importancia, lo cual los ponía incluso por encima de los criollos. En lo económico, los canarios, ante las condiciones socio económicas desfavorables que se les ofrecían en las principales ciudades de la Provincia de Venezuela, tuvieron que abrirse paso a la conquista de nuevas tierras en el interior y en las provincias vecinas. Allí se convirtieron rápidamente en un poder económico bastante importante al controlar gran parte del contrabando con los extranjeros.

En 1770, la monarquía española decide equiparar los derechos de los canarios con los de los peninsulares para darles la posibilidad de ejercer cargos políticos de alto nivel y de poder gozar de los mismos privilegios del honor. Con esta situación de igualación, los mantuanos comenzaron a ver con preocupación cómo se resquebrajaba el sistema de privilegios, no solo con los canarios sino con aquellos grupos, como los pardos y los mestizos casi blancos, con un poder económico emergente. Y es que gracias al mestizaje o mezcla de razas, los criollos se quejaban de una confusión racial creciente entre blancos, indígenas y negros, con lo cual se estaba generando una movilidad social que ponía en peligro la división de la población por castas. Señala Ann Twinam que «En una sociedad colonial en que las élites tradicionalmente justificaron su jerarquía por su legitimidad y su blancura, la presencia de estos grupos ascendentes desafiaría el orden establecido. Esta tensión era solamente agudizada por [...] los nuevos ricos (que) ponían una presión adicional»[20].

Esto hizo que las élites fueran particularmente vigorosas en la defensa de los privilegios y en los mecanismos de diferenciación a finales del siglo XVIII. Es entonces cuando la monarquía española decide lanzar una serie de reformas –en principio contradictorias– conocidas como las «reformas borbónicas», las cuales por una parte fortalecían los mecanismos discriminatorios, pero por otra facilitaban la movilidad social. Particularmente hubo cinco leyes que regulaban los privilegios relacionados con el honor:

a) La Real Pragmática de casamientos de 1776 (en España) y de 1778 (en América). Establecía que se debía mantener la igualdad social y racial para los casamientos, dando a los padres la posibilidad de escudriñar en el pasado de yernos o nueras potenciales su pureza racial y legitimidad de nacimiento y, de acuerdo a esto, vetar determinados matrimonios[21]. A pesar de esta ley que fortalecía la violencia estructural y cultural, las otras cuatro que regulan el honor impulsan medidas que abren la puerta a la movilidad social y la igualación.

b) La Real Cédula de 1790. Una medida que provocó tensión fue la promulgación de la Real Cédula del 8 de mayo de 1790, que obligaba a los eclesiásticos a no inscribir a los canarios «notoriamente blancos» en los libros de mulatos, zambos, negros y gentes

---

20 Twinam, Ann. «Las reformas sociales de los Borbones: una visión revisionista». En *Montalbán*, n. 34, Caracas: Universidad Católica Andrés Bello, 2001, pp. 222-223.
21 *Ibídem*, p. 224.

de servicio. Esto generó la oposición del Cabildo de Caracas, quienes no veían a los canarios como blancos de su misma estirpe[22].

c) La Real Cédula de 1794. Aparte de los privilegios por raza, estaban los privilegios por la legitimidad del nacimiento. Aquellas personas que nacían de un matrimonio no legítimo eran llamados «expósitos». No obstante, con esta Real Cédula aquellos que eran discriminados por esta razón quedaban protegidos y se generaban multas a quienes les profiriesen improperios. Asimismo, si había alguna duda sobre la legitimidad del nacimiento de la persona y su calidad –es decir, nacido de una familia de honor, bajo la institución del matrimonio y perteneciente a un grupo social definido– el asunto debía dirimirse por la «parte más benigna», es decir, la más favorable a la persona. Esta ley permitió a las mujeres expósitas recibir dotes de caridad y a elegir esposos más aceptables; por su parte, los hombres expósitos podían asistir a colegios, entrar a ocupaciones anteriormente prohibidas y, tal vez, tener oficios políticos. Aunque se mantuvieron algunas restricciones, esta medida sentó un precedente muy importante en la movilidad social.

d) El arancel del Gracias al Sacar de 1795. Con esta legislación, publicada un año después de la Real Cédula, los nacidos de matrimonios ilegítimos (fundamentalmente hijos e hijas blancas de la élite criolla) podían presentar una solicitud ante la Cámara del Subconcilio del Consejo de Indias para ganar su legitimidad. Presentando un informe con testigos que explicaran las condiciones de su nacimiento y las discriminaciones sufridas podían ganar la legitimidad a cambio de realizar un pago que les permitiría participar de lleno en los derechos políticos y sociales de las personas de honor.

e) Adición al arancel del Gracias al Sacar de 1795. Esta, sin lugar a dudas, fue la más radical de las reformas. A partir del pago de un arancel, los pardos (mestizos de color blanco) y los mulatos

---

22 Rodríguez Mesa, María. *Los blancos pobres. Una aproximación a la comprensión de la sociedad venezolana y al reconocimiento de la importancia de los canarios en la formación de grupos sociales en Venezuela.* Caracas: Academia Nacional de la Historia, 1997, p. 158.

(mestizos de color moreno) podían comprar la calidad de blancos. Al igual que como sucedía con los expósitos, tenían que presentar sus historias personales al Consejo de Indias. Los que recibían las cédulas se convertían en blancos y personas de honor[23].

Estas medidas buscaban generarle beneficios a la Corona. Por una parte, réditos económicos ante la crisis de las arcas reales y, por otra, fidelidad de nuevos grupos sociales ante el poder y creciente autonomía de las élites criollas, las cuales sienten cada vez más indignación ante la progresiva limitación de sus privilegios. Esto hace que sea principalmente en el sector de los criollos donde las ideas independentistas prendan con más fuerza.

Por su parte, fueron los sectores sociales más bajos (mulatos de piel oscura, indígenas y negros) los que sufrieron mayor violencia estructural en la sociedad. Miquel Izard señala que:

> … en el Norte había impresionantes conflictos y enfrentamientos. Estos, de clase y de casta (la piel de la mayoría de explotados era de distinto color que la de los explotadores), eran irreductibles e innegociables. Los conflictos, de intereses, se daban entre grandes y pequeños blancos (sin recurso pero de piel del color de los explotadores), entre propietarios de plantación y comerciantes, entre la oligarquía de Caracas y los notables provinciales (de Valencia, Maracaibo, Barinas o Cumaná)[24].

No obstante, hubo amplios espacios de paz imperfecta que es fundamental destacar. Izard resalta la realidad de grupos y espacios que se mantuvieron alejados de la conflictividad colonial y preindependentista que afectó, fundamentalmente, a la zona costera, andina y zonas pobladas de parte de los Llanos de Venezuela durante más de dos siglos. Desde una perspectiva crítica, Izard

---

23 Twinam, *op. cit.*, pp. 224-225
24 Izard, Miquel. «Élites criollas y movilización popular». En Guerra, François Xavier (Dir.). *Revoluciones Hispánicas: Independencias americanas y liberalismo español.* Madrid: Editorial Complutense S.A., 1995, pp. 93-94.

recuerda que hacia el sur de la zona llanera, tanto los negros que escapaban del sistema esclavista como aquellos mulatos (cimarrones) que eran originarios de esta zona, llevaban adelante una forma de vida que distaba mucho de aquel modelo de sociedad excedentaria, violenta y explotadora que se planteaba en el norte del país: aquella que se disputaban blancos canarios, peninsulares y criollos para implantar un incipiente modelo capitalista. Los que lograban abrirse paso o mantenerse en esta zona recuperaban su libertad, ingresando a una sociedad nueva, abierta, resistente y alternativa. Conseguían lo que habían decidido que necesitaban a través de mecanismos que les proporcionaban más satisfacción que bienes materiales. Las relaciones dependían en formas y en duración meramente de la voluntad de los afectados.

La historia oficial suele pasar por alto también esta realidad pacífica que primó en amplias zonas del territorio venezolano durante el conflicto colonial. No obstante, ya hacia finales del siglo XVIII, tanto los mulatos como los exesclavos que vivían en las poblaciones cimarronas de los Llanos venezolanos, empezaron a verse afectados por la violencia de la sociedad colonial que se acercaba a estos territorios cuando los criollos lo conquistaban para su explotación y el pastoreo de ganado. Esto generó nuevos conflictos sociales y económicos que interactuarían y complejizarían el conflicto por la independencia de Venezuela. Y es que, ante la caída de los precios del cacao y de los ingresos derivados de la venta de este producto, los criollos de la zona capital de Venezuela, solicitaron permiso Real para la explotación del territorio y del ganado salvaje de origen europeo. Así, en 1794 obtienen la Real aprobación de las Ordenanzas del Llano para dichos fines. Esto explicará en gran parte las diversas causas que emprendieron determinados caudillos de estos grupos para acabar definitivamente con el modelo explotador y esclavista de los criollos y el apoyo que «curiosamente» dan a la causa realista en los primeros años del conflicto por la independencia de Venezuela.

Otra realidad que suele ser ignorada por la «historia oficial» es la de los pueblos indígenas de las zonas selváticas del Amazonas y sur de Guayana, donde las relaciones sociales eran aún más igualitarias, la relación con el medio físico menos entrópica y donde el conflicto colonial y de independencia ni siquiera llegó. Y es que a pesar de que en 1498 se inicia el proceso de conquista y colonización español en gran parte del territorio que será denominado posteriormente Venezuela, muchas zonas quedaron a salvo (temporalmente o de manera permanente) de la violencia directa, estructural y cultural generada por el sistema colonial de estratificación social basado en el honor y el color de la piel. La mayor parte de las poblaciones allí asentadas eran comunidades indígenas que durante cientos de años habitaron las zonas selváticas más apartadas, en un equilibrio sostenible con el ambiente. Si bien estos espacios geográficos serían parte del conflicto entre patriotas y realistas –porque la autodeterminación implicaría la totalidad del territorio de Venezuela– solo lo eran desde un punto de vista formal, ya que dicho conflicto no llegó de hecho a la mayor parte de estas zonas. Estos espacios geográficos conformados por comunidades indígenas –entre las cuales destacan los yanomamis, los piaroas y los guajibos– podrían ser vistos como espacios de paz dentro del conflicto por la independencia, ya que sus territorios también formaban parte de la región que estaba en litigio entre realistas y patriotas. Si bien los bandos incorporaron en sus filas a indígenas que habitaban en las áreas de influencia donde se asentó el hombre blanco y mestizo (fundamentalmente en la zona costera, los Llanos y la zona montañosa de los Andes), aquellos que habitaban o se desplazaron a las intrincadas zonas selváticas del sur de Venezuela se mantuvieron prácticamente aislados e inconscientes de la naturaleza y las consecuencias de este conflicto.

A manera de resumen, hacia finales del siglo XVIII y principios del XIX, la exigencia de libertad comercial de sectores sociales importantes como los criollos, los canarios y los pardos, comenzaba a confluir con las antiguas demandas sociales, políticas y económicas de los grupos más bajos de la sociedad. Los criollos –en su mayoría– aspiraban obtener poder político mediante el reconocimiento de los derechos que gozaban las provincias imperiales de la península y mantener los privilegios sociales y la hegemonía económica; otros grupos mantuanos aspiraban a la emancipación inspirados en las ideas republicanas, liberales o ambas incluso; los pardos y mulatos, principales signos del mestizaje e interacción cultural, aspiraban a la igualdad social con los mantuanos; los sectores más desfavorecidos (zambos y negros) aspiraban a la obtención de nuevos derechos económicos y sociales; los canarios, por su parte, anhelaban obtener la igualdad social de los criollos y la hegemonía económica. En ese sentido, la independencia, más allá de un conflicto político, será también el fenómeno coyuntural que servirá a muchos de estos sectores como plataforma para el planteamiento de demandas estructurales y, en ocasiones, la satisfacción de intereses y necesidades, logro de objetivos y desarrollo de proyectos.

Antecedentes del conflicto por la independencia

En 1808, con la invasión francesa a la península ibérica, los partidarios de la independencia venezolana encontrarán la oportunidad para empezar a impulsar su proyecto. Ese año, los ejércitos napoleónicos obligan al rey Fernando VII a abdicar la Corona en José Bonaparte, hermano del conquistador Napoleón Bonaparte. Pocos meses después la noticia llega a Caracas. Depuesto el rey, asume temporalmente el poder una Junta Central que se instala en Sevilla. Sin embargo, en 1810 esta se ve obligada a disolverse ante el avance de los franceses que ocupaban Andalucía, se convierte en Regencia y se instala en Cádiz, último bastión de los españoles leales a la Corona.

Durante esos años, el tema central de los caraqueños es la soberanía y la sucesión monárquica. Con la disolución de la Junta de Andalucía, la mayoría del grupo de los mantuanos caraqueños pensaba que la soberanía debía recaer en el pueblo hasta el retorno del rey, puesto que la legitimidad de dichas autoridades estaba en entredicho. Asimismo, consideraban que el monarca no podía ceder sus derechos, y menos a otra Casa Real, sin consultar al pueblo[25]. Ante esta situación de zozobra, un grupo de mantuanos —entre los que destacan el Marqués del Toro y Antonio Fernández de León—, promueven la conformación de una Junta Suprema propia, inspirada en el ánimo de la Junta de Sevilla, con la intención de defender la legítima autoridad del rey depuesto. Para ello se apoyan en el respaldo de las milicias de blancos y pardos, en primer lugar, y posteriormente de los peninsulares.

Es así que una representación de 44 vecinos caraqueños, 37 criollos y 7 españoles presentan esta solicitud al capitán general. Sin embargo, las autoridades persiguen y encarcelan a todos aquellos involucrados en esta iniciativa, ya que la Junta legítima y regente era la de Sevilla y, en su defecto, la Regencia de Cádiz. Los vecinos rechazaron las acusaciones que las autoridades hacían a esta iniciativa, que señalaban como caldo de cultivo de un movimiento separatista. En realidad, lo que existía desde España era desconfianza hacia las provincias americanas. No obstante, a lo interno de la península ya se venía dando un debate crucial entre los monarquistas absolutos y los monarquistas liberales. En su afán de demostrar la vocación de fidelidad que tenía la propuesta de la Junta, los mantuanos acusados elevan una solicitud a la Sala de Justicia del Consejo de Indias a fin de aclarar la situación, lograr la absolución y reivindicar su honor. Sería apenas el 9 de abril de 1810 cuando esta solicitud llega al mencionado Consejo.

Sin embargo, el 19 de abril de 1810, un grupo de criollos, en representación de su casta y de los pardos[26] increpan en

---

25 Quintero, Inés. «La conjura de los mantuanos: último acto de fidelidad a la monarquía española». En *Temas de Historia Contemporánea de Venezuela*. Caracas: Colección Temas, Serie Historia, Fondo Editorial de Humanidades y Educación – Universidad Central de Venezuela, 2005, p. 17.

26 Los pardos fueron representados en la Junta de Caracas por el criollo José Félix Ribas.

Caracas al capitán general de Venezuela, Vicente Emparan, a asistir a un Cabildo extraordinario que había sido convocado por el vicepresidente del Ayuntamiento, José de las Llamozas, a fin de resolver la «crisis de legitimidad» con la que algunos sectores cuestionaban la continuidad de las autoridades políticas al frente de la Capitanía General. Ante la falta de mando que generó el complot, Emparan regresa obligado al Ayuntamiento junto a las autoridades de la Audiencia, las cuales también habían sido desconocidas. Así, Emparan decide asomarse al balcón y preguntar a las personas que allí se encontraban si querían que los gobernase, escuchó la voz de unos pocos que decían «no le queremos», renunciando así, y de manera voluntaria, a sus atribuciones. A partir de aquí comienza la crisis de la autoridad española y sus instituciones en Venezuela y los prolegómenos del inicio del conflicto por la Independencia.

Vemos cómo, en primera instancia, este conflicto es regulado pacíficamente. A pesar de que en 1810 los criollos logran la constitución de la Junta Defensora de los Derechos de Fernando VII, ya el ánimo de muchos no era el mismo. Habían visto el nivel de desconfianza con el que los veían desde la península con lo cual, si Fernando VII era repuesto, sabían que lograr reivindicaciones políticas sería cuesta arriba.

Con la constitución de la Junta Suprema, se firma un acta mediante la cual el Cabildo toma posesión del poder político, ensancha la participación con la incorporación de diputados de otros sectores y grupos, y desconoce la autoridad de la Regencia. La instalación de esta Junta marca también el inicio de conflictos de baja intensidad regulados pacíficamente entre los venezolanos. Se vislumbraba el advenimiento de regulaciones violentas de mayor intensidad en el corto plazo entre los diversos estamentos de la sociedad colonial. Las diferencias no solo estaban en las ideas. El 19 de abril de 1810 exacerbó también una serie de rencillas históricas a nivel regional, que existían de antaño entre las provincias de la Capitanía General de Venezuela y que se habían mantenido latentes mientras la institucionalidad española rigió los destinos de nuestro país.

Si bien durante el período colonial (y más aún después de la instalación de la Guipuzcoana) el poder político y económico se había centralizado principalmente en la provincia de Venezuela, y específicamente en la ciudad de Caracas, las municipalidades gozaron siempre de una serie de derechos y autonomías en su propio entorno. Es así como la Provincia de Cumaná se manifestó a favor de la Regencia y en contra de la Junta de Caracas; por su parte, Barcelona constituyó una junta gubernativa al mando del teniente coronel Gaspar de Cajigal, que reconocía condicionalmente la autoridad emanada de Caracas y separaba su jurisdicción de la de Cumaná, con lo cual se avizoraba una posible emancipación. Esto hizo que Cumaná y Caracas unieran fuerzas ante la posible decisión de Barcelona de ponerse bajo la protección de Gran Bretaña. Finalmente, Cumaná envió delegado a Caracas; la provincia de Margarita reconoció la autoridad de la Junta de Caracas y creó la suya propia; el Ayuntamiento de Barinas también reconoció condicionalmente la autoridad de Caracas. En el caso de Guayana, Maracaibo y Coro, la posición asumida fue a favor de la Regencia. En Guayana, en un principio se apoyó a la Junta de Caracas, pero casi inmediatamente se disolvió esta y se reconoció a la Regencia, principalmente como rechazo a la intención centralizadora de Caracas. La posición de Coro fue un poco contradictoria ya que, por una parte, no reconocían a la Junta de Caracas porque alegaban que a pesar de que no estuviese Fernando VII seguían existiendo las Cortes de Sevilla, y por la otra, alegaban que al haber sido destituidas las autoridades supremas, ya Caracas había dejado de ser la capital, por lo cual no estaban sujetas a esta. Finalmente, Maracaibo adoptó una posición similar a la de Guayana, solo que más contundente, ya que desde un principio rechazaron la autoridad de Caracas, y reconocieron la Regencia.

Para el mismo período, los grupos sociales más bajos de la sociedad colonial –todavía ajenos al conflicto político– «preferían», en su mayoría y en última instancia, un gobierno que no estuviese encabezado por los mantuanos, ya que estos eran el grupo que más discriminación y abusos de poder ejercía hacia ellos. Más aún después de la ofensiva por la conquista del territorio de los Llanos venezolanos iniciada a finales del siglo XVIII.

Es importante puntualizar que a finales del siglo XVIII y principios del siglo XIX, los núcleos urbanos eran minoritarios y poco poblados, en comparación con los habitantes que se asentaban en los sectores rurales, producto de la actividad económica más importante en Venezuela que era la agricultura, y en menor medida la ganadería. Brito Figueroa cita algunos informes de la época que señalan que la población rondaba entre los 728 000 y el millón de habitantes. Cita por ejemplo el censo de Alexander von Humboldt quien señala que la población venezolana se ubicaba aproximadamente en 800 000 mil habitantes, divididos por categorías étnico sociales en 400 000 pardos, 200 000 blancos criollos y peninsulares, 120 000 indígenas y 64 000 negros esclavos[27].

En este contexto, la sociedad colonial venezolana entraba en una nueva fase de su historia. La irrupción de ideas liberales y republicanas se hacía presente frente a aquellas del Antiguo Régimen, la monarquía y el absolutismo, que lucharían por subsistir. Así, los sucesos del 19 de abril de 1810 fueron la puerta que abrió el camino hacia el proceso de independencia de Venezuela, acompañado del inicio de un conflicto que se extendería hasta 1846. Asimismo, si bien al inicio del conflicto la propuesta patriota que nace de los mantuanos se debate entre los intereses de casta y los ideales, cuando se desatan las regulaciones violentas explotaron otra multitud de problemas como expresión de la complejidad de una sociedad estructurada por raza, condición jurídica y

---

27   Brito Figueroa, Federico. *Tiempo de Ezequiel Zamora*. Caracas: Ediciones Centauro, 1975, p. 18.

riqueza. Este aspecto medular y la comprensión de estas necesidades, expectativas e intereses por parte de los líderes del bando patriota y realista serán la base para inclinar la balanza de poder y los apoyos de grupos sociales a su favor en determinados momentos del conflicto.

En julio de 1810 viajaron a Londres tres negociadores de la Junta de Caracas con dos objetivos medulares: buscar apoyo del gobierno inglés para lograr el reconocimiento de la autoridad de la Junta de Caracas e instar al general Francisco de Miranda a regresar a Venezuela para impulsar la campaña libertadora. Este último era un objetivo particular de los sectores más radicales. Simón Bolívar, Andrés Bello y Luis López Méndez se reunieron con Lord Wellesley, canciller de Gran Bretaña, el 19 de ese mismo mes, y la posición de este último, en nombre del gobierno británico, fue la de dar protección marítima a Venezuela contra Francia y a favor de Fernando VII, ofrecer sus buenos oficios para resolver las disputas entre la Junta de Caracas y la Regencia, en función de conservar la paz. Inglaterra no reconocería la autoridad de la Junta, pero tampoco la desconocería. De esta manera, el gobierno británico quedaba bien con la España ocupada y con su rey desterrado, pero al mismo tiempo se posicionaba estratégicamente en los mares aledaños a gran parte de las colonias hispanoamericanas y obtenía el acceso a su comercio con un trato favorable por parte de estas. Si bien no reconocía las Juntas provinciales en primera instancia, Inglaterra ganaba posiciones frente a Francia, la cual era la potencia emergente más importante que obstruía su comercio en Europa y que representaba una amenaza[28].

El general Francisco de Miranda había regresado a Venezuela encabezando activamente el partido de la Sociedad Patriótica, que será un importante catalizador en el seno del Parlamento de la

---

28 Robertson, John, citado por Valarino de Abreu, Verónica. «Apuntes de historia diplomática de Venezuela». En *Revista Venezolana de Relaciones Internacionales y Política Exterior,* Especial 2, Caracas. Editorial Nuevas Letras y Fondo Editorial Tropykos, 2003, p. 31.

causa republicana y emancipadora. Después de muchas gestiones y tensiones entre las provincias, se logra instalar en Caracas, el 2 de marzo de 1811, el Congreso Nacional, representado por treinta de los cuarenta y dos diputados representantes de las provincias venezolanas. Este Congreso se instaló bajo la premisa de conservar los derechos del rey depuesto Fernando VII, distanciarse de la Regencia en España, desconocer cualquier otra representación distinta a la que residía en Caracas, defender la religión católica y oponerse a cualquier país que pretendiese la dominación o quisiera impedir la absoluta y legítima independencia de las Provincias de Venezuela, cuando estas así lo creyesen conveniente. Este último punto abre ya la puerta a la posibilidad de hablar de emancipación[29].

Aunque algunos pobladores de la ciudad de Caracas se inclinaban progresivamente al reconocimiento de la independencia, no todos estaban de acuerdo. Estaban los llamados «godos», monarquistas y opuestos a cualquier tipo de emancipación que, si bien no osaban declararse abiertamente en contra de las ideas impulsadas por la Sociedad Patriótica, después serían parte de la base que alimentaría la causa realista en el conflicto. Esta actitud anticonciliadora que impulsan fundamentalmente los líderes de la Sociedad Patriótica, a pesar de dar un empuje definitivo a la declaración de independencia el día 5 de julio de 1811, contribuye inexorablemente a la división de la oligarquía venezolana. La falta de unidad de este estamento de la sociedad fue, según palabras de Juan Germán Roscio, «… la causa fundamental para el desencadenamiento de la violencia y para la pérdida de la (Primera) República…»[30]. La firma de un Acta refrendando esta decisión por parte del Congreso marcaría el inicio formal de las hostilidades entre venezolanos de ideas opuestas y de Venezuela con España.

---

29 Parra Pérez, Caracciolo. *Historia de la Primera República de Venezuela*. Caracas: Monte Ávila Editores, 1992, p. 271.
30 Testimonio de Roscio, Juan Germán, citado por Parra Pérez, *op. cit.*, p. 282.

Las ideas políticas. El liberalismo político

El posicionamiento de nuevas ideas en el mundo occidental vendrá de la mano de la decadencia del Antiguo Régimen en Europa, el cual se basaba en lo que el historiador Elías Pino Iturrieta denomina el «pensamiento tradicional», cosmología que representaba un orden al que estaban sujetas todas las cosas. Un orden necesariamente bueno y justo en cuanto a que era emanado directamente de Dios. Es por ello que todo orden humano, para que fuese bueno, debía ajustarse al plan divino, cuyas directrices estaban clara o subrepticiamente en la revelación[31]. A nivel político, el pensamiento tradicional se sustentará en dos premisas fundamentales: la idea de la unidad del rey y la Iglesia y el buen orden, calcado del divino, habría de manifestarse hasta los últimos aspectos de la vida de los hombres[32].

Pasar por encima de ese «orden natural de las cosas» podía acarrear consecuencias serias. Un delito político podía ser un pecado y un pecado podía desatar un desastre natural[33]. Ese orden se manifestaba a nivel político en un rey, el cual, al igual que Dios, estaba investido de poderes absolutos para ejercer la autoridad y, por ende, la soberanía. Su palabra era incuestionable puesto que era el representante de Dios en la Tierra. Justamente esta potestad que hacía que los monarcas abusaran de su poder en reiteradas ocasiones, incluso contra sus propios súbditos, fue la que primero cuestionaron los escolásticos tardíos y posteriormente los ilustrados, cuando la racionalidad del hombre comenzó a enfrentarse a la justificación metafísica y divina de las cosas. Sin lugar a dudas, la Ilustración, y eventos como la Revolución Francesa influyeron en el surgimiento e irrupción de un nuevo conjunto de ideas en las colonias españolas de ultramar que generaron conflictos con las concepciones y el orden establecido.

---

31 Straka, *op. cit.,* pp. 87-105.
32 García Pelayo, Manuel, citado por Straka, *ibídem,* p. 106.
33 Straka, *op. cit.,* p. 87.

Pino Iturrieta señala que la independencia no puede verse únicamente como fenómeno bélico, sino como un enfrentamiento entre dos concepciones antagónicas –tradicionalismo y modernidad–[34]. Frente al pensamiento tradicional en el que privaba el valor del honor, el orden divino de las cosas y la clasificación de la sociedad por color de piel, acceso a la tierra y condición jurídica, se posicionaron nuevas ideas políticas enmarcadas en un ideario de mayor igualdad y libertad. Las ideas de la escolástica tardía y las liberales fueron una de las principales herencias de la Ilustración y se harán presentes en las décadas previas al conflicto por la independencia de Venezuela. Con el inicio del conflicto, el enfrentamiento no era solo político, sino que implicaba visiones cosmológicas muy distintas. Para los realistas, sostenedores del Antiguo Régimen, la idea de patria independiente y soberana era una violación al orden divino de Dios. Literalmente, como la llamaron los realistas, era la «diablocracia». Para los patriotas, el proyecto independentista liberal y republicano representaba la posibilidad de impulsar nuevas libertades y algunos procesos de igualación política y social a partir del autogobierno, basados en la racionalidad que hace iguales a los seres humanos y deslastrados del velo de la lógica religiosa. Las ideas del liberalismo también se harán presentes en la propia península ibérica, generando un conflicto interno entre los liberales y los absolutistas que se extenderá durante gran parte del siglo XIX a partir de su segunda década.

El liberalismo es un término difícil de definir, tanto por la evolución misma del término como por el uso que se ha hecho de este a lo largo de varios siglos. Ante esta diversidad, resalto el comentario que hace Mateucci en cuanto a que «... solo es posible concluir que el único común denominador entre posiciones tan diversas [...] un Estado que termina por garantizar los derechos del individuo frente al poder político y por esto exige formas,

---

34 Pino Iturrieta, Elías. *Ideas y mentalidades de Venezuela*. Caracas: Colección Estudios, Monografías y Ensayos, N° 179, Biblioteca de la Academia Nacional de la Historia, 1998, p. 111.

más o menos amplias, de representación política…»[35]. Burdeau nos habla del individuo como valor en sí, como fin y como medio para la libertad creadora. Sobre lo primero, el individuo «como valor en sí», señala que el individualismo liberal afirma el valor absoluto del ser individual, el valor absoluto de los individuos tiene como corolario su igualdad[36].

El liberalismo se sustenta en la figura jurídica del *habeas corpus*, la cual tiene sus antecedentes en el constitucionalismo inglés del siglo XVII y que se reafirma en la Declaración de los Derechos del Hombre de 1789 y en la de 1793 en la que se dedican varios artículos a la seguridad de los ciudadanos. Estas ideas liberales quedarán plasmadas en la primera Constitución venezolana de 1811, así como en la Constitución española de 1812, con lo cual el influjo de esta corriente de pensamiento será importante durante el conflicto en cada bando por separado, y en conjunto servirá de espacio de paz a partir de una mediación que se produce en el año 1820.

Aparte de los preceptos liberales, irrumpen otras ideas políticas en el marco de la propuesta de «independencia» o «emancipación». La idea de «república», que en su concepto más genérico significa «la cosa pública», se opone a la idea tradicional de «reino» en cuanto a la concepción de la soberanía. Mientras que en el reino la soberanía reside en el monarca o rey, en la república la soberanía reside en lo público, siendo su depositario el pueblo. Si bien algunos patriotas venezolanos serán amigos de las ideas de monarquía limitada, la mayoría se decantará por el modelo republicano en las primeras de cambio. En ese sentido, la idea de independencia o libre determinación cobra más sentido en tanto y en cuanto se partía del supuesto de que el autogobierno por parte de los

---

35 Mateucci, Nicola. «Liberalismo». En Bobbio, Norberto, Mateucci, Nicola y Pasquino, Gianfranco. *Diccionario de Política*. México: Editorial Siglo XIX, 1994, p. 879.

36 Burdeau, Georges. *El liberalismo político*. Buenos Aires: Editorial Universitaria de Buenos Aires, 1983, p. 75.

hombres nacidos en este territorio (los cuales «eran todos iguales») generaría una mejor gestión de los problemas, conflictos y necesidades de la población. A partir de entonces el pueblo –y no un rey lejano– como soberano, sería el encargado de gobernarse a sí mismo y darse las estructuras, leyes e instituciones que requiera para su felicidad.

El liberalismo será sin duda uno de los elementos dinamizadores más importantes del conflicto entre patriotas y realistas por la independencia de Venezuela, fundamentalmente de regulaciones pacíficas, porque servirá de espacio común entre ambos bandos frente al absolutismo y la crítica del abuso de poder. Este espíritu liberal, de valoración de la persona en sí misma, también será aplicado al desarrollo de los conflictos políticos violentos y vendrá de la mano de pensadores europeos como Emerich de Vattel e Inmanuel Kant. Vattel afirmaba que la guerra era un derecho que tenían los países para reafirmar otros derechos. Además, decía que la guerra era parte de la vida política, por lo que pretender su eliminación era una utopía. Sin embargo, aspiraba a que su intensidad y frecuencia como instrumento político se moderaran al máximo[37]. De este modo, mientras menos destructiva fuera una guerra, más segura, más fácil de alcanzar y más duradera sería la paz obtenida entre dos o más naciones. Sin embargo, la moderación de la guerra y las negociaciones de paz dependerán de que ninguna de las partes asuma que su guerra es justa, sino que partan del supuesto de que todas las guerras son justas, porque todos los Estados tienen derecho a hacer uso de ella. Al final, la limitación o regularización de la guerra será una de las expresiones más directas de los valores liberales por la persona y un espacio de encuentro entre patriotas y realistas, que permitirá desarrollar mediaciones para la potenciación de regulaciones pacíficas en el conflicto independentista venezolano, fundamentalmente a partir del año 1820.

---

37 De Vattel, Emerich, citado por Gallie, W. B. *Filósofos de la paz y de la guerra*. México: Fondo de Cultura Económica, 1985, p. 45.

Ciertamente, para que este conjunto de ideas políticas tuvieran éxito, los patriotas tuvieron que conciliarlas con las necesidades, aspiraciones e intereses igualitarios de diversos grupos de la población. Una conciliación entre ideas políticas y satisfacción de necesidades e intereses. Esta conjugación será llevada adelante tanto por el bando patriota como por el bando realista a lo largo del conflicto, y veremos cómo aquel bando que logró conciliar mejor estos dos aspectos fue el triunfador y cómo aquellos personajes que desarrollaron esta mediación entre las ideas y las necesidades e intereses serán figuras preponderantes en cada bando. Es el historiador Augusto Mijares quien plantea por primera vez la existencia y la importancia del fenómeno de la conciliación entre ideas y las necesidades e intereses de grupos sociales durante el conflicto por la independencia. Destaca Straka que, sin negar los fines trascendentes y filosóficos de la revolución, Mijares los concilia con lo específicamente socioeconómico, con la finalidad de ver en qué medida las ideas pudieron impactar o no en las mentalidades y viceversa[38].

Esto será fundamental para entender que, si bien las ideas fueron fundamentales, que si bien el conflicto formal se inicia por diferencias políticas entre patriotas y realistas, su complejización se produce gracias a la presencia de otros conflictos ya existentes. Ideas interactuando con necesidades e intereses reales. Finalmente, y lo veremos más adelante, si bien la independencia cumplió con algunas de las expectativas de esa «mentalidad» imperante, generadas en cuanto a satisfacción de necesidades, intereses y objetivos de diversos sectores de la sociedad venezolana, muchas otras no fueron cumplidas. El logro de la independencia, así como la consolidación de la república, la socialización del sentimiento de nacionalidad y el establecimiento de principios liberales permitió, primeramente, la autodeterminación en la organización del

---

38 *Ibídem,* p. 39.

sistema político, económico y social por parte de los venezolanos. Con esto, la administración de los recursos y el destino de la riqueza quedaban en el país, facilitando una gestión más adecuada de los mismos para la atención de las necesidades del país. Por otra parte, resalta la obtención de bienes materiales y/o la movilidad social de algunos de quienes participaron activamente en el conflicto, el acceso al poder por parte de una nueva élite política y económica, la promoción de nuevas libertades políticas y económicas en sectores puntuales de la población, la transferencia de la soberanía al «pueblo», la consolidación de principios legales de respeto a la vida y de aplicación de justicia de acuerdo a criterios liberales, la organización en partidos políticos y el establecimiento de elecciones para cargos públicos. Si bien el establecimiento del sistema político, social y económico posterior al logro de la emancipación y la consolidación de las ideas promovidas por los patriotas satisfizo algunos intereses y necesidades, mantuvo formas de violencia estructural, tales como la continuación de la esclavitud, la tenencia de la tierra en pocas manos, la limitación censitaria para participar políticamente en los asuntos del país, la poca movilidad social, la pobreza y la exclusión de la mayoría de la población de la educación, la entronización de grupos económicos y de caudillos en detrimento de otros, la restricción de algunas libertades. En sí, la soberanía recayó en un sector muy limitado del pueblo venezolano.

Los mecanismos institucionales establecidos en el nuevo sistema no lograron satisfacer las expectativas de un importante grupo de la población ni regular pacíficamente estos conflictos. Esta debilidad continuada se reflejará posteriormente en el surgimiento de un conflicto interno entre los años 1859 y 1863 conocido como la Guerra Federal, el cual tendrá expresiones de violencia directa en la búsqueda de satisfacción de esos intereses, necesidades y objetivos, es decir la búsqueda de la superación de la violencia estructural. Esta será quizá la expresión más violenta de los conflictos no resueltos en el conflicto por la independencia de Venezuela.

Por ahora, lo importante a destacar es que el éxito de la ideas políticas que promueven los patriotas es gracias al apoyo que obtienen de importantes y variados sectores de la población, al convertirse en depositarios de las expectativas para el cumplimiento de sus intereses, la consecución de sus objetivos y/o la canalización de sus necesidades.

Primeros intentos de mediación del conflicto (1810-1811)

Diversos fueron los actores que intentaron prevenir regulaciones violentas que se avecinaban. Dos de los más destacados actores mediadores serán, por un lado, la Gran Bretaña como actor internacional y por otro, diversas figuras de la Iglesia Católica que, de acuerdo a su experiencia, influencia y rango dentro de la institución trataron de evitar incluso el inicio del conflicto.

Ante la inminencia del inicio de un conflicto entre partidarios de la independencia y sostenedores de la unidad territorial del Imperio, un actor de peso y que gozaba de cierta legitimidad entre ambas partes de la diatriba –ante la incapacidad de actuación inmediata de España– era Gran Bretaña. Era un actor que podía influir directamente para persuadir y evitar que la violencia entre ambas partes se incrementara sustancialmente. La legitimidad que le otorgaba España derivaba del Tratado de Amistad, Paz y Alianza firmado en 1809 con este país; en el caso de los republicanos venezolanos la legitimidad otorgada venía del interés que sabían tenía esta potencia en acceder al comercio del continente americano. Es así como, en mayo de 1811, Gran Bretaña ofrece sus buenos oficios diplomáticos y propone un proyecto para mediar y lograr un acuerdo entre el gobierno regente de España, que se encontraba bastante debilitado, y la Junta de Caracas. En el caso de España, el Consejo de Regencia, instancia que se había instalado en la ausencia del rey Fernando VII, debía contar con la anuencia de las Cortes para sentarse a negociar. Las bases de la propuesta británica fueron las siguientes:

1. Cesación de hostilidades, bloqueos y todo acto del estilo.
2. Amnistía, perdón y olvido general de toda ofensa de los americanos a la Madre Patria.
3. Confirmación de los privilegios ya concedidos a las Américas de una completa, justa y libre representación en las Cortes.
4. Un comercio libre con conveniente preferencia a la Madre Patria y sus colonias.
5. Admisión de los naturales de América en cargos de gobernadores y virreyes.
6. Administración de las Américas manejada por Cabildos de América (autogobierno local).
7. Reconocimiento por América de fidelidad a Fernando VII.
8. Reconocimiento por América de la supremacía de las Cortes, con representación adecuada de diputados americanos.
9. América debe cooperar con sus aliados.

A esta propuesta, las Cortes españolas hicieron los siguientes planteamientos:

1. Las provincias disidentes de América deben reconocer y jurar obediencia al gobierno español instaurado en nombre del rey Fernando VII y a las Cortes.
2. Las hostilidades deben ser suspendidas durante la mediación, liberando a quienes hayan sido apresados por esta diatriba, restaurando sus propiedades.
3. El gobierno español estaría dispuesto a escuchar peticiones y reclamos.
4. El plazo para informar al gobierno español del estado de la mediación será de ocho meses y para culminarla tendrá un máximo de quince meses.

5. El gobierno inglés tendrá la facultad de comerciar con las Provincias disidentes durante el período de la mediación.
6. Finalmente, el gobierno español exige que Gran Bretaña rompa cualquier tipo de contacto con las Provincias, si la mediación fracasa (esta última condición será objetada por los británicos y rechazada).

Ciertamente, el acercamiento de los ingleses para mediar en este proceso no tendrá eco suficiente para hacer cambiar de parecer al recién creado Congreso, que cada vez más se verá influenciado por las voces de la Sociedad Patriótica, que consideran la posibilidad de hacer de Venezuela una república independiente como un derecho innegociable.

Por otra parte, la Iglesia Católica no era un actor ajeno al conflicto. Ante este diferendo que se iniciaba en Venezuela entre promotores de la Independencia y partidarios del sistema monárquico, la Iglesia estaba del lado monárquico. Y es que el rey de España era el patrono de la Iglesia, de modo que institucionalmente estaban ligados a la Corona borbónica. No obstante, la Iglesia Católica fue un actor cuyo papel fue significativo a lo largo del conflicto, tanto a favor de cada causa política, como a favor del entendimiento de las dos partes. Y es que la Iglesia, como todo actor colectivo, ejerció diferentes roles de acuerdo a las circunstancias coyunturales y a las diversas tendencias de sectores y actores internos.

Por ejemplo, el bajo clero de Venezuela, gracias a la influencia ideológica que tenía sobre diversos grupos de la población, ejerció un papel importante en el conflicto, principalmente a favor de la causa realista. Así lo señala Mireya De Francesco Mur quien, a través de diversas fuentes epistolares, comprueba que la mayor parte de los miembros de la Iglesia Católica apoyó decididamente la causa realista, no solo a través de la prédica en las misas, sino mediante el reclutamiento de tropas, el servicio de capellanías, la coordinación logística, el suministro de información y el aporte de dinero a las autoridades reales[39]. Pero así como existían sacerdotes a favor de la causa del rey, también los había a favor del proyecto independentista[40]. Sin embargo, es prudente señalar que en los conflictos políticos con regulaciones violentas no siempre es fácil medir el grado de apoyo sincero o por conveniencia que la población ofrece a determinado bando de la contienda. Ante la incapacidad de hacer frente a un actor armado, muchos sectores de la población pudieron verse influenciados por el miedo y su actuación puede haber sido por conveniencia más que por convicción.

Por otra parte, hubo representantes de la Iglesia que buscaron mediar incluso antes del inicio de la contienda entre patriotas y realistas. Uno de ellos fue el obispo de Mérida, monseñor Santiago Hernández Milanés, nacido en Villa de Mier[41], España en el año de 1755. Hernández Milanés hizo esfuerzos por conciliar y evitar la radicalización de los que estaban a favor y en contra de las acciones emprendidas por la Junta de Caracas, a pesar de estar abiertamente a favor de la legitimidad de la Regencia[42].

El 30 de julio de 1810, este obispo da un paso trascendental: ofrece su mediación para aplacar el conflicto que divide a Caracas, Coro y Maracaibo. Y es que monseñor Hernández Milanés, a pesar de estar opuesto a los cambios que ya para 1810 proponía la Junta de Caracas, que amenazaban seriamente con poner

---

39   De Francesco Mur, Mireya. «El bajo clero durante la guerra de independencia venezolana (1811-1821): Análisis de los instrumentos de acción política utilizados a favor de la causa realista». En *Temas de Historia Contemporánea de Venezuela*. Caracas: Colección Temas, Serie Historia -Universidad Central de Venezuela, 2005, pp. 32-41.

40   De Francesco Mur, Mireya. «El bajo clero durante la guerra de independencia venezolana (1811-1821). Análisis de sus ideas y participación a favor de la causa patriota». En *Memorias de las II Jornadas de Historia y Religión: Fe y cultura en Venezuela*. Caracas: Universidad Católica Andrés Bello, 2002, pp. 197-204.

41   En otras fuentes se indica que monseñor Santiago Hernández Milanés sació en la población de Mieza.

42   Pastoral de Monseñor Santiago Hernández Milanés del 11 de julio de 1810, en Silva, Antonio Ramón (Compilador). «Pontificiado del Ilustrísimo Señor Hernández Milanés (Documentos oficiales)». En *Documentos para la historia de la Diócesis de Mérida*. Tomo II. Mérida: Imprenta Diocesana, 1909, pp. 234-235.

en peligro la tradición y la estabilidad que se había mantenido durante años, se abstuvo de seguir publicando sus opiniones personales en función de no azuzar ánimos y evitar la discordia y la muerte que veía avecinarse[43]. Señala Hernández Milanés, en carta del 30 de julio de 1810 dirigida al Ayuntamiento de Caracas: «… el Obispo de Mérida […] no ha temido por el bien de sus hijos, y de sus hermanos hacer el oficio de mediador con los hombres, cuando por su dignidad es el mediador entre los hombres y Dios […] Si mi voz no es oída, […] me quedará la satisfacción de haber dado los pasos para lograr la paz y la amistad…»[44].

Hernández Milanés entendió así el tan importante rol que le requería el momento histórico. Su carácter moderado facilitó su trance temporal de partidario de uno de los grupos a mediador. Por ello, trata de aclarar el conflicto que ha surgido entre Caracas, Coro y Maracaibo por el tema de la legitimidad entre las Juntas y la Regencia, con el fin de retomar la concordia y señala que lo esencial es evitar una guerra civil más funesta en sus efectos que la que sostenía España contra el despotismo francés. En ese sentido señala al Ayuntamiento: «… yo no dudo que v.S. quiere dar un brillante testimonio de su amor á la paz […] y mostrarles en la serenidad de nuestro horizonte el Iris de la paz, que debe disipar las sombras tenebrosas de la discordia, y de la Guerra…»[45]. Sin embargo, sus buenos oficios se vieron frustrados con la llegada del enviado de la Junta Suprema de Caracas, Luis María Rivas Ávila, quien amenazó al Ayuntamiento de Mérida con la guerra por parte de Barinas, Santa Fe y de Caracas, si no reconocían la posición que había tomado esta última.

La vida de Hernández Milanés tendrá un final trágico. El 26 de marzo de 1812, producto del terremoto que sacudió a

---

43 Parra Pérez, Caracciolo. *op. cit.,* p. 226.
44 Carta de Monseñor Santiago Hernández Milanés al Ayuntamiento de Caracas, del 30 de julio de 1810, en Silva, Antonio Ramón (compilador), *op. cit.,* p. 239.
45 *Ibídem*, p. 245.

Venezuela ese día, muere sepultado bajo las ruinas del palacio episcopal en Mérida. Así se cerraba la vida de uno de los primeros actores de paz del conflicto de la independencia.

Otra actuación mediadora fue la del cura de la población de Ocumare del Tuy, bachiller José María de Amitesarove, esta vez en pleno conflicto por la independencia. Una vez ha caído la Primera República, este pueblo se convertirá en un reducto de mantuanos patriotas que huían de Caracas ante las acciones del realista Domingo de Monteverde a principios del año 1813. Ante la llama de odio que tocaba personas del bando realista y del bando patriota, el padre Amitesarove decide emprender un gran esfuerzo por la concordia. Eso sí, desde una posición partidaria de los realistas pero moderada, organizando fiestas, toros coleados, mascarillas, misas, orquestas, exposiciones, entre otras actividades. Aunque sobre el accionar del padre Amitesarove como actor de paz no se tienen mayores fuentes, fue un esfuerzo de convivencia y tolerancia, en plena ofensiva liderada por el realista Monteverde[46]. Por ello es importante destacarlo.

Uno de los casos más simbólicos de participación de la Iglesia Católica en el conflicto por la Independencia fue el de Narciso Coll y Prat, quien fue ordenado Arzobispo de Caracas en uno de los períodos más convulsos y confusos de nuestra historia. Estuvo en ejercicio de esta responsabilidad entre el 15 de julio de 1810 y el 8 de diciembre de 1816. Es decir, el Arzobispo vivió uno de los períodos más complejos y hostiles del conflicto por la Independencia, soportando y bandeándose entre la dictadura de Miranda, la reconquista del realista Monteverde, la primera dictadura de Bolívar, la reconquista del caudillo realista Boves y el gobierno autoritario del español Morillo y, aun así, quedar vivo. Adicionalmente, su designación vino de la mano en un momento en que España

---

46 Pérez Vila, Manuel. «Estudio Preliminar», en Coll y Prat, Narciso. *Memoriales sobre la Independencia de Venezuela de Narciso Coll y Prat*. Caracas: Colección Sesquicentenario de la Independencia, Academia Nacional de la Historia, Ediciones Guadarrama, 1960, p. 13.

vivía un conflicto político por su liberación de Francia y además se debatía entre dos estilos monárquicos: el absolutista y el constitucional-liberal. Al Arzobispo de Caracas, Narciso Coll y Prat, le fue impuesta a su llegada a Caracas la determinación de jurar la independencia alcanzada en 1811, la cual aceptó bajo presiones y advertencias hechas por dirigentes republicanos. El juramento, aprobado el 8 de julio de 1811 por el Congreso, decía:

> ¿Juráis a Dios y a los santos Evangelios, que estáis tocando, reconocer la soberanía y absoluta independencia que el orden de la Divina Providencia ha restituido a las Provincias de Venezuela, libres y exentas para siempre de toda sumisión y dependencia de la monarquía española y de cualquiera corporación o jefe que la represente o representase (en lo) adelante; obedecer y respetar los magistrados constituidos y que se constituyan y las leyes legítimamente sancionadas y promulgadas; oponernos a recibir cualquiera otra denominación y defender con vuestras personas y con todas vuestras fuerzas los Estados de la Confederación Venezolana, y conservar y mantener pura e ilesa la santa Religión católica, apostólica, romana, única y exclusiva en estos países, y defender el misterio de la Concepción Inmaculada de la Virgen María Nuestra Señora?...[47]

Este juramento significó en aquel momento una ruptura institucional sin precedentes: por una parte, se reconocía la independencia y el retorno de la soberanía a las provincias de Venezuela como cuerpo político; por otra, se asumía el compromiso de no volver a estar sujeto a ningún tipo de dominación; asimismo, se aceptaba reconocer a las autoridades que fuesen constituidas por instituciones republicanas; y, finalmente, se respetaba y conservaba la religión católica como única religión. No obstante, este último punto contenido en dicho juramento simbolizó un punto intermedio, una mediación imperfecta entre las posiciones extre-

---

47 Juramento de la independencia de Venezuela, aprobado el 8 de julio de 1811 por el Congreso de Venezuela, citado por Parra Pérez, Caracciolo. *op. cit.*, p. 307.

mas del realismo absolutista clerical y del republicanismo o del liberalismo anticlerical. La idea era lograr que la mayor parte de la población se sintiese incluida, si bien no totalmente al menos en parte, en este juramento. Al mantener la religión, la ruptura no sería tan violenta. No obstante, si bien los miembros del clero fueron llamados a participar en el primer gobierno como diputados al Congreso, esto no evitó que la visión anticlerical de algunos representantes liberales de este parlamento se hiciese presente. Y es que debemos imaginar lo que Coll y Prat debió sentir al momento de prestar juramento contra su rey —el cual era el patrono de la Iglesia y el «representante de Dios en la Tierra»— y a favor de una nueva figura que partía de la virtud y no del honor, de la soberanía en el pueblo y no en un monarca, pero que al mismo tiempo reconocía la supremacía de la religión católica.

A Coll y Prat le tocó desenvolverse en un ambiente realmente difícil, pues la violencia directa y la incertidumbre política entre 1811 y 1816 fueron particularmente intensas. Aunque la presencia del Arzobispo se vio constantemente presionada y en muchos casos amenazada, por parte del sector patriota principalmente (el cual buscó controlar la influencia que este ejercía sobre sus discípulos), sus escritos y actuaciones evidencian un comportamiento muy cuidadoso frente a las circunstancias inmediatas que le tocaba afrontar, teniendo que ceder ante las propuestas que los patriotas le indicaban efectuase, pero al mismo tiempo aupando internamente un sentimiento de fidelidad hacia la figura del rey y de negación hacia los ideales que la disidencia perseguía. Sin embargo, y a pesar de su parcialidad, es bueno rescatar las palabras del historiador Manuel Pérez Vila, quien señala que «... los juicios del Prelado sobre algunos próceres venezolanos pueden parecer excesivamente severos. [...] (Sin embargo) Coll y Prat se muestra a menudo más rudo con los españoles que con los criollos...»[48].

---

48 Pérez Vila, Manuel (estudio preliminar),, *op. cit.,* pp. 33-34.

Y en verdad fue crítico con las consecuencias producidas por la violación de la Capitulación de 1812, con los métodos aplicados por el realista Boves y con la campaña emprendida por el general Morillo a partir del año 1815, con el cual fue realmente duro y por ello se gana la enemistad del conde de Cartagena. Sin embargo, en 1814, en pleno período de exacerbación de la violencia del lado realista y patriota, Coll y Prat envía carta al general patriota Simón Bolívar en la cual interpone su mediación para evitar que un grupo de realistas en La Guaira sea pasado por las armas patriotas, pero sin lograr su objetivo. No obstante, Bolívar reconoce sus buenos oficios en pro de la humanidad al señalar que «Nada me sería más grato que entrar en esta ocasión en las miras de v.S. Illma. y ceder a mis propios sentimientos de humanidad. Pero la salud de mi patria me impone la imperiosa ley de adoptar medidas opuestas...»[49]. El propio Bolívar pedirá a Coll y Prat su mediación para reducir la violencia en el conflicto y conversar con Boves en su campamento. No obstante, y por prudencia, el Arzobispo envió una avanzada de monjes capuchinos con esta peligrosa pastoral. Lamentablemente, esta iniciativa sería frustrada por el propio Boves, quien toma a los monjes y los envía a Guayana como reos[50].

Esta actitud humanista y mediadora le traerá muchos detractores a Coll y Prat. El general Pablo Morillo, jefe de la expedición pacificadora realista de orden directa de Fernando VII que llega en 1815 a las costas venezolanas, lo acusará ante el ministro de Ultramar de tener una conducta política no adecuada ante Bolívar durante la llamada Segunda República, viéndose obligado a partir para España, el 8 de diciembre de 1816, a fin de vindicar su conducta. A su llegada, es obligado a permanecer en Sevilla. Allí,

---

49 Carta de Simón Bolívar a Narciso Coll y Prat, del 8 de febrero de 1814, citada por Kammann Ayala, Walter. *Biografía de José Félix Ribas*. Caracas: Inédito. 1967, p. 20.
50 Úslar Pietri, Juan. *Historia de la rebelión popular de 1814*. Caracas: Monte Ávila Latinoamericana Editores, Serie Bicentenario. 2010, p. 133.

escribe un *Memorial* dirigido al rey en 1818, donde refuta las acusaciones hechas en su contra. En ellos se desprende una permanente preocupación por el mantenimiento del orden. Y es que Coll y Prat, si bien condena el proyecto republicano, reconoce que el estilo de gobierno autoritario de aquellos años no fue solo una práctica de los patriotas sino también de los realistas. Si bien en sus *Memoriales* reconoce permanentemente el mérito de los *realistas institucionales* que ayudan a mantener el orden en los momentos de transición vividos entre 1811 y 1816 (háblese de Miyares, Cajigal, Ceballos, entre otros), Coll y Prat comprende que la forma autoritaria en que se ejerció el poder en esos años fue de parte y parte[51].

Posteriormente es trasladado a Madrid donde finalmente, tras un largo proceso, recibe la vindicación de su actuación en el Arzobispado y se le autoriza el regreso a su diócesis. Pero las noticias sobre los resultados adversos a la causa realista en la batalla de Carabobo, en el año 1821, le hicieron cambiar temporalmente de parecer. A finales de ese año, la Santa Sede, por proposición del rey de España, designa a Coll y Prat para ocupar la mitra de Palencia. Pero en 1822, en vísperas de su traslado a dicha diócesis, fallece. Un último acto de paz, presumiblemente producto de su amor a Venezuela, fue la orden dada por Quintero –su secretario– de que le fuese extraído el corazón para ser trasladado a dicho país años más tarde. Se afirma que fue enterrado en el presbiterio de la Catedral de Caracas.

---

51 Coll y Prat, Narciso. *Memoriales sobre la Independencia de Venezuela de Narciso Coll y Prat*. Caracas: Colección Sesquicentenario de la Independencia, Academia Nacional de la Historia, Ediciones Guadarrama, 1960, pp. 33-34.

Capítulo II
Primera fase del conflicto (1811-1820)

EL CONFLICTO POR LA INDEPENDENCIA DE VENEZUELA se origina por diferencias políticas entre los que respaldaban el mantenimiento del Antiguo Régimen y los que promovían la emancipación y la adopción de nuevos planteamientos ideológicos. No obstante, la complejización del mismo provino de la interacción con viejos conflictos sociales y económicos que prevalecían aún en la sociedad colonial. Los problemas políticos que afectan directamente a la península, sumados a las condiciones internas de la Capitanía General de Venezuela, inciden directamente en que se den las condiciones propicias para el inicio de un conflicto de mayor magnitud. Aunque el 19 de abril de 1810 es la fecha que marca el comienzo de la crisis institucional en Venezuela abonando el terreno para la generación de cambios políticos, el conflicto entre patriotas y realistas inicia formalmente el día 5 de julio de 1811, fecha en la que el Congreso de Venezuela declara la independencia del país frente al imperio español. A partir de ese momento, la dinámica del conflicto se desarrollará en una permanente interacción entre regulaciones violentas y pacíficas.

Ciertamente, si bien el período comprendido entre 1811 y 1820 fue el de mayor intensidad desde el punto de vista de la violencia directa y cultural entre patriotas y realistas, también fue un período rico en mediaciones y regulaciones de paz positiva. En esta fase se producen vindicaciones a los estratos más bajos de la sociedad a través del otorgamiento de beneficios económicos y sociales a cambio de su participación en los ejércitos de cada bando. Los caudillos serán una especie de mediadores entre las ideas políticas que defendían y las mentalidades imperantes en dichos grupos. Ese incipiente proceso de igualación social encontrará progresivamente asidero ideológico en el republicanismo en cuanto a la responsabilidad de defender lo público (en este caso, la patria) y en el liberalismo político en cuanto a la valoración de la racionalidad de la persona y del individuo en sí mismo. Es la progresiva asimilación de estos últimos valores y la interacción de paces estructurales imperfectas en los contextos de Venezuela y la península ibérica lo que permite generar una mediación fundamental en 1820 para la dinamización del conflicto, dando paso a una nueva fase que se extenderá hasta 1831.

Potenciación de la violencia en la Primera República (1811-1812)

El 5 de julio de 1811 nace la República de Venezuela con la declaración de la independencia por parte de la mayoría de los diputados del Congreso. Algunos, como el padre Manuel Vicente Maya, realista y representante de La Grita, se opondrán a esta resolución alegando que el Congreso no se convocó con ese fin, sino con el objetivo de defender los derechos de Fernando VII[52]. La Declaración abre con estas palabras:

> En el nombre de Dios Todopoderoso, nosotros, los representantes de las Provincias Unidas de Caracas, Cumaná, Barinas, Margarita, Barcelona, Mérida y Trujillo, que forman la Confederación americana de Venezuela en el continente meridional, reunidos en Congreso, y considerando la plena y absoluta posesión de nuestros derechos, que recobramos justa y legítimamente desde el 19 de abril de 1810, en consecuencia de la

---

52 Parra Pérez, *op. cit.,* p. 298.

jornada de Bayona y la ocupación del trono español por la conquista y sucesión de otra nueva dinastía constituida sin nuestro consentimiento, queremos, antes de usar de los derechos de que nos tuvo privados la fuerza, por más de tres siglos, y nos ha restituido el orden político de los acontecimientos humanos, patentizar al universo las razones que han emanado de estos mismos acontecimientos y autorizan el libre uso que vamos a hacer de nuestra soberanía. [...]

Nosotros, pues, a nombre y con la voluntad y la autoridad que tenemos del virtuoso pueblo de Venezuela, declaramos solemnemente al mundo que sus provincias unidas son, y deben ser desde hoy, de hecho y de derecho, estados libres, soberanos e independientes y que están absueltos de toda sumisión y dependencia de la Corona de España o de los que se dicen o dijeren sus apoderados o representantes...[53]

Así, se declaraba la Independencia de Venezuela con la ausencia de los representantes al Congreso por Valencia, Maracaibo y Guayana, sin imaginar quizá la reacción realista que se generaría por esta decisión.

Los miembros del Congreso parten de cuatro razones fundamentales para declarar la independencia de Venezuela: a) el derecho de todo pueblo conquistado a recobrar su libre determinación, b) la abdicación inconsulta hecha por la monarquía borbónica, la cual consideran cobarde e ilegítima, c) el estado de confusión generado por la invasión napoleónica a la península ibérica y d) las injusticias de la metrópolis hacia los ultramarinos.

Algunos diputados, ante la repentina declaración de igualdad social y de independencia política, manifiestan su preocupación sobre las consecuencias que pueda tener el documento en la apertura de un conflicto regulado violentamente. Así lo señala el diputado Garrido, miembro de la Sociedad Patriótica cuando, el 31

53   Acta de Independencia de Venezuela, del 5 de julio de 1811. En: *Academia Nacional de la Historia* [*online*], Información digitalizada, Textos históricos. [citado 05 de diciembre 2010], disponible en la World Wide Web: http://www.anhvenezuela.org/ pp. 1-6.

de julio de 1811, expresa que la precipitación igualitaria iba a desencadenar una guerra intestina[54]. Otros temen los efectos de esta declaración sobre la emigración masiva. Al respecto, el general Miranda cree que solo serán unos pocos españoles los que emigrarán hacia Puerto Rico, y que estos serán menos perjudiciales fuera del país que dentro. Obviamente, Miranda no contaba con que la mayoría de la población, incluyendo gran parte del pueblo llano y de los grupos sociales más desfavorecidos, no apoyaría la causa patriota en primera instancia por ser esta una causa de los mantuanos, la del sector de los blancos criollos que nunca se había preocupado por promover vindicaciones sociales, políticas o económicas a estos sectores de la sociedad. Incluso, el Generalísimo piensa que solo los realistas pueden ser españoles; muy probablemente jamás imaginará que solo pocos años después la mayor parte de los sectores más desposeídos de la población apoyarán la causa realista, no solo por el rechazo a los mantuanos, sino también gracias a las reivindicaciones que les brindará a corto plazo uno de sus caudillos más emblemáticos: José Tomás Boves.

Quizá el primer hecho de violencia extrema del conflicto por la independencia es el que sucede el 11 de julio en Los Teques, cuando alrededor de sesenta canarios se sublevan y gritan «¡Viva el rey, muerte a los traidores!». Entre once y diecisiete de estos hombres fueron encarcelados por el Tribunal de Vigilancia y fusilados posteriormente, colocando sus cadáveres en la plaza Trinidad, para luego ser decapitados y exponer sus cabezas en los alrededores de Caracas como ejemplo. Posteriormente, corrieron igual suerte otros once de los llamados conspiradores. Esta medida fue respaldada por un civil notable: el diputado y secretario de Justicia y Hacienda, Juan Germán Roscio, en carta dirigida a Andrés Bello el 31 de agosto de 1811, cuando señala que «... sin esta sangre

---

54 Testimonio del diputado Garrido, del 31 de julio de 1811, citado por Soriano de García Pelayo, Graciela. *Venezuela 1810-1830: aspectos desatendidos de dos décadas.* Caracas: Colección Cuadernos Lagoven, Serie Cuatro Repúblicas, Editorial Arte. S.A., 1988, p. 65.

derramada nuestro sistema sería vacilante y nuestra independencia no quedaría bien establecida...»[55]. Sin embargo, el impacto generado fue tremendo. Parlamentarios ingleses recomendaron hacer una aclaratoria inmediata por parte de las autoridades venezolanas. Es así como, mientras Miranda era de la opinión de que se le manifestase a los españoles que se quedaran en Venezuela, el amor a la paz del gobierno y la idea de que todos vivieran fraternalmente bajo las nuevas leyes, otros más radicales y jóvenes, como Simón Bolívar, creían conveniente expulsarles hasta que España reconociera la independencia.

Valencia fue la primera ciudad en rebelarse contra el Congreso, el cual a mediados de julio de 1811 envió a Puerto Cabello, en misión conciliatoria, al diputado Lino de Clemente para negociar una salida que evitara un enfrentamiento violento. Ante el fracaso de la misión, el parlamento otorgó poderes extraordinarios al diputado y general Francisco de Miranda para reducir este levantamiento. La campaña se inicia el 19 de julio y solo finalizará hasta el 13 de agosto, con un saldo de aproximadamente ochocientos muertos, cientos de heridos (la gran mayoría realistas) y la victoria de los patriotas. Ante la necesidad de evitar la escalada de violencia, el general Miranda dirigió una proclama a los valencianos en la que ofreció garantías y seguridad a todos los habitantes de la ciudad, mostrando magnanimidad hacia los calificados de «insurgentes». Sin embargo, esta medida no fue bien vista ni por los republicanos más extremistas, ni por la mayoría de los realistas que habían participado de esta revuelta.

Hay algunos elementos que pueden explicar esta actitud común. En el caso de los primeros existían dos elementos estructurales: los mantuanos, en su mayoría, no confiaban en Miranda por ser este de origen canario, grupo hostil a los criollos; además, por el estilo de disciplina con que dirigía la tropa y por sus ideas

---

55 Carta de Juan Germán Roscio a Andrés Bello, del 31 de agosto de 1811, citada por Parra Pérez, *op. cit.*, pp. 313-316.

revolucionarias a nivel social. En el caso de los realistas revueltos de Valencia, la mayoría pertenecía al grupo de los pardos y no veían en el perdón de Miranda una medida que les garantizara una participación amplia en el gobierno excluyente de los mantuanos. Este escenario encontró su caldo nutritivo cuando el Congreso se hacía cada vez más un órgano hostil para Miranda. Las rencillas internas y el temor de que Miranda se hiciera con el poder absoluto después de finalizado el proceso emancipador, entorpecieron la campaña. Tanto es así, que para mediados del mes de octubre de 1811 el Congreso acordó comunicar al Ejecutivo la aplicación de una medida según la cual, para ahorrar gastos en el estado de crisis que vivía el país en ese momento, lo más prudente era retirar de Valencia el ejército, si ya no era necesario permanecer allí. Esta medida se materializó pronto y Miranda tuvo que retirar a sus hombres y dejar Valencia casi desguarnecida. Al poco tiempo, esta ciudad fue amenazada seriamente por la ofensiva realista, con tropas compuestas de venezolanos y españoles[56].

Aparte de las diferencias políticas en el seno de cada uno de los sectores en conflicto, las regulaciones violentas en el proceso de independencia comenzaban a perfilarse como un conflicto civil de carácter social, en el que la búsqueda de vindicaciones de acuerdo al estamento colonial al que pertenecía un individuo podía llegar a ser un terreno fértil para quien lograra movilizar esta fuerza, inclinando la balanza a favor de uno de los dos bandos. Soriano de García Pelayo señala que para los niveles inferiores que pugnaban por el ascenso social, la libertad y la igualdad, los principios republicanos venían a ser la justificación ideológica y teórica de su inconformidad y de la cancelación del desfase histórico. Sin embargo, y a pesar de su entusiasmo, los sectores rectores de la sociedad parecían no estar preparados para dichos principios[57].

---

56 *Ibídem*, p. 320.
57 Soriano de García Pelayo, *op. cit.*, p. 68.

Este desfase entre las ideas y la realidad y su progresiva comprensión por parte del bando patriota y realista traerá consigo consecuencias en la variación de la inclinación de la balanza de poder a favor de cada parte, en diversos momentos del conflicto. La Constitución de 1811 era el reflejo de este desfase entre una propuesta verdaderamente radical a nivel político, pero en la práctica una realidad que todavía conservaba algunas de las estructuras sociales más violentas de la colonia. Entre las propuestas más innovadoras de esta Constitución de 228 artículos, aprobada el día 21 de diciembre y que da origen a los Estados Unidos de Venezuela, estaban[58]:

–El paso de una forma de Estado monárquica a una republicana (tal como lo señala en el artículo 133), en el que la soberanía reside en los ciudadanos (artículo 143 y 144).

–El poder nacional pasa a dividirse en tres instancias: legislativo, ejecutivo y judicial, las cuales son independientes una de la otra (artículo 189).

–El paso de un sistema centralista a uno federalista, en el cual las provincias son las que dan el poder a la capital y no al revés.

–Los preceptos liberales de *habeas corpus* y de protección del individuo frente a los abusos del absolutismo están presentes en el Capítulo VIII, sección 2 y representan uno de los más grandes avances a nivel político.

–Capítulos y secciones dedicadas al desarrollo de los derechos y deberes del hombre, basados en los principios del iluminismo francés. Entre el artículo 187 y el 199 se establece claramente la correspondencia que debe haber entre derechos y deberes. Específicamente en el artículo 193 señala: «Haz siempre a los otros todo el bien que quisieras recibir de ellos. No hagas a otro lo que no quisieras que se te hiciese»[59].

58 Constitución de los Estados Unidos de Venezuela, del 21 de diciembre de 1811. En: *Academia Nacional de la Historia* [*online*], Información digitalizada, Textos históricos. [citado 05 de diciembre de 2010], Disponible en la World Wide Web: http://www.anhvenezuela.org/
59 *Ibídem*, p. 40.

–La elección de segundo grado de representantes al Congreso y de tercer grado para el poder ejecutivo por parte de los ciudadanos.

–La eliminación de títulos nobiliarios e influencia de Casas Reales (artículo 204).

–La contraloría del Poder Legislativo al Ejecutivo a través de la rendición de memoria y cuenta, tal como se establece en el artículo 102, e incluso la posibilidad de revocar la nominación de sus delegados en el Congreso, tal como lo señala el artículo 208.

–Eliminación de las restricciones sociales para el acceso de los pardos a los puestos de poder político y el goce de los derechos de los criollos (artículo 203).

–El tratamiento especial a los indígenas para que puedan acceder a la condición de hombres libres con el goce de los derechos a través de la educación y socialización, tal como se plantea en los artículos 200 y 201.

Si bien estos eran grandes avances, incluyendo artículos como el 154 que impulsan el igualitarismo civil, en cuanto a que reconoce que la Ley es una máxima aplicable a todo ciudadano sin distinción de nacimiento ni herencia[60], el desfase se encontraba presente en las condiciones que permitían a una persona acceder a la figura de «ciudadano» o de «hombre libre». Con la nueva Constitución se abolían los títulos hereditarios y nobiliarios, pero la categoría de ciudadano estaba limitada a determinados grupos sociales, con determinado color de piel, nivel de renta económica y honor familiar. Esta estaba definida por criterios que se conservaban aún de la sociedad colonial y que al principio los criollos no estuvieron dispuestos a cambiar[61].

60   Brewer Carías, Allan. «El paralelismo entre el constitucionalismo venezolano y el constitucionalismo de Cádiz (o de cómo el de Cádiz no influyó en el venezolano)». En *La Constitución de Cádiz de 1812*. Caracas: Universidad Católica Andrés Bello, 2004, p. 278.
61   Constitución de los Estados Unidos de Venezuela. *op. cit.,* p. 8.

Asimismo, el artículo 167 habla de la limitación de algunos trabajos a determinados grupos sociales hasta que el Congreso así lo considere. En la Constitución tampoco se habla de la esclavitud ni de una forma de eliminar esta situación de violencia estructural en la que subsisten extensos grupos de la población. En todo caso, el tema se pospone y aplaza. Con el paso de los años, realistas y patriotas utilizarán criterios de igualación social que beneficiarán a ambos bandos en distintos períodos de la historia del conflicto independentista. Poco a poco crecía la posibilidad de que en el conflicto se incrementara la violencia a unos niveles de gran intensidad.

Mientras que los gobernadores realistas José Ceballos y Fernando Miyares pedían ayuda al gobierno inglés –al igual que lo hacían las tropas de Miranda–, la causa realista recibió un espaldarazo a principios de 1812. Desde Puerto Rico se envió al brigadier Domingo de Monteverde con la misión de apoyar con más de 1500 hombres al gobernador Ceballos y reprimir la causa secesionista que se había originado en Coro. Monteverde, canario de origen, progresivamente tomó Coro, Barquisimeto y siguió rumbo al centro y a la capital de Venezuela, de una manera bastante rápida y violenta. Monteverde actualiza y revive el antiguo término de la «justa guerra» para identificar las acciones militares llevadas adelante por las tropas realistas para luchar por la «justa causa» que era la restitución del rey católico. En ese sentido, enfatiza Straka, si la revolución en pro de la causa republicana era considerada un delito de infidencia, entonces la reacción y la reconquista eran una justa causa por restituir el buen orden, representado por la autoridad real legítima, todo ello basado en los principios del iusnaturalismo[62]. Obviamente, colocar la causa del bando contrario como ilegítima e, incluso, como contraria a los valores más sagrados, fue

---

62 Straka, Tomás. *La voz de los vencidos. Ideas del partido realista de Caracas: 1810-1821.* Caracas: Colección Monografías, Comisión de Estudios de Postgrado, Universidad Central de Venezuela, 2000, p. 216.

una medida discursiva de violencia cultural que contribuyó a destruir progresivamente la «otredad» de dicho grupo.

En función de esto, Monteverde, lejos de atenerse a las normas promulgadas por las Cortes en la Constitución de 1812, aplicó por cuenta propia lo que llamó «Ley de Conquista». Adicionalmente, la manipulación discursiva de las causas del terremoto de Caracas del 26 de marzo de 1812, por parte de un sector importante del clero, encontró tierra fértil en una población de mentalidad tradicional, todavía supersticiosa y temerosa, lo cual, aunado a las diferencias que existían en la élite republicana, comenzó a provocar deserciones en el bando patriota. Esto generó la reacción violenta del gobierno republicano, el cual lanzó el 16 de abril un decreto que le imprimió fuerza a la Ley Penal contra las deserciones[63].

En estas circunstancias, prácticamente no se dejaba espacio posible para regular el conflicto pacíficamente. La élite patriota obligaba a la población a pelear por su causa. Se dejaban pocos caminos: ir a la guerra o morir fusilado. Parte de la población fue víctima del enfrentamiento, viéndose obligada a emigrar o subsistir en medio de la violencia. Fue el 23 de abril de 1812, varios meses después de que el gobierno provincial de Caracas ordenara la reducción del ejército en Valencia y en vista de la creciente amenaza de Monteverde, cuando el Ejecutivo capitalino le otorgó a Miranda plenitud de poderes, nombrándolo Generalísimo de las armas de la Confederación venezolana, para asegurar Valencia y enfrentar la creciente tendencia de sus pobladores a apoyar la causa realista (o al menos antipatriota, anticriolla o anticaraqueña). Sin embargo, los esfuerzos fueron vanos. El 3 de mayo de 1812 Monteverde tomó Valencia ante aclamaciones de la población y repiques de campana, lo cual fue una sorpresa, no solo por la facilidad de su empresa sino por la forma en que fue recibido[64].

---

63 Decreto del gobierno republicano de Venezuela, del 16 de abril de 1812, en De Rojas, Marqués (Compilador). «Deserciones: Decreto Penal», *Archivo del General Miranda; campaña de Venezuela, prisión y muerte del general Miranda*. La Habana: Editorial Rex, 1950, p. 392.

64 *Ibídem*, p. 443

Un elemento fundamental a destacar en este momento es el debilitamiento de la institucionalidad en Venezuela. Por un lado, estaban los patriotas con un gobierno poco plural y débil, pero además dividido entre los que respaldaban a Francisco de Miranda y algunos de los miembros del Congreso, mayoritariamente influenciados por la nobleza caraqueña. Por otro lado, los realistas, quienes aparentemente estaban unidos por la idea de restablecer el antiguo orden, comenzaban a presentar fracturas internas entre institucionalistas y caudillos, entre absolutistas y realistas liberales. La debilidad institucional en todo el territorio venezolano fue un factor crucial que permitió que la violencia en los primeros años del conflicto por la independencia alcanzara niveles elevados y el irrespeto a las más elementales costumbres de la guerra.

En vista del peligro que corría el proyecto republicano por las pugnas internas entre los poderes y la cercana amenaza realista, el 19 de mayo se celebra la conferencia de Tapatapa, la cual dio como resultado un acuerdo entre el ejecutivo, el legislativo y Miranda, mediante el cual se publicaría la Ley Marcial y se le daría al Generalísimo la capacidad nombrar comandantes militares, reclutar y armar soldados, abastecer el ejército, castigar militarmente y facultad para dialogar y tratar con las naciones extranjeras. La implantación de la Ley Marcial podría considerarse un esfuerzo real por parte de algunos patriotas de mantener la endeble institucionalidad, al lograr legitimar y legalizar la delegación de poder en una sola persona, atendiendo a las necesidades de la amenazada y nueva república. Pero al mismo tiempo, esta ley no le daba opción formal a la población de no involucrarse en el conflicto, ya que violentaba la libertad de elegir un destino distinto y coaccionaba a la población a regular violentamente el enfrentamiento[65].

Ante la progresiva deserción y la creciente ofensiva realista, el general Miranda radicaliza su posición y en su proclama a los

---

65 Ley Marcial de 1812, en De Rojas, Marqués (compilador). *op. cit.,* pp. 407-409.

habitantes de Caracas del 29 de mayo de 1812 llama a la lucha y a las armas: «El tiempo de la venganza es venido, tiemblen los esclavos que vienen á atacar á hombres libres. [...] Ciudadanos: Los muertos os llaman de la tumba para que venguéis su sangre derramada...»[66]. En esta proclama es prudente destacar dos aspectos. Primero, llamar a la venganza es recurrir a un recurso desesperado para la unificación de la población en función de la causa patriota. Es decir, si no era posible movilizar a la sociedad por el patriotismo o por el miedo, se buscaba movilizarla por el dolor y por el resentimiento. Segundo, llamar a la venganza es un recurso que tiende a potenciar, aumentar y hacer perdurar la violencia. Además, implica el desconocimiento del «otro» en su máxima expresión al reforzar el odio entre las partes. Así se va abonando el ambiente del período que será conocido como la «Guerra a Muerte», a partir del año 1813, y la esperanza cada vez más lejana de dirimir el conflicto a través de regulaciones pacíficas.

La reacción realista y la restitución del buen orden (1812-1813)

Hacia el mes de julio de 1812, la situación se hacía cada vez más crítica para el bando republicano. Una rebelión en Barlovento, Monteverde acechando desde occidente, una tropa no profesional e indisciplinada, intrigas en la élite patriota, la pérdida del principal parque de armas que estaba a cargo de Simón Bolívar, el Fuerte de Puerto Cabello, y de una salida al mar en el centro del país que permitía el abastecimiento, hace que Miranda decida entrar en negociaciones con Monteverde para proponer un armisticio, con mediación de Inglaterra, luego de efectuada una Junta de Guerra el día 12 de julio[67].

---

66 Proclama de Francisco de Miranda a los habitantes de Caracas, del 29 de mayo de 1812. *Ibídem*, pp. 403-404.
67 Carta de Francisco de Miranda a Domingo de Monteverde, del 12 de julio de 1812, en De Rojas, Marqués (Compilador). *op. cit.*, pp. 510-511.

Ciertamente, esta situación de debilidad patriota y creciente fortaleza realista podría ser vista como la posibilidad de retomar las regulaciones pacíficas que se habían perdido en medio de los radicalismos y la desinstitucionalización de los primeros años del conflicto. Monteverde responde afirmativamente, señalando que la propuesta de las tropas caraqueñas es cónsona con las intenciones de las Cortes Generales que representan a Fernando VII, acerca de evitar la guerra y la efusión de sangre. Es interesante detenerse un momento para destacar que Miranda se refiere a las tropas de Monteverde como «los ejércitos de la Regencia Española» y hacia las tropas patriotas como «ejércitos de la Confederación». Por su parte, Monteverde se refiere al ejército republicano como «tropas caraqueñas» –con lo cual reducía su importancia y número– y al ejército realista como «las tropas de las Cortes Generales que representan a Fernando VII» –con lo cual se distancian de la Regencia y del modelo monárquico liberal. Esto último refleja las diferencias de tendencias y explica un poco las insubordinaciones en el bando realista.

Monteverde conocía de los duros golpes que había recibido recientemente el ejército patriota, incluyendo la pérdida de Puerto Cabello y del parque de armas de su fuerte, con lo cual una capitulación sonaba más rentable que un armisticio. Por eso, hábilmente la propone sin mencionarla. En su carta dirigida a Miranda el 13 de julio de 1812 propone, más allá de un armisticio, una capitulación: «… y entre tanto quedará suspendido por una y otra parte todo acontecimiento militar, en que no debe comprender la marcha de las tropas á tomar sus posiciones por mar y tierra al frente de Caracas, como está dispuesto…»[68].

Recordemos que una capitulación es un convenio por medio del cual una de las partes contratantes deja de ejercer actos hostiles y rinde sus armas a la otra, de acuerdo con ciertas condiciones. Un elemento que es interesante destacar es que, a pesar de que

---

68 Carta de Domingo de Monteverde a Francisco de Miranda, del 13 de julio de 1812. *Ibídem,* p. 511.

las condiciones de una capitulación no pueden estar sujetas a las leyes, existía una especie de jurisprudencia que las rige, la cual está formada por la tradición y las costumbres de la guerra[69]. Muchos patriotas cuestionaron el accionar del Generalísimo, y proponen deponerle del mando y continuar la lucha, a lo cual Miranda responde decididamente arrestando a los oficiales sospechosos de conspiración contra su autoridad.

En su intercambio de correspondencia, Monteverde, al haber confirmado por manos del propio Miranda la superioridad de su posición, asume una postura condicionante, con lo cual se demuestra que no tenía verdadera disposición para iniciar un proceso de paz consensuado, sino para imponer una pacificación condicionada en el momento oportuno. Monteverde opta por aceptar la capitulación y responde contundentemente a la propuesta de Miranda «… acerca de los medios de evitar la efusión de sangre y demás calamidades en la presente guerra…»[70]: la propuesta de mediación de Inglaterra hecha por Miranda ni siquiera es considerada; sobre su sistema de gobierno, señala Monteverde, «Sus habitantes serán gobernados según el sistema que han establecido las Cortes españolas para todas las Américas…». Sobre la libertad a los prisioneros de ambos bandos, Monteverde cede, acepta la propuesta de Miranda, y agrega:

> No podrán ser aprehendidos, juzgados ni sentenciados á ninguna pena corporal ni pecuniaria, las personas que se crea ó juzgue que han promovido y seguido la causa de Caracas […]
> Serán puestos inmediatamente en libertad los prisioneros hechos por una y otra parte, y ninguno de los comprendidos en este y en el anterior artículo podrá ser perseguido ni molestado por sus opiniones políticas[71].

---

69 Bencomo Barrios, Héctor. «Capitulaciones militares». En *Diccionario de Historia de Venezuela de la Fundación Polar*. Tomo I. Caracas: Fundación Polar, 1997, pp. 645-647.
70 Carta de Domingo de Monteverde a Francisco de Miranda, en De Rojas, Marqués (Compilador). *op. cit.,* pp. 516-518.
71 *Ibídem.*

Aquí destacan al menos dos aspectos. Primero, Monteverde habla de la «causa de Caracas» y no de la causa patriota, con lo cual no reconoce ni legitima este proyecto. Segundo, solo podrán salir del territorio y disponer de sus bienes en el lapso de tres meses, ergo se interpreta que estas personas no serán molestadas por sus opiniones políticas siempre y cuando lo hagan fuera de Venezuela. Acerca del tiempo de treinta días que Miranda pide para consultar con todas las provincias, Monteverde solo acepta un plazo de cuarenta y ocho horas, lo que confirma su intención de condicionar los términos del acuerdo, porque ya no se habla de un armisticio sino de una capitulación, en la que el capitulante está en desventaja.

Después de diversas propuestas y contrapropuestas que van y vienen entre ambas partes, el 25 de julio Miranda capitula ante Monteverde, siendo este incidente uno de los más polémicos de nuestra historia republicana. El historiador Héctor Bencomo Barrios sostiene que dos o tres días antes de la capitulación el ejército republicano comandado por Miranda constaba de cuatro mil trescientos cincuenta y nueve (4 359) hombres, que casi triplicaba a las mal adiestradas y poco armadas tropas de Domingo Monteverde que alcanzaban un poco más de 1 500 hombres[72]. Ante la pregunta de por qué Miranda no lanzó un ataque antes de que Monteverde se abasteciera en Puerto Cabello, un testimonio que vale rescatar es el que Pedro de Urquinaona y Pardo cita, y es que Miranda dijo al Marqués de Casa de León que ante esta situación «… no podía hacer mejor servicio a su patria que el de restituirle el sosiego y la paz»[73]. Incluso, Daniel Florencio O'Leary opina que Miranda, después de una ardua reflexión y análisis de

---

72 Bencomo Barrios, Héctor. *Miranda y el arte militar*. Los Teques: Edición Aniversario. Italgráfica S.A, 2000, p. 150.

73 Carta de Francisco de Miranda al Marqués de Casa de León, citado por Urquinaona, en De Rojas, Marqués (Compilador). *Archivo del General Miranda; campaña de Venezuela, prisión y muerte del general Miranda*. La Habana: Editorial Rex, 1950, p. 540.

conciencia, «... se convenció de que la declaración (de independencia) había sido prematura, porque el pueblo de Venezuela no estaba preparado para gobernarse a sí mismo, y consideró además que bajo la influencia de la Constitución española las colonias podrían alcanzar tanta libertad política cuanta era compatible con las inveteradas costumbres de sus habitantes...» [74].

En la capitulación firmada entre Monteverde y los comisionados de Miranda, el 25 de julio de 1812 en el Cuartel General de San Mateo, destaca el establecimiento de todo el procedimiento de rendición de armas y de plazas, el retiro a Caracas de la totalidad de las tropas patriotas y la retoma de Venezuela en su totalidad. En el artículo 7 se señala la posibilidad de que los oficiales patriotas mantengan sus espadas, a cambio de la exigencia de fidelidad empeñada mediante palabra de honor. En el artículo 10 se asegura que: «No se exigen otros rehenes, ni seguridades de una parte y otra que la mutua fe y palabra de ambas, fiándose tanto el ejército y pueblo de Caracas de la del señor D. Domingo de Monteverde, que no duda que por ella sola, se cumplirán religiosamente todas las promesas...»[75].

Sin embargo, y a pesar de esta intencionalidad, la capitulación será violada por Monteverde y con esto el conflicto se radicalizaría a niveles insospechados hasta el año 1820. La confianza había sido traicionada, y con ella se iban al traste la palabra, el honor, la caballerosidad y en general, el respeto al derecho de la guerra. La retoma del camino de las «paces negativas» se vería nuevamente frustrado. Y es que para julio de 1812, ni la mayor parte de los dirigentes patriotas ni Monteverde tenían entre sus prioridades regular el conflicto pacíficamente si antes cada bando no lograba su objetivo. En los primeros, la emancipación definitiva, y en los segundos, la restitución del antiguo orden y el castigo a los rebeldes.

---

74 Daniel Florencio O'Leary, citado por Parra Pérez, Caracciolo. *op. cit.,* p. 32.
75 Capitulación de San Mateo, del 25 de julio de 1812, en De Rojas, Marqués (Compilador). *op. cit.,* pp. 528-530.

Lo cierto es que Miranda fue víctima de los personajes con actitudes más radicales en ambos sectores. Por un lado Bolívar, Soublette y Montilla, acompañados de Peña y De Las Casas, capturan a Miranda; y por el otro Monteverde, que era un personaje que no obedecía normas o autoridades y mucho menos que respetaba la tradición y las costumbres militares, traiciona la capitulación y toma como rehén a Miranda por entrega de los patriotas, enviándolo preso al Cuartel de Puerto Cabello. A partir de este momento, Monteverde llevó adelante una ofensiva violenta destinada a la eliminación social y física de las unidades criollas. Crea el Tribunal de Secuestros, destinado a confiscar bienes de quienes habían tenido significación en la lucha por la independencia, y la Junta de Proscripciones, destinada a seleccionar a los ciudadanos partidarios de la independencia, ordenar su arresto y secuestrar sus bienes, e incluso ordena el bombardeo de barcos que llevaban a Estados Unidos niños y mujeres refugiados. A partir de este período los niveles de violencia directa del conflicto alcanzan su máxima expresión, manteniéndose así, con algunas variaciones, al menos hasta 1819.

Desde la cárcel, Miranda se dirigirá a la Audiencia de Caracas condenando la violación de la capitulación y reclamando su cumplimiento, basándose en el Derecho de Gentes y el Derecho de la Guerra. Este quizá es el primer reclamo al máximo ente judicial después de iniciado el proceso de emancipación en Venezuela. Miranda no solo denuncia la infracción de la capitulación, sino que denuncia la violación de los derechos de las gentes y de su dignidad, tal como se vivió en la Francia del Terror de 1793. El testimonio de Miranda deja ver que en el momento en que se violó la capitulación del 25 de julio de 1812, se perdió el sentido de la otredad y con eso la poca confianza que pudiese haber existido entre patriotas y realistas. Miranda va aún más allá y, ya en un tono más frío, apela a la sensatez y cuestiona duramente la actitud despiadada emprendida por el gobierno español, la cual incrementa el odio y se contradice con los postulados de la Constitución liberal de 1812[76].

La violación a la capitulación fue principalmente consecuencia directa del derrumbe de la institucionalidad colonial y la ausencia de otra sólida que la suplantara. La forma en que se capituló es un reflejo de esta situación, ya que se avaló que la ejecución y cumplimiento del pacto correspondiera exclusivamente a Monteverde y no a las autoridades legítimas de la Corona. Es decir, la usurpación era reconocida por los propios patriotas. Sin embargo, Miranda salvará su responsabilidad[77].

La consecuencia de este fracaso fue el desencadenamiento de una violencia directa potenciada entre ambos bandos y la disminución significativa de las regulaciones pacíficas. Esta fue la prueba de que patriotas y realistas estaban dispuestos a continuar el conflicto por medios violentos y a no cejar hasta conseguir su objetivo. Por una parte, aquellos que ocupaban posiciones de liderazgo en ambos bandos potenciaron sus actitudes radicales y excluyentes, defendieron sus causas como aquellas que eran justas, se centraron en objetivos cerrados y no en la satisfacción de intereses. Adicionalmente, y más allá de las ideas políticas, una serie de conflictos sociales y económicos impulsados por grupos que buscaban reivindicar necesidades e intereses de larga data, volvieron más complejo el conflicto. En ninguno de los bandos se había desarrollado la necesidad de potenciar regulaciones pacíficas, se había perdido el sentido de otredad producto de las reiteradas descalificaciones y la pérdida de confianza. Sin embargo, algo que es importante destacar es que, tanto en los procesos regulatorios del conflicto como en la cotidianidad, se desarrollaron permanentemente diversas expresiones de paz, fundamentalmente espacios de paz e instancias de paz positiva.

---

76 *Ibídem*, pp. 538-543.
77 Representación dirigida al rey Fernando VII por Francisco de Miranda, del 30 de junio de 1813, citada por Parra Pérez, Caracciolo. *op. cit.*, p. 540.

La guerra a muerte y la guerra de colores: entre la violencia y las reivindicaciones sociales en la Segunda y Tercera República (1813-1820)

Con la caída de la Primera República, lejos de retomarse la institucionalidad colonial española, ahora dentro del marco de la Constitución liberal de 1812 que garantizaba nuevos derechos a las personas, se pasó a un período de autoritarismo y potenciación de las capacidades para la violencia. Monteverde personificaba la institucionalidad. La subordinación y la aplicación de las leyes fueron irrelevantes. Ante la orden del capitán general Fernando Mijares de publicar la Constitución de 1812 y velar por su observancia en los territorios de Venezuela, tal como lo habían solicitado las Cortes de Cádiz, Monteverde señalará el 13 de agosto de ese mismo año que «... si publiqué la Constitución, fue por efecto de respeto y obediencia, no porque consideré a la provincia de Venezuela merecedora todavía de que participase de los efectos de tan benigno código...»[78]. Bolívar desde el exilio dirá de Monteverde y su actitud hacia la Constitución de Cádiz: «La publica ¿y para qué? No solo para burlarse de ella, sino para insultarla y contradecirla con hechos enteramente contrarios»[79].

Con la caída de la Primera República, muchos líderes del movimiento revolucionario siguieron conspirando. Bolívar, quien aún seguía siendo un líder de segundo plano, se refugia en Nueva Granada e inicia, el 8 de enero de 1813, una ofensiva militar que será conocida en la historia patria como la *Campaña Admirable*, partiendo de la Nueva Granada hacia Venezuela, con la ocupación de Ocaña. En un lapso de ocho meses, Bolívar tomará las principales ciudades de Venezuela hasta llegar a Caracas el 6 de agosto

---

78 Brewer Carías, Allan. «El paralelismo entre el constitucionalismo venezolano y el constitucionalismo de Cádiz (o de cómo el de Cádiz no influyó en el venezolano)». *La Constitución de Cádiz de 1812*. Caracas: Universidad Católica Andrés Bello, 2004, p. 321.

79 Bolívar, Simón, citado en *Ibídem*, pp. 321-322.

de ese mismo año, dando inicio así a la llamada Segunda República. Justo antes de su entrada a la capital, una comisión de mantuanos, muchos de ellos amigos de Bolívar, salieron hacia La Victoria a presentar una capitulación porque temían una retaliación violenta y el derrumbe de la sociedad de castas a manos de los extremistas patriotas. No obstante, Bolívar disipará las dudas cuando expresa a Francisco Iturbe, uno de los miembros de la comisión capitulante: «No tema usted por las castas (inferiores); las adulo porque las necesito. La democracia en los labios, la aristocracia en el corazón»[80].

Por su parte, Monteverde, luego de aplicar medidas violentas contra los rebeldes republicanos y políticas excluyentes que privilegiaban a los habitantes de origen canario, así como debido a su fracaso en la Campaña de Oriente, se fue quedando sin apoyos que respaldaran su permanencia en el país. Así, huye de Venezuela a mediados de 1813 desde Puerto Cabello, siendo relevado por el mariscal Juan Manuel Cajigal.

Entre 1813 y 1814, el conflicto por la independencia de Venezuela estuvo signado por dos formas de «violencia directa» y «cultural» de gran impacto para la radicalización de las regulaciones: la llamada Guerra a Muerte y la Guerra de Colores o contra los Blancos. Esta situación se vio favorecida por la pérdida de confianza potenciada a partir de la violación de la Capitulación de 1812 y por las actitudes extremadamente radicales de las principales figuras de cada bando; figuras que por cierto, como veremos, presentaron serios visos de ilegalidad e ilegitimidad. En el lado realista, José Tomás Boves, soldado no profesional, se convertirá en un caudillo que, si bien gozaba de gran legitimidad por parte del mayor número de las tropas que lo seguía, no estaba investido de la legalidad que como máxima autoridad *de facto* ejerció al frente de los realistas. Por su parte, Bolívar, a pesar de gozar de

---

80 Testimonio de Simón Bolívar a Francisco Iturbe, en Úslar Pietri, Juan. *Historia de la rebelión popular de 1814*. Caracas: Monte Ávila Latinoamericana Editores, Serie Bicentenario. 2010, pp. 85-86.

mayor legitimidad que Miranda (de quien la élite criolla descon-
fiaba), luego de retomar el poder por la vía de la fuerza a través de
una campaña militar, se encontrará con el problema de justificar
la legalidad de su autoridad ante un sistema político de instituciones destruidas.

Ya desde aquí podía observarse el nivel de violencia al que
estaba llegando el conflicto, con lo cual se vislumbraban los albo-
res de la llamada Guerra a Muerte. A partir de la retoma patriota de Caracas, se observa un proceso de evolución del conflicto a
través del pensamiento de Bolívar, quien en 1813 recibe en Caracas el título de «Libertador». Bolívar, desde el inicio del proceso
emancipador de Venezuela, concibió el conflicto como un asunto
netamente político entre patriotas venezolanos y realistas españoles. Sin embargo, ya desde el comienzo las regulaciones violentas
del conflicto tomarán un carácter de conflicto intestino y mostra-
rán una profunda complejidad. Venezolanos participan tanto en
un bando como en el otro. Ante este cuadro, Bolívar redacta en
Trujillo, el 15 de junio de 1813, la *Proclama de Guerra a Muerte* en un intento por internacionalizar y formalizar la guerra entre
españoles y americanos y relacionar con esto las diferencias entre
los bandos realista y patriota. Algunos fragmentos de la proclama
expresan lo siguiente:

> Nosotros somos enviados a destruir a los españoles, a proteger a los ame-
> ricanos, y a establecer los gobiernos republicanos que formaban la Con-
> federación de Venezuela […]
> Que desaparezca para siempre del suelo colombiano los monstruos que
> lo infestan y han cubierto de sangre […]
> Todo español que no conspire contra la tiranía en favor de la justa causa
> por los medios más activos y eficaces, será tenido por enemigo y casti-
> gado como traidor a la patria, y por consecuencia será irremisiblemente
> pasado por las armas […]
> Españoles y Canarios, contad con la muerte, aun siendo indiferentes, si

no obráis activamente en obsequio de la libertad de la América. Americanos, contad con la vida, aún cuando seáis culpables[81].

La proclama significó la declaración formal del inicio del conflicto entre España y Venezuela, por dos razones. Primero, porque hasta la fecha no se había redactado ningún documento que formalizara el conflicto abierto para la emancipación de Venezuela. A pesar de que la Declaración de Independencia suscrita por el Congreso en 1811 sentencia el inicio del conflicto, esta proclama lo formaliza, lamentablemente desde la regulación violenta y no desde la potenciación de las regulaciones pacíficas. Segundo, porque al ser Bolívar el nuevo y máximo líder político y militar del bando patriota, su proclama tenía un peso *de facto* que posteriormente sería legitimada al completarse la retoma de Venezuela. Por otra parte, la proclama se planteaba como el intento de Bolívar de involucrar a las colonias americanas en la causa independentista. Señala el abogado Guerra Iñiguez que una declaración de guerra, desde el punto de vista del Derecho Internacional, es el acto mediante el cual un Estado manifiesta formalmente que se han iniciado las hostilidades[82]. Lamentablemente, todavía hoy se habla de declaración de guerra en el argot internacional y no de declaración de conflicto, con lo cual se abriría la puerta a la posibilidad de que no siempre las diferencias sean reguladas automáticamente por vías violentas.

Sin embargo, esta proclama no logrará la internacionalización del conflicto, es decir, enfrentar a españoles realistas con patriotas americanos. Así lo muestra el pensador venezolano Laureano Vallenilla Lanz cuando cita una comunicación de finales del año 1813 del militar patriota Rafael Urdaneta, en la cual el general

---

81   Proclama de Simón Bolívar de Guerra a Muerte, del 15 de junio de 1813, en Pérez Vila, Manuel (Compilador). *Doctrina del Libertador*. Caracas: Biblioteca Ayacucho, 1986, pp. 21-22.
82   Guerra Iniguez, Daniel. *Derecho Internacional Público*. Caracas: Kelran Editores, C. A., 1999, p. 523.

manifiesta: «Los pueblos se oponen a su bien y el soldado republicano es mirado con horror; no hay un hombre que no sea enemigo nuestro; voluntariamente se reúnen en los campos a hacernos la guerra...»[83]. Estos pueblos a los que se refería Urdaneta, explica Vallenilla Lanz, no se componían de españoles, sino que eran tan venezolanos como los soldados que a él lo acompañaban. No obstante, con la proclama, Bolívar da el primer paso hacia varios objetivos políticos. Aparte del intento de internacionalización de la guerra, busca lograr el reconocimiento de Venezuela como actor internacional, porque solo los Estados están facultados y legitimados por la comunidad internacional para declarar guerras a otros Estados. Segundo, busca impulsar la polarización del conflicto a fin de involucrar a los grupos que aún no lo habían hecho. Tercero, al hablar de colombianos y americanos, busca generar apoyos, crear cohesión con las otras colonias hispanoamericanas e involucrarlas en el conflicto. Así que, si bien desde un punto de vista la Proclama de Guerra a Muerte fue una acción bastante hábil (aunque infructuosa en principio), desde el punto de vista de la potenciación de la paz fue una medida atroz. Pero recordemos nuevamente que la paz –vista como potenciación de prácticas de paz negativa y cultura para la paz– no era un valor que se hubiese potenciado en la élite política patriota y realista del momento en Venezuela.

La proclama logra abrir definitivamente una brecha bastante profunda entre los que se encontraban en el bando realista y los que apoyaban la causa patriota, independientemente de su color, casta, género, estamento o lugar de origen. Recordemos que al derrumbarse el edificio institucional colonial, los estratos inferiores de la sociedad quedaron solos frente a los blancos criollos, sin ninguna instancia a la cual recurrir. En este sentido, Soriano de García Pelayo señala que su única opción para alcanzar su libertad,

---

83 Carta de Rafael Urdaneta, del año 1813, citada por Vallenilla Lanz, Laureano. *Cesarismo Democrático.* Caracas: Eduven, 2000, p. 31.

igualdad o ascenso social o económico era participar en el conflicto, bien al «...hacerse necesarios para la culminación del proceso (independentista), en la eventual amenaza real que significaba su número ó en la violencia potencial que en un momento dado pudieran desplegar contra los criollos»[84]. Esta proclama impulsó la polarización y la agudización del conflicto armado, abriendo la puerta a la posibilidad de justificar la realización de cualquier acto violento en la contienda.

Con la retoma de Caracas en agosto de 1813, se establece la llamada Segunda República en un marco de mayor violencia, con debilidades estructurales y con amenazas latentes desde su fundación. En cuanto a sus debilidades están la legitimidad, la legalidad y el monopolio de la fuerza por parte del gobierno del Estado.

Desde un principio, Bolívar entiende que debe encarar el asunto de darle legitimidad y legalidad a su poder en una sociedad que en su mayoría no veía con buenos ojos el proyecto republicano, más aún después del fracaso del primer ensayo. Señala Carrera Damas que, aunque había dos fórmulas para abordar estos problemas entre los líderes e intelectuales patriotas (la continuación del «hilo constitucional» o la continuación del «hilo dictatorial» dejado por Miranda), lo que sí era cierto es que cada una de las propuestas parecía mucho más la legitimación de una situación de hecho (la toma violenta del poder por parte de Bolívar y su ejército) que el resultado de un acto legal[85]. El ahora Libertador decide darle continuación al gobierno dictatorial de Miranda y se inicia así la llamada «primera dictadura de Bolívar». Pero ¿gozaba Bolívar de una legitimidad absoluta entre todos los líderes patriotas de Venezuela para erigirse como dictador? Esta naciente república

---

84 Soriano de García Pelayo, Graciela. *op. cit.*, p. 68.

85 Carrera Damas, Germán. «Algunos problemas relativos a la organización del Estado durante la Segunda República Venezolana». En *El pensamiento constitucional de Latinoamérica: 1810-1830*. Caracas: Colección Sesquicentenario de la Independencia, Academia Nacional de la Historia, 1962, pp. 382-385.

tenía otra debilidad: la unidad de mando y el reconocimiento de una única y máxima autoridad. De hecho, existían al menos dos repúblicas: en occidente, la nueva república estaba formalmente liderada por Bolívar y terratenientes de la élite de Caracas y de los Andes. En oriente, el partido patriota estaba liderado por Santiago Mariño, y una élite diversa de Cumaná, Barcelona, Maturín y Margarita[86]. El reconocimiento de Bolívar como máxima autoridad por parte de Mariño, solo ocurrirá hasta después de la finalización de la primera batalla de Carabobo, en mayo de 1814[87].

En cuanto a las amenazas latentes al proyecto independentista, el mayor peligro lo representaba el accionar del español José Tomás Boves. Este comerciante asturiano, nacido en Oviedo el 18 de septiembre de 1782, se había radicado en Calabozo, Venezuela, desde principios del siglo XIX, iniciando actividades de comercio medio. Sin embargo, luego de diversas vicisitudes con grupos criollos de los Llanos venezolanos, inicia su carrera militar del lado realista en 1812 y se convierte al poco tiempo en uno de los más importantes caudillos de Venezuela. Boves, acompañado de su segundo, Tomás Morales, comienza a liderar acciones armadas al mando de grupos mayoritariamente llaneros –venezolanos en su mayoría– contra las principales plazas republicanas. Es así que, para el último tercio de 1813, el bando realista es el que está obteniendo mayor apoyo, y lo está recibiendo de los estratos más bajos de la sociedad, es decir, de los negros, mulatos, mestizos, zambos, llaneros en su mayoría. Pero ¿cómo explicar que sean estos grupos los que apoyan al bando del rey, siendo este la cabeza de un sistema que plantea la diferenciación social?, ¿cuál podría ser la explicación de esta situación?

---

86 Valerino de Abreu, Verónica. «Apuntes de historia diplomática de Venezuela». En *Revista Venezolana de Relaciones Internacionales y Política Exterior*. Especial 2. Caracas: Editorial Nuevas Letras y Fondo Editorial Tropykos, 2003, pp. 74-75.

87 Estéves González, Edgar. *Batallas de Venezuela: 1810-1824*. Caracas: Libros de El Nacional, 2004, p. 76.

Hay dos razones fundamentales para que los más desfavorecidos apoyaran la causa del rey. Primero, los patriotas, y entre ellos Bolívar, no tenían prevista la participación de los estratos más bajos en el conflicto. ¿Por qué? Porque en principio no se planteaba una redefinición de la estructura social y del modelo económico esclavista. Segundo, porque Boves se convierte en un caudillo que ofrece la posibilidad a los estamentos más desfavorecidos de beneficiarse socialmente a través de los méritos de guerra o, al menos, económicamente mediante los saqueos y el pillaje. Aunque estas eran –y todavía hoy lo son– prácticas comunes en los conflictos con altos grados de violencia, en Venezuela representaron la posibilidad clara de desintegrar el modelo de estratos sociales y de desmontar la estructura económica esclavista a través de una guerra a muerte contra el hombre blanco, principalmente el criollo mantuano. Al respecto señala el historiador José Manuel Restrepo: «Las desgracias de los patriotas se debieron, no tanto á los horrores y excesos que sin duda cometieron en medio del incendio producido por la exaltación de las pasiones revolucionarias, sino al levantamiento casi general de las castas contra los blancos criollos»[88].

De Boves se han tejido muchas leyendas. En la historia oficial venezolana ha sido calificado como el más sanguinario de los guerreros de la independencia. No obstante, si se evalúa desde el punto de vista de las capacidades, se observa a lo largo de su carrera que las potenció tanto para la violencia como para la paz. El propio Juan Úslar Pietri dirá que Boves fue una rara mezcla entre paladín y bestia feroz, para algunos un ser sediento de sangre y para otros un noble guerrero que luchó por el bien del proletariado nacional en contra de los desmanes y la tiranía de los blancos. En síntesis, dirá, Boves tiene el valor histórico para el estudio de la sociología venezolana porque fue el primer conductor de masas[89].

---

88 Testimonio de José Manuel Restrepo, citado por Carrera Damas, Germán. *Boves*. Caracas: Monte Ávila Editores, 1991, p. 36.
89 Úslar Pietri, Juan. *op. cit.*, pp. 95-96.

Para 1813 y 1814 los grupos sociales más bajos apoyan la causa realista en Venezuela, no por estar a favor del rey, sino porque creen en un caudillo del cual se benefician y que a su vez secunda la causa monárquica. Los estratos más bajos de la sociedad colonial ven la posibilidad de obtener —a través de la participación en las acciones violentas— reivindicaciones que la propia estructura colonial liderada por los mantuanos obstruía, lo cual era una forma de «paz positiva». En el caso de aquellos que vivían en la zona de los Llanos, se suma también la posibilidad de reaccionar contra la élite criolla ante su intento de dominar y apropiarse de las extensiones de tierra donde habitaban. Esto lo confirma el capitán general, Juan Manuel Cajigal, quien debilitado en su autoridad real, señala que Boves le manifestó que «... aquellas tropas que mandaba desertarían todas [...] si los corregía (sic) sus atentados»[90]. Si bien los criollos habían derrumbado la institucionalidad política, este tipo de acciones amenazaban con derrumbar la estructura socioeconómica de la colonia.

Aquí es importante destacar lo siguiente: si bien en principio el conflicto tuvo un interés político para los mantuanos y social para los pardos, a partir de Boves sufrirá un incremento en el interés social y económico para los grupos más desfavorecidos de la sociedad colonial. La incorporación de estos grupos al conflicto hace que la guerra se convierta en una forma de vida, ya que será la manera más rentable y expedita de alcanzar beneficios de distinta índole a pesar del riesgo y del horror. La guerra o máxima regulación violenta se convirtió en un negocio rentable, haciendo aún más difíciles y lejanas las esperanzas de alcanzar la paz. Al respecto, Restrepo señala que a los llaneros «... los estimulaba la esperanza del robo, el saqueo y de la licencia que les ofrecía Boves para cometer todo linaje de excesos [...] (siendo estos) un estimulo muy poderoso para que la mayor parte de ellos corrieran á las armas»[91].

---

90   Testimonio de Juan Manuel Cajigal, citado por Carrera Damas, Germán. *op. cit.*, p. 41.
91   José Manuel Restrepo, citado por Carrera Damas, Germán. *op. cit.,* p. 35.

En 1814, Boves impulsa con mucha fuerza y dirección la llamada «Guerra contra los Blancos», posterior a la batalla de Mosquiteros en Guayabal, tal como lo testifica el presbítero José Ambrosio Llamozas en su Memorial: «El Comandante General Boves desde el principio de la campaña manifestó el sistema que se había propuesto y del cual jamás se separó. Fundábase en la destrucción de todos los blancos, conservando, contemplando y alabando a las demás castas»[92]. Era la segunda vez, desde el inicio del conflicto por la Independencia, que la eliminación de un grupo racial estaba presente como asunto de agenda en uno de los bandos del conflicto. Ya no sólo se habla de guerra a muerte haciendo alusión a españoles y canarios, sino que ahora los ejércitos realistas comandados por Boves se empeñaban en eliminar al grupo de los mantuanos. Estas acciones de «violencia cultural» hicieron que el conflicto asumiera en parte un cariz genocida[93]. No obstante, Boves, quien seguía su paso acelerado hacia los principales bastiones patriotas, en una proclama hecha durante la batalla de San Mateo, el 5 de abril de 1814, insistía en que el único responsable del horror, los males y la esclavitud que vivía Venezuela era Bolívar y su Proclama de Guerra a Muerte. Dice lo siguiente en uno de sus fragmentos:

¿Qual de vosotros será el que ya no esté desengañado? ¿Quién el que conozca que Venezuela nunca ha sido más esclava, ni ha sentido tantos males y miserias que desde que se entregó a la dominación de Bolívar? [...] ¿Quién ha sentido en fin los dolorosos resultados de su Guerra a Muerte? Vosotros los habéis experimentado y adonde quiera que bolvais

---

92 Memorial de José Ambrosio Llamozas, citado por Mondolfi Gudat, Edgardo. *José Tomás Boves*. Caracas: C.A. Editorial El Nacional, 2005, p. 80.
93 El genocidio, en Derecho Internacional, es un crimen que consiste en destruir o cometer conspiración para aniquilar y exterminar de forma premeditada y sistemática un grupo nacional, étnico, racial o religioso. Fue definido en la Convención para la prevención y sanción del crimen de genocidio, en declaración adoptada por la Asamblea General de Naciones Unidas el 9 de diciembre de 1948.

los ojos solo hallareis objetos que arranquen las lágrimas y exiten el dolor del Corazón mas duro (*sic*)...[94].

Esta exacerbación de las pasiones y de la crueldad era signo tanto del derrumbamiento institucional como de la escalada de la violencia producto de la impunidad y de la pérdida del valor de la otredad en ambos sectores. Al mismo tiempo, vemos que el carácter cuasigenocida impreso al conflicto por Boves y Bolívar en este período tuvo un efecto directo en la conducta de los patriotas. En consecuencia, Bolívar ordena a principios de febrero de 1814 la ejecución de alrededor de mil españoles en Caracas, La Guaira y Valencia, potenciando así sus capacidades para la violencia[95]. Ante esta situación, los esfuerzos de mediación de Inglaterra iniciados en 1810, para conciliar a la Corona española con las colonias americanas, se prolongarían con sus altos y bajos al menos hasta finales de 1814, sin obtener ningún tipo de resultado. Así lo testificó el funcionario europeo Nicholas Vansittart en carta dirigida al gobernador de Curazao, James Hodgson, el 27 de enero de 1814, cuando señalaba «Después de las violencias ocurridas creo que toda esperanza de conciliación haya desaparecido entre España y las colonias»[96].

La solicitud de apoyo económico y militar de Bolívar a Inglaterra no es escuchada. Así, la estrepitosa derrota de los patriotas en la segunda batalla de La Puerta, el 15 de junio de 1814, sentencia la muerte de la Segunda República a manos de los realistas, provocando la dispersión de los principales jefes patriotas. Bolívar decide entonces emprender desde Caracas la llamada Emigración a Oriente, llevando consigo a la cuarta parte de la población de

---

94   Proclama de José Tomás Boves, del 5 de abril de 1814, citado por De Armas Chitty, José Antonio. *op. cit.,* pp. 121-122.

95   *Ibídem,* p. 22

96   Carta de Vansittart dirigida al gobernador de Curazao Hodgson, fechada el 27 de enero de 1814, citada por Parra Pérez, Caracciolo. *op. cit.,* p. 30.

esta ciudad, ante la inminente ofensiva realista. El 17 de junio de 1814, ante el desmoronamiento del proyecto republicano, Bolívar decide utilizar un último y desesperado recurso: decreta la Ley Marcial y cesa a toda autoridad civil, quedando gran parte de la población venezolana (a excepción del clero) bajo el mando militar y sometida al enfrentamiento bélico[97].

El hecho de que los civiles perdieran su autoridad y se sometieran a la autoridad militar implicó dos efectos. Primero, desaparecía una instancia para el ejercicio de la ciudadanía y las regulaciones pacíficas (o al menos no violentas) y se sustituía por la de la fuerza. Segundo, para Bolívar el ejercicio de la virtud republicana en ese momento coyuntural necesitaba de algo más que el respeto a las leyes o la simpatía con las ideas patrióticas por parte de la población: se necesitaba defender la causa activamente con las armas por todos los medios. Sin embargo, la consecuencia más grave que tuvo la aplicación de esta ley, es que ordena a todos los «ciudadanos» involucrarse activamente en el conflicto y su regulación violenta con todos los recursos de que dispongan. Es decir, la participación en el conflicto ya no era algo voluntario sino obligatorio. Más aún, esta ley insinúa una necesaria participación «activa», llegando incluso a amenazar con la acusación de «traición a la patria» a aquellos que no ejecuten ese mandato. Los efectos reales de esta ley para la causa patriota fueron casi nulos, ya que al poco tiempo cayó la República bajo el dominio realista, pero las consecuencias para la agudización de la violencia en el conflicto y la desinstitucionalización fueron significativas.

La entrada de Boves a Caracas, el 16 de julio de 1814 fue caracterizada por una mediación imperfecta, impulsada por el arzobispo de la ciudad, la cual apaciguó la potenciación de la violencia. Narciso Coll y Prat volverá a emplear sus capacidades para potenciar espacios de paz, ahora ante un caudillo que venía

---

97 Ley Marcial del 17 de junio de 1814, en Lecuna, Vicente (Compilador). *Obras de Simón Bolívar*. Caracas: Ediciones de la CANTV, 1982, p. 2553.

liderando a su paso una campaña de extrema violencia. Coll y Prat, junto con los miembros del Cabildo, recibió a Boves con un *Te Deum* en acción de gracias al Altísimo por el triunfo de las armas españolas, fue hospedado en el Palacio Arzobispal con banquete de por medio y recepción con la más alta oficialidad restante, honores propios de un capitán general, cargo que detentaba *de facto* al haber desautorizado a Juan Manuel Cajigal. Esta estrategia, que muy probablemente buscó impresionar a Boves haciéndole ver su responsabilidad como máxima autoridad, pareció tener efecto ya que instala una nueva institucionalidad, tanto de gobierno como de justicia, y mientras permanece en Caracas, se aleja de la violencia que venía ejecutando contra los blancos. La última víctima había sido el realista conde de La Granja, asesinado de un lanzazo por uno de los subordinados de Boves, justo antes de su llegada a la capital[98].

La derrota patriota en Aragua de Barcelona (batalla que se caracterizó por la muerte del ochenta por ciento de sus participantes, entre los cuales estaban hombres, mujeres, niños y ancianos) y la pérdida de apoyo de efectivos desde la Nueva Granada, hacen que Bolívar salga nuevamente de Venezuela, ahora junto a Mariño, a finales de 1814. En su Manifiesto de Carúpano, de fecha 7 de septiembre de 1814, Bolívar señala su asombro y expresa su incomprensión al ver que los venezolanos, tanto esclavos como de otros estamentos bajos de la sociedad, apoyan la causa realista encabezada por Boves y levantan sus armas contra sus compatriotas. No comprende la serie de beneficios materiales y de reconocimiento que redujeron la «violencia estructural» sufrida durante siglos de coloniaje por un importante grupo de la población que se involucró en el conflicto armado al mando de Boves[99]. A pesar de

---

98   Landaeta Rosales, Manuel. *Recepciones hechas en Caracas a personajes notables.* Caracas: Imprenta Bolívar. 1907, p. 7.
99   Manifiesto de Carúpano de Simón Bolívar, del 7 de septiembre de 1814, en Pérez Vila, Manuel (Compilador). *Doctrina del Libertador.* Caracas: Biblioteca Ayacucho, 1986,. pp. 42-43.

su radicalismo, este nuevo fracaso dejará en Bolívar huellas y experiencias que se reflejarán en diversos escritos, en los cuales se nota un cambio progresivo hacia la necesidad de acabar con el carácter de guerra a muerte del conflicto.

Hubo ciertamente intentos de acercamiento entre mantuanos y peninsulares para unir fuerzas contra Boves porque, al final de la jornada, quienes lideraban el bando patriota y realista eran blancos que corrían el riesgo de perder sus privilegios e incluso perecer violentamente ante esta rebelión social incontenible. No obstante, estos no fueron fructíferos porque las autoridades realistas formales carecían de peso ante las autoridades *de facto* lideradas por Boves, victorioso ante Bolívar y Mariño[100].

Los años 1815 y 1816 serán claves para la redefinición del conflicto. Por una parte, el pensamiento político y social de Bolívar irá evolucionando, incorporando a los estratos más bajos de la sociedad colonial y agregando nuevas vindicaciones sociales. Su concepción acerca del conflicto por la independencia va a cambiar en tres ámbitos principales: en el económico, en el social y finalmente en la forma e intensidad en que se emprendían las regulaciones violentas. Por otra parte, el fin de los caudillos realistas y la llegada de militares profesionales de alto rango permitirán reducir un poco la intensidad de la violencia directa y, principalmente, de la cultural.

La ampliación social del ejercicio de la virtud republicana armada: formas de paz positiva en el ejército patriota

Con la caída de la Segunda República bajo el dominio realista, Bolívar sale por segunda vez de Venezuela, ahora rumbo a las islas del Caribe. Coincidencialmente, un suceso decisivo cambiará el rumbo del conflicto en Venezuela: José Tomás Boves cae abatido

---

100 Úslar Pietri, Juan. *op. cit.,* p. 116.

en la batalla de Urica, el 5 de diciembre de 1814. Sus seguidores –principalmente el numeroso grupo de los llaneros– van abandonando progresivamente las filas realistas y se dispersan. El caudillo que había levantado a los estratos más bajos de la sociedad colonial, incorporándolos al conflicto y disminuyendo las condiciones de violencia estructural en las que vivían a pesar de la crueldad generada en la guerra, desaparecía de la escena repentinamente. Se reconfiguraba nuevamente la balanza de poder entre realistas y patriotas.

Desde el ámbito social y económico, este viaje, que lleva a Bolívar por Kingston y Puerto Príncipe, es realmente productivo en ideas, y prueba de ello es lo que allí escribe. En uno de sus documentos más conocidos, la llamada Carta de Jamaica[101], fechada el 6 de septiembre de 1815, Bolívar reitera su concepción del conflicto por la independencia como un enfrentamiento entre dos mundos, entre dos polos diferenciados geográficamente: uno opresor (el español) y otro que busca ser libre (el americano)[102]. No obstante, el historiador Elías Pino Iturrieta, en una reinterpretación de este documento de Bolívar, señala que esta Carta refleja la voz de un blanco criollo y no la de un americano. Al referirse al «pequeño género humano», Bolívar no se refiere ni a los indígenas, ni a los mestizos, ni a los negros, ni a los pardos, ni a los canarios; utiliza adjetivos como el de «especie media», para referirse a las personas que, sin ser españoles peninsulares, han luchado con el elemento autóctono por la posesión de los derechos sobre la tierra. Habla entonces, sin admitirlo expresamente, de los mantuanos o blancos criollos[103].

---

101 Originalmente el documento lleva por título: *Contestación de un americano meridional a un caballero de esta isla.*
102 Documento *Contestación de un americano meridional a un caballero de esta isla,* de Simón Bolívar, de fecha 6 de septiembre de 1815, en Pérez Vila, Manuel (Compilador). *Doctrina del Libertador.* Caracas: Biblioteca Ayacucho, 1986, p. 74.
103 Pino Iturrieta, Elías. *Ideas y mentalidades de Venezuela.* Caracas: Colección Estudios, Monografías y Ensayos, N° 179, Biblioteca de la Academia Nacional de la Historia, 1998, p. 84-85.

Inmediatamente, el documento siguiente que escribe Bolívar en Kingston es un artículo dirigido al redactor o editor de la Gaceta Real de Jamaica, el 28 de septiembre de 1815. En dicho documento, denota claramente que el asunto de la composición racial y la relación entre estamentos no pueden ser obviados en la discusión del momento y por eso lo aborda. Pero lo hace insinuando que los grupos sociales más bajos siempre han estado conformes con la estructura social que ha existido en América. Además, Bolívar –a no ser por una elusión táctica– parece no darse cuenta aún de la magnitud de las consecuencias sociales y económicas del proceso abierto por Boves entre 1813 y 1814. Explica que aquellos que siguieron a Boves y otros jefes españoles lo hicieron sobornados o por la fuerza[104], pero ahora, ante un cambio aparentemente inexplicable, sentencia que «Los actuales defensores de la independencia son los mismos partidarios de Boves, unidos ya con los blancos criollos, que jamás han abandonado esta noble causa…»[105].

Cuando Bolívar afirma más adelante en el mismo documento que «…no se ha oído ningún grito de proscripción contra ningún color», parece olvidar la omisión práctica de los derechos de «igualdad para todos» que proclamó la Constitución de 1811 y que prometieron algunos patriotas a los sectores más bajos de la sociedad colonial para que se unieran a la causa y que al final no cumplieron; parece olvidar también su Proclama de Guerra a Muerte contra españoles y canarios o la Proclama de Guerra contra los Blancos de Boves, ambas en 1813. Sin embargo, cabría suponer ante esta serie de afirmaciones hechas por Bolívar, que este artículo de prensa que firma con el seudónimo de «El Americano», más que un análisis exhaustivo es una propaganda intencionada para la causa independentista con la finalidad de obtener recursos. Recordemos que se convierte en un importantísimo

---

104 Artículo de prensa de Simón Bolívar dirigido al Editor de la Gaceta Real de Jamaica, del 28 de septiembre de 1815, en Pérez Vila, Manuel (Compilador). *op. cit.*, p. 77.
105 *Ibídem*, p. 78.

promotor del proyecto de independencia en el continente, buscando recursos y administrándolos.

Posteriormente, en su viaje a Puerto Príncipe, Bolívar se encuentra con el presidente Alejandro Petión el 2 de enero de 1816. Este encuentro debió haber sido fundamental en el redireccionamiento de su pensamiento en cuanto a la concepción de la organización de la sociedad, la economía esclavista y la participación de otros grupos en el conflicto. A pesar de que es ingenuo creer que el abolicionismo en Bolívar fue consecuencia de anecdóticos compromisos de índole personal, como es el caso de la respetable oferta que le hizo Petión a cambio de apoyo en equipos y armas[106], es muy probable que la experiencia acumulada acerca de las vindicaciones económicas y sociales llevadas a cabo por Boves en Venezuela en 1814 y las noticias de anexión de los antiguos soldados del asturiano y de otros realistas (los cuales pertenecían a diversos grupos sociales) a la causa patriota desde 1815, hicieran que el paso de Bolívar por Haití fuese decisivo para sus decretos del 2 de junio y del 6 de julio de 1816 respectivamente. En el primero, pronunciado en Carúpano a su regreso a Venezuela, Bolívar señala lo siguiente:

> Considerando que la justicia, la política y la Patria reclaman imperiosamente los derechos imprescindibles de la naturaleza, he venido en decretar, como decreto, la libertad absoluta de los esclavos que han gemido bajo el yugo español en los tres siglos pasados. Considerando que la República necesita de los servicios de todos sus hijos, tenemos que imponer a los nuevos ciudadanos las condiciones siguientes:
> Artículo primero. Todo hombre robusto, desde la edad de catorce hasta los sesenta años, se presentará en la parroquia de su distrito a alistarse en las banderas de Venezuela, veinte y cuatro horas después de publicado el presente decreto […]

---

106 Salcedo Bastardo, José Luis. *Visión y revisión de Bolívar*. Buenos Aires: Imprenta López, 1966, p. 239.

Artículo tercero. El nuevo ciudadano que rehuse a tomar las armas para cumplir el sagrado deber de defender su libertad quedará sujeto a la servidumbre[107].

Aquí se manifiestan formalmente en Bolívar tres cambios fundamentales: primero, el rechazo a la sociedad estamental de la Colonia y al sistema económico esclavista con el decreto de abolición de la esclavitud; segundo, la igualación formal de todos los ciudadanos en Venezuela, solo si participan activamente en la guerra; tercero, la formalización de la participación abierta de todos los grupos sociales en el ejército patriota defendiendo la virtud republicana de manera armada. No obstante, hay que destacar el carácter obligatorio de la participación en el conflicto político, con lo cual la liberación de los esclavos por parte de Bolívar como líder de la causa patriota, se podría asumir como una medida interesada y condicionada. A este decreto, pronunciado simultáneamente al arribo del Libertador a tierra continental, se suma una proclama pronunciada en Ocumare, el 6 de julio de 1816, dirigida a los habitantes de la Provincia de Caracas. En parte de esta proclama Bolívar señala que «Ningún americano sufrirá el menor perjuicio por haber seguido el partido del rey, o cometido actos de hostilidad contra sus conciudadanos. Esa porción desgraciada de nuestros hermanos que ha gemido bajo las miserias de la esclavitud ya es libre» [108].

En este sentido, Bolívar parece haber comprendido la fórmula para que el proyecto patriota tuviera éxito en Venezuela. Straka sostiene la tesis según la cual el éxito de cada uno de los bandos (realistas o patriotas) en sus respectivos momentos, fue producto de conciliar su ideario con las mentalidades de un colectivo que

---

107 Decreto de Simón Bolívar, del 2 de junio de 1816, en Lecuna, Vicente (Compilador). *op. cit.,* pp. 2578-2579.
108 Decreto de Simón Bolívar, del 6 de julio de 1816. *Ibídem*, p. 2580.

inicial y mayoritariamente los adversó[109]. Bolívar parecía haber comprendido parte de esta premisa. Qué distantes parecían estar aquellas palabras del Libertador a Francisco Iturbe luego de la Campaña Admirable y su entrada a Caracas en 1813.

No obstante, y a pesar de los decretos y proclamas de Bolívar, ya en 1815 existía un hombre en Venezuela que, en ausencia incluso de los más connotados líderes patriotas, asumió la responsabilidad de mantener firmes las banderas republicanas en las zonas llaneras del país, aplicando de facto estas prácticas antiesclavistas y de igualación social, siguiendo parte del estilo de José Tomás Boves. Nos referimos a José Antonio Páez, figura crucial de la escena política venezolana entre 1815 y 1863 cuando, con la firma del Tratado de Coche, se puso fin a la llamada Guerra Federal[110]. Páez desarrolla su incipiente carrera militar en Barinas y Mérida, para posteriormente ponerse bajo las órdenes del general patriota Rafael Urdaneta. Luego, a principios de 1815, se dirige a los llanos de Casanare donde decide desmarcarse de Urdaneta e intenta una osada acción. Allí empieza a hacer uso de un incipiente caudillismo sobre los mismos hombres que estuvieron bajo las órdenes de Boves, Ceballos y Yáñez. El propio Páez destaca en su *Autobiografía:* «Todos aquellos a quienes comuniqué mi proyecto, creían que era poco menos que delirio, pues no veían posibilidad ninguna de que los llaneros, que tan entusiastas se habían mostrado por la causa del rey de España y que tanto se habían comprometido en la lucha contra los patriotas, cambiasen de opinión y se dedicasen a defender la causa de estos...»[111].

109 Straka, Tomás. *La voz de los vencidos. Ideas del partido realista de Caracas: 1810-1821.* Caracas: Colección Monografías, Comisión de Estudios de Postgrado, Universidad Central de Venezuela, 2000, p. 35.
110 Rodríguez, Adolfo. «José Antonio Páez». En *Diccionario de Historia de Venezuela de la Fundación Polar.* Tomo III. Caracas: Fundación Polar, 1997, pp. 465-466.
111 Páez, José Antonio. *Autobiografía del General José Antonio Páez.* Nueva York: Imprenta de Hallet y Breen. 1869, p. 57.

A su regreso a Venezuela a mediados de 1816, Bolívar –quien tenía prestigio internacional– sabía que necesitaba de un hombre como Páez para enfilar y persuadir a los aguerridos llaneros a favor de la causa patriota, porque conocía muy bien el terreno, su idiosincrasia, su mentalidad y sus necesidades, tal como los conocía Boves. En ese sentido, a partir de 1815 hay un proceso paulatino de inclusión de los grupos sociales más bajos, y de sus aspiraciones, a la causa patriota; existe un nuevo caudillo que sustenta esta incorporación bajo esta bandera: José Antonio Páez; y a partir de 1816, el principal líder del partido republicano, Simón Bolívar, legitima esta forma de inclusión y crea un puente entre los estratos inferiores y los sectores criollos, mediante el llamado a una nueva visión de la ideología republicana: *el ejercicio armado de la virtud* de todos los estratos sociales, tal como la define Straka. Bolívar entiende que la defensa de la patria ya no es solo una causa de los mantuanos, sino un ejercicio activo de todos los grupos sociales venezolanos. Pero también comprende que, después de dos repúblicas perdidas, a los estamentos más bajos no solo les bastará con ser incluidos en el ejército republicano bajo la idea de «patria», sino que es necesario que puedan acceder a sus aspiraciones de libertad, igualdad y bienestar social a través de la acción armada. Así, la virtud armada manifestada como valor, audacia, arrojo, acciones heroicas, espíritu de abnegación, sacrificio al propósito colectivo y a la patria, fungirá a su vez como mecanismo de ascenso social[112].

Además, Bolívar comprenderá que su idea de nación, de patria grande, tan difusa para los llaneros y los grupos más bajos de la sociedad, deberá ser progresivamente socializada en la mentalidad de los venezolanos, que mayoritariamente era tradicional y ajena a toda iniciativa moderna. Fomentar el sentimiento de patriotismo será el primer paso para alcanzar la nacionalidad, que es un proceso más complejo y que demanda de un esfuerzo

---

112 Straka, Tomás. *Las alas de Ícaro: indagación sobre ética y ciudadanía en Venezuela (1800-1830).* Caracas: Universidad Católica Andrés Bello – Fundación Konrad Adenauer Stiftung, 2005, p. 85.

elaborado y continuado en el tiempo, que requiere de educación y adiestramiento consciente para este fin[113]. Esta situación de incompatibilidad entre los valores del republicanismo que defendían los mantuanos y las reivindicaciones y aspiraciones sociales y económicas de los estratos más bajos de la sociedad colonial se refleja en el testimonio del nuevo caudillo de los llaneros, José Antonio Páez, quien en su *Autobiografía* reseñará el testimonio del primer encuentro entre el teniente Pedro Camejo, alias Negro Primero, y Bolívar. Señala Páez que en esta conversación Bolívar le preguntó a Camejo:

—¿Pero qué lo movió a v. á servir en las filas de nuestros enemigos?

—Señor, la codicia.

—¿Cómo así? —preguntó Bolívar.

—Yo había notado, que todo el mundo iba á la guerra sin camisa y sin una peseta y volvía […] después […] vestido con uniforme muy bonito y con dinero en el bolsillo. Entonces yo quise ir también a buscar fortuna y mas que nada conseguir aperos de plata […]

—Dicen —le interrumpió Bolívar— que allí mataba v. las vacas que no le pertenecían.

—Por supuesto —replicó— y si no ¿qué comía? En fin vino el mayordomo (así me llamaba a mí, señala Páez) al Apure, y nos enseñó lo que era la patria y que la diablocracia no era ninguna cosa mala, y desde entonces yo estoy sirviendo a los patriotas[114].

Y es que la participación en las regulaciones violentas del conflicto por la independencia se había convertido en un hecho social. Según Carrera Damas, la guerra llega a constituir el principal factor de movilidad social vertical para la época, porque debilitó la

---

113 Straka, Tomás. *La voz de los vencidos. Ideas del partido realista de Caracas: 1810-1821*. Caracas: Colección Monografías, Comisión de Estudios de Postgrado, Universidad Central de Venezuela, 2000, pp. 53-57.

114 *Ibídem*. p. 46.

institución de la esclavitud. Basta con imaginar que, a pesar de que se estima en 30.000 el número máximo de soldados involucrados a todo lo largo del conflicto, las regulaciones violentas terminan por desarticular la estructura social colonial por lo prolongado de la contienda y por su intensidad[115].

Más adelante, en 1819, señala el historiador Manuel Caballero, la virtud armada se presenta como la respuesta que da Bolívar ante la carencia de virtud política del sector ilustrado del año 1811, que ha sido diezmado víctima de la violencia o se encuentra en el exilio o en la cárcel. Por ello, elabora un discurso orientado a satisfacer las exigencias de la élite militar, que se ha convertido para la fecha en el único sector de la sociedad venezolana con poder de beligerancia política, y la concilia con el interés político de la élite económica e intelectual proveniente del proceso colonial; todo ello mediante una propuesta que incluye un Senado hereditario y un Poder Moral como instancias que dotarían a la república de estabilidad y permanencia[116]. No obstante, es importante destacar la observación que hace Straka acerca del carácter bifronte de la virtud armada, ya que si bien esta abre las puertas a todos para que cualquiera pueda ascender de manera igualitaria mediante la valentía, es al final un orden jerárquico, mucho más flexible que el colonial pero jerárquico[117].

La labor mediadora de Bolívar y Páez a lo interno del bando patriota será crucial para conciliar las ideas políticas con lo que Mijares llama mentalidades –es decir, las necesidades, intereses y proyectos– de los grupos de la sociedad que habían luchado con

115 Carrera Damas, Germán. *La crisis de la sociedad colonial venezolana*. Caracas: MonteÁvila Editores, 1983. p. 21.
116 Caballero, Manuel y otros. «De la antimonarquía patriótica a la virtud armada: la formación de la teoría política del Libertador». En *Episteme, Revista del Instituto de Filosofía*, nro.5-6. Caracas: Universidad Central de Venezuela, 1986, pp. 9-40.
117 Straka, Tomás. «Nuestras primeras necesidades: la República como problema moral». En *La Cultura Política del Venezolano: I Coloquio Historia y Sociedad*. Caracas: Universidad Católica Andrés Bello. Editorial Equinoccio. Universidad Simón Bolívar. 2005, p. 54.

Boves y otros caudillos a favor de la causa realista y que ahora se pasaban al bando patriota. Y es que, si bien Bolívar recorre el camino desde las ideas incluyendo en su propuesta de patria vindicaciones socioeconómicas de igualdad y libertad para ganar apoyos, en el caso de Páez el recorrido es más bien a la inversa. Es decir, Páez logra captar gran parte de las tropas que venían de seguir a Boves porque ejerce las prácticas de igualación social y económica, y a partir de allí socializa la ideología patriota e independentista. En ese sentido, el proceso de independencia dará cuenta de periplos zigzagueantes de soldados que pasaron del bando realista al patriota o viceversa a lo largo de los años del conflicto. Testimonios como el de Pedro Camejo nos hablan de la importante labor que hombres como Páez hicieron para socializar la idea de patria en el pueblo llano.

> Esas «conversiones» […] fueron las que contribuyeron de forma determinante en el triunfo real del Libertador, de Roscio, del proyecto emancipador […] Enseñar que la «diablocracia» no es cosa mala, enseñar qué cosa es la patria: esa fue la esencia del convencimiento, que si bien a cuyo respaldo estuvieron las eficaces espada de Bolívar y lanza de Páez, las trascendió para ubicarse en lo esencialmente ideológico. Esa fue la otra gran batalla, casi olvidada por la historia, que se libró en la emancipación[118].

No obstante, el historiador Salcedo Bastardo señala que para lograr la adhesión de los llaneros de Páez a la causa independentista contó mucho la promesa de tierras y bienes que les hizo Bolívar, la cual fue un punto decisivo como condición previa. Así, Páez acató la autoridad de Bolívar. Por ello, el 3 de septiembre de 1817 lanzó un decreto para el secuestro y la confiscación a favor del Estado de todos los bienes y propiedades de quienes hubiesen seguido al enemigo al evacuar el país o tomado parte activa en su servicio;

---

118 Straka, Tomas. *La voz de los vencidos. Ideas del partido realista de Caracas: 1810-1821.* Caracas: Colección Monografías, Comisión de Estudios de Postgrado, Universidad Central de Venezuela, 2000, pp. 46-47.

y el 10 de octubre dispuso el reparto de los bienes nacionales al pueblo en armas. Bolívar señala en el decreto, que posteriormente pedirá sea aprobado por ley como instrumento para la revolución económica, que «Los soldados del ejército libertador eran demasiado acreedores a las recompensas del Gobierno, para que hubiese podido olvidarlos. [...] Yo pues, a nombre de la República, he mandado distribuir todos los bienes nacionales entre los defensores de la Patria». Después de innumerables trámites burocráticos, en el año 1820, el Congreso de Angostura dispuso entregar, en vez de tierras y bienes, vales del Tesoro Público, decisión con la cual Bolívar estuvo en desacuerdo. Aunque ya era demasiado tarde, en el año 1821 Bolívar decide dar carta blanca a José Antonio Páez para efectuar la repartición efectiva de tierras y garantizar la justicia agraria en Venezuela. Según Salcedo Bastardo, aunque se repartieron algunas tierras, Páez velará fundamentalmente por sus intereses y por los de la nueva élite de héroes de la Independencia, más que por los de aquellos para los que se le facultó[119].

En cuanto a la internacionalización del conflicto, este no solo vendrá de la mano del aumento en el apoyo de venezolanos de los diversos grupos sociales al bando patriota entre 1815 y 1816, sino también porque a partir de 1815 el bando realista recibe un importante incremento de sus tropas en el territorio venezolano, con la llegada de soldados españoles profesionales enviados por el restituido Fernando VII y comandados por el general Pablo Morillo. Sin embargo, nunca dejará de ser intestino porque los venezolanos seguirán participando en uno y otro partido hasta el final del conflicto. Si bien la violencia directa y cultural seguirá siendo de muy alta intensidad y crueldad hasta 1820, se desarrollarán diversas formas de reconocimiento, inclusión y distribución de beneficios socioeconómicos a los sectores más desfavorecidos de la población. Finalmente, la desaparición física de Boves, la

---

119 Decreto de Simón Bolívar, en Salcedo Bastardo, José Luis. *Historia Fundamental de Venezuela*. Caracas: Instituto de Previsión Social de las Fuerzas Armadas Venezolanas, 1972, pp. 407-410.

comprensión de Bolívar en cuanto al hecho de que el conflicto no era un asunto solamente entre españoles y canarios versus venezolanos y la llegada de un militar profesional como Morillo a liderar al bando realista, permitieron la disminución progresiva de la violencia cultural y de los rasgos genocidas que había presentado el conflicto en los años 1813 y 1814. En ese sentido, las regulaciones violentas habían disminuido levemente y, por ende, las instancias pacíficas se habían potenciado en una de sus formas.

No obstante, es fundamental decir que, como parte de la visión imperfecta del conflicto, incluso en las zonas donde se expresó la diatriba de diversas maneras entre patriotas y realistas, las regulaciones violentas convivieron permanentemente con instancias pacíficas. Ya lo señalaba el historiador José Gil Fortoul, en su libro *Historia constitucional de Venezuela*, cuando refiriéndose al conflicto de la independencia de Venezuela destacaba que «En medio de los innumerables combates hubo siempre hombres que pensasen, escribiesen, hablasen y legislasen, y una parte del pueblo cultivó los campos, abrió caminos, transportó y exportó productos, conservó, en suma los elementos constitutivos de la patria»[120]. Así lo muestran también las investigaciones desarrolladas por la historiadora Inés Quintero y un equipo de investigadores en el libro *Más allá de la guerra: Venezuela en tiempos de la Independencia*, en el cual compilan testimonios de fuentes primarias de diferentes archivos que hablan de la existencia de actividades económicas, sociales, judiciales, comerciales, religiosas y lúdicas, a pesar del conflicto que se desarrollaba entre patriotas y realistas[121], incluso en pleno período de la llamada Guerra a Muerte. Y es que gran parte de la población desarrolló su vida cotidiana más allá de las regulaciones violentas, lo cual puede ser

---

120 Carrera Damas, Germán. *Una nación llamada Venezuela*. Caracas: Monte Ávila Editores Latinoamericana, 1983, p. 19.
121 Quintero, Inés y otros. *Más allá de la Guerra: Venezuela en tiempos de la Independencia*. Caracas: Fundación Bigott, Serie Historia, 2008, p. 5-12.

considerado un gran espacio de paz imperfecta. Contrario a lo que prevalece en el imaginario común, la mayor parte de la población en Venezuela no estuvo involucrada activamente en la contienda, es decir, hubo un gran grupo de gente común cuyas vidas transcurrieron fuera del campo de batalla, al margen de los debates políticos y sin participar en lo más mínimo en las agrias disputas de poder que nutren nuestros libros de historia. Este estudio, sin lugar a dudas, abre el campo para el análisis del conflicto independentista desde una perspectiva irenológica y de paz imperfecta, por lo cual merece un acercamiento más detallado a fin de identificar y destacar aquellos espacios de la cotidianidad que se desarrollaron más allá de las regulaciones violentas que suelen teñir de sangre las páginas de historia de este período.

La paz por las armas: concepción de paz del ejército pacificador del realista Pablo Morillo

En 1814, las fuerzas napoleónicas están en pleno declive de su poder continental. Ante la sostenida lucha de los aliados contra las fuerzas francesas, Napoleón decide deslastrarse de algunos problemas que hacen más compleja su actuación en Europa haciendo que Fernando VII regrese al trono español bajo ciertas condiciones, el 22 de marzo de ese mismo año. Fernando, rey de tendencia absolutista, encuentra apoyo en importantes sectores del clero, la nobleza y el ejército, con lo cual ordena la anulación de la Constitución liberal de 1812 y los decretos emanados de las Cortes. Estos decretos, señala Fernando VII, son «… nulos y de ningún valor ni efecto, ahora ni en tiempo alguno, como si no hubiesen pasado jamás tales actos y se quitasen de en medio del tiempo, y sin obligación de mis pueblos y súbditos de cualquiera clase y condición a cumplirlos y guardarlos»[122].

---

122 Palabras de Fernando VII, en el año 1814, citadas por Ventura, Jorge. *Historia de España*. Barcelona: Plaza y Janés S.A. Editores, Tomo IV, 1975, p. 33.

A partir de ese momento, se desatará una dura persecución contra los constitucionalistas, por lo cual se producirán varias conspiraciones liberales y algunas reacciones antiabsolutistas que se extenderán, al menos, durante seis años. Asimismo, el monarca español despliega una ofensiva destinada a retomar el orden en las provincias de ultramar a través del envío de tropas y de la restitución del Antiguo Régimen, es decir, del régimen absolutista. Lo cierto es que el 17 de febrero de 1815 sale de Cádiz con rumbo a América la expedición de aproximadamente 10 000 hombres[123] comandada por el mariscal de campo Pablo Morillo, con la misión directa y expresa del rey de pacificar y restablecer el orden en las colonias americanas. Se expone claramente la misión encomendada por el rey:

> … restablecer el órden en la Costa Firme hasta el Darien, y primitivamente en la Capitanía general de Carácas. Los deseos de S. M. quedarán satisfechos si esto se consigue con el menor derramamiento de sangre de sus amados vasallos, sin excluir del número de estos á los extraviados de aquellas vastas regiones de América.
>
> La tranquilidad de Carácas, la ocupación de Cartagena de Indias, y el auxiliar al jefe que mande en el Nuevo Reyno de Nueva Granada, son las atenciones principales ó las primeras de que se ocupará la expedición. Conseguido esto se enviará al Perú el excedente de tropas europeas que se pueda en todo el año de 1815; y si aun hubiese sobrante se remitirá al reyno de Méjico[124].

---

123 Cuno, Justo. *El retorno del Rey: El restablecimiento del régimen colonial en Cartagena de Indias 1815-1821.* Castelló de La Plana: Colección América, nro. 9, Publicacions de la Universitat Jaume I, 2008, p. 52.
124 Instrucciones del Rey Fernando VII a Pablo Morillo como General en Jefe de la Expedición de Costa Firme, de fecha 15 de noviembre de 1814 y 9 de mayo de 1815, citadas por Blanco, José Félix y Azpúrua, Ramón. *Documentos para la historia de la vida pública del Libertador.* Caracas: Ediciones de la Presidencia de la República, 1983, p. 264.

A pesar de que es destacable el llamado a procurar el menor derramamiento de sangre, la pacificación en términos coloniales era violenta en sí misma. Sin embargo, según el historiador español Justo Cuño el rey buscaba con esto la reconciliación, ya que estaba dispuesto a recibir como un verdadero padre a los que concediendo los males que acareaban a su patria con su conducta temeraria y criminal quisieran reconciliarse cordialmente[125]. Por ello, es prudente recordar qué se entendía por «pacificación» en los términos manejados por el Derecho de Indias. De lo que se desprende de las *Leyes de los Reynos de Indias* —marco legal que rige la colonización americana a partir de su sanción por el rey de España, Carlos II, el 18 de mayo de 1680, mediante la publicación de una gran compilación— la *pacificación* se entiende como acto de sometimiento voluntario, previa explicación, de los indígenas a la autoridad de la Real Majestad Católica de España y a la Fe Católica o, en su defecto, de reducción violenta. En pocas palabras, era el sometimiento al buen orden restablecido, de manera sumisa o por la fuerza. Y sometimiento, así sea voluntario, es una forma de violencia estructural. Así se observa en el Libro IV, Título IV de las mismas Leyes, titulado *De las pacificaciones*. Si bien se plantea persuadir a los pobladores naturales de las Indias, es decir a los indígenas, para que se sometan pacíficamente, previa información, buen trato, caridad y solemnidad a la autoridad real y a la fe católica, lo cierto es que, en última instancia, si se presentaba resistencia debía usarse la fuerza[126].

Ciertamente, todos estos límites jurídicos previos utilizados para el trato hacia los indígenas —los cuales habían sido producto de años de intensos debates y denuncias por parte de representantes

---

125 Cuño, Justo. *op. cit.*, p. 52.
126 Congreso de la República del Perú (Compilador). *Leyes de los Reynos de Indias*. Libro III, Título IV, titulado *De la Guerra de las Leyes de los Reynos de Indias*, Ley VIII. Lima: Archivo digital de la Legislación del Perú. Lima, Congreso de la República de Perú. http://www.congreso.gob.pe/ntley/LeyIndiaP.htm. 2007. p. 2.

de la Iglesia Católica– no aplicaban para los «españoles inobedientes», a los cuales sí se podía hacer la guerra como recurso más inmediato. Este era el caso de los mantuanos en Venezuela, descendientes de españoles, los cuales lideraban el proyecto patriota y a quienes Morillo debía someter. Solamente se tenía prevista una oportunidad para el sometimiento por vías pacíficas y de manera voluntaria. Así lo señala la Ley VI, del Libro III, Título IV[127]. En esta tónica vienen las instrucciones dadas a Morillo.

Sobre las instrucciones de pacificación dadas a Morillo resalta, en el artículo 4º, de la sección Política, el previo uso de regulaciones pacíficas antes de recurrir a la violencia «El general en jefe publicará un indulto en nombre del rey, a los que en un plazo determinado se presenten que estén ó hayan estado sirviendo contra la causa de S.M: […] Publicará un olvido general de lo pasado á los que estén en sus casas y labores, sea el que fuese el partido que hayan seguido…»[128].

Sobre los caudillos, no solo a los patriotas sino a aquellos que han aportado a la causa realista pero a través de una acción no institucional y de violencia extrema, las instrucciones a Morillo son muy claras al respecto. Se le recomienda al general en los artículos 6º y 7º de la sección de Marina, utilizar primero la persuasión, luego el engaño y, finalmente, el traslado o reubicación estratégica a fin de debilitar a dichos caudillos pero sin desaprovechar sus talentos para la guerra[129].

En ese sentido, la pacificación que el ejército de Morillo traía a Venezuela distaba mucho de ser pacífica, pero ciertamente potenciará algunas regulaciones pacíficas.

En Venezuela, las victorias de los realistas habían extinguido casi de raíz el movimiento independentista. A principios de 1815, las principales ciudades estaban aseguradas y solo quedaba un

---

127 *Ibídem*, p. 2.
128 *Ibídem*., p. 266.
129 *Ibídem*, p. 267.

reducto patriota en la isla de Margarita, comandado por el general Arismendi, y algunas tropas en los Llanos. Los principales líderes patriotas se hallaban en el exilio. A su llegada a Venezuela, Morillo consiguió todas las provincias y puertos libres de patriotas. Boves había muerto en circunstancias poco claras atravesado por una lanza en el poblado oriental de Urica, en persecución de los patriotas. Morales, segundo de los realistas y sucesor de Boves, había reconocido finalmente la autoridad legal de Juan Manuel Cajigal. De esta manera, y con la subordinación de Morales a Morillo, se lograba recuperar temporalmente la cadena de mando militar y parte de la institucionalidad real perdida desde 1811. No obstante, si bien parecía inevitable un enfrentamiento entre realistas institucionales y no institucionales, este fue evitado en gran medida por el criterio y la sensatez que privó en los líderes del momento.

Teniendo Morales sus tropas apostadas en Carúpano dispuestas a atacar la isla de Margarita en manos patriotas, desistió de tal maniobra. Ante la llegada de Morillo a la isla al mando de una poderosa fuerza de soldados españoles, el general patriota Juan Bautista Arismendi optó por someterse y demostrar arrepentimiento ante el jefe realista. Al respecto, la pacificación traída por Morillo especificaba que si no se aceptaba la autoridad real, esta sería impuesta por la fuerza. No obstante, ante el sometimiento, Morillo respondió con amnistía y perdón para este líder patriota que demostró arrepentimiento y sujeción voluntaria a la autoridad real. Pero el propio Morales, quien acompañaba a Morillo en Margarita con un batallón de 700 negros zambos, advirtió al Mariscal que «... Arizmendi no tardará seis meses en reorganizar sus fuerzas [...] La política bondadosa y suave está buena para los tiempos de paz: en los de guerra se traduce siempre por debilidad y da aliento a los indecisos»[130]. Morillo hace caso omiso de esta advertencia y señala

---

130 Testimonio de Tomás Morales, citado por el coronel De Sevilla, Rafael. Pérez Moris, José (Arreg.). «Memorias de un Militar». En Lemmo, Angelina y Carrera Damas, Germán (Comp.). «Materiales para el estudio de la ideología realista de la Independencia». *Anuario*. Caracas: Instituto de Antropología e

enfáticamente a Morales: «No importa, con todo eso le perdono; así quedará más obligado y comprenderá cuan sincero y grande tiene que ser su arrepentimiento para que iguale a mi generosidad»[131].

En esa misma tónica, el 11 de mayo de 1815 entra en la ciudad de Caracas y lanza su primera Proclama con el mismo ánimo de reconciliación y perdón contenido en la Amnistía. A pesar de ser esta una proclama que busca la conciliación entre los habitantes de las provincias de la Capitanía General de Venezuela, deja muy claro que la paz solo es posible si hay sometimiento de los focos rebeldes a la autoridad del rey. Es decir, es una paz por la fuerza por parte de un ejército importante y no una paz con base en la negociación y la concordia. Aplicando la lógica del Estado como monopolizador de la fuerza, la autoridad real y la pertenencia de Venezuela al Imperio no son negociables.

Es prudente recordar que, para 1815 y al menos hasta 1820, los puntos de encuentro entre patriotas y realistas eran escasos, ya que ambos pugnaban por la satisfacción de objetivos encontrados. Para los primeros, el fin del conflicto solo sería posible mediante el reconocimiento de la independencia; para los segundos, solo se alcanzaría con el sometimiento rebelde a la autoridad del monarca español. De lo contrario, tarde o temprano, ambas fuerzas recurrirían a la violencia. Esto se observa cuando, al poco tiempo de su perdón, el general Arismendi vuelve a levantar sus armas en Margarita contra el ejército realista apostado en esa isla, afectando seriamente la confianza mutua y exacerbando la violencia entre las partes por la incapacidad de cumplir el compromiso asumido, tal como ocurrió en 1812 cuando se violó la capitulación de Monteverde a Miranda. Finalmente, como en todo conflicto político que ha tenido regulaciones violentas, la población civil fue el sector más afectado, ya que se podrá suponer el calvario y las angustias

---

Historia, Facultad de Ciencias Económicas y Sociales, Universidad Central de Venezuela, Volumen II, 1971, pp. 1561-1562.
131 *Ibídem,* p. 1561.

que vivieron los hombres, mujeres y niños ante tanta incertidumbre institucional y el constante cambio de ejércitos invasores en los distintos pueblos del país, donde era muy segura la cárcel o la muerte para aquellos que hubieren auxiliado a las tropas salientes. De hecho, en comunidades que han sufrido conflictos violentos se guarda silencio sobre las colaboraciones, las lealtades y traiciones que llevaron a que unos y otros participaran o permitieran la violencia y terminaran en bandos opuestos del conflicto[132].

La llegada de Morillo tiene varias implicaciones para el bando realista que no era homogéneo en sus ideas y en su accionar. La orden dada por el rey a Morillo acerca de la desmovilización y/o reubicación de los caudillos realistas en otros territorios de las colonias de ultramar fue quizá la estocada a las aspiraciones de este bando en el conflicto por la independencia. Seguramente por la incomprensión del contexto, Morillo se deshace de algunos de estos personajes que habían sido cruciales en la canalización de las expectativas, necesidades e intereses de los sectores sociales más bajos y numerosos de la sociedad, enviándolos a Cartagena, Puerto Rico y los más peligrosos a España, donde muchos serán encarcelados por delitos que en el marco de la Guerra a Muerte no fueron aprobados por el rey. Esta situación provoca la deserción de muchos soldados de las tropas del rey que se enrolan por retruque en el bando patriota. Si bien muchos no comparten o no comprenden el proyecto de patria que hasta ahora habían adversado, ven la posibilidad de satisfacer parte de las necesidades, intereses y expectativas que Boves y sus caudillos ofrecían. Sobre estas conversiones, señala Straka que los nuevos «patriotas» tendrían libertad (su libertad, que no era necesariamente la de los ideólogos del año 1811, pero que distaba de lo propuesto por Morillo) y, de paso, «… una res que agregar a su fortuna del par de botas»[133].

---

132 Centro Nacional de Memoria Histórica. *Informe Basta Ya. Colombia: Memorias de guerra y dignidad (Resumen)*. Bogotá: Imprenta Nacional de Colombia. 2013, p. 75.
133 Straka, Tomás. *op. cit.,* p. 43.

Otro elemento que es prudente destacar a la llegada de Morillo es que, así como se produjo un enfrentamiento dentro del estamento militar realista con la insubordinación de Boves y Morales a la autoridad de Cajigal, con la llegada de este militar se produce un conflicto entre el estamento civil y militar, algo que será muy común en nuestra posterior historia republicana. Es decir, con una supuesta intención de institucionalizar nuevamente a Venezuela, se produce una nueva desinstitucionalización. Estevan Fernández dice en su testimonial no comprender que si el general Morillo vino en 1815 con la misión de reordenar el país ¿por qué viola las leyes, desconoce, persigue, violenta e incluso encarcela autoridades civiles reales y aumenta la desinstitucionalización creada por los patriotas y los anteriores realistas? Asimismo, descalifica duramente la política de «paz» del Pacificador llevada adelante en Margarita hacia los patriotas, la cual es contraria a la que emprende contra los realistas al instalarse en Caracas. «Para estos no se había destinado el ramo de oliva que se presentó a los Jefes revolucionarios de Margarita, ni tampoco la paz en que dejó aquellos»[134].

Y es que Morillo, ante la no facilitación de los requerimientos de recursos solicitados a la Intendencia para imponer nuevamente el orden, privó a esta de sus funciones y ordenó la suspensión de sueldos, la destitución, la persecución y la captura de empleados de la Real Hacienda, a los que suponía delincuentes. En un claro estilo autoritario, Morillo contribuye a la desinstitucionalización cuando concentra el poder político y militar en un grupo de personas que él mismo nombra: José Ceballos como gobernador capitán general interino de Caracas (en ausencia de Morillo, quien inicia campaña hacia Nueva Granada) y el brigadier Salvador de Moxó como comandante de la primera división del Ejército

---

134 Testimonio de Estevan Fernández, fechado el 18 de noviembre de 1815, citado por Arambarri, Francisco Xavier *Hechos del General Pablo Morillo en América. Documentos de la conquista, colonización e independencia de Venezuela*. Volumen I. Murcia: Servicio de Publicaciones de la Embajada de Venezuela en España. Impresiones ETISA, 1971, pp. 26-27.

Expedicionario (antigua guarnición), jefe de la Junta de Secuestros y del Consejo de Guerra, con lo cual usurpa la competencia del estamento legal colonial que aún quedaba. Morillo parecía entonces haber interpretado la restitución del orden absolutista con el propio uso del absolutismo como método, lo cual contribuyó al desmembramiento de las instituciones que relativamente se habían mantenido en ausencia del rey. Asimismo, parece haber interpretado el reordenamiento y la paz en la Provincia con la imposición del autoritarismo en ella.

Y es que Morillo, en sus seis años como autoridad militar, real y efectiva, de los ejércitos realistas en Venezuela, nombró y destituyó hasta ocho intendentes y cuatro capitanes generales. Francisco Arambarri, funcionario enviado en 1817 por la Corona española a la Capitanía General de Venezuela, para reorganizar y restablecer las rentas reales, con el carácter de Superintendente de la Real Hacienda e Intendente General del Ejército, señala los peligros de una autoridad cuando no conoce los límites entre el poder civil y el poder militar. En un testimonial escrito a su regreso a España después del año 1820[135], escribe «... Que la mayor calamidad para estos pueblos en su guerra civil, ha sido, es y será la inexperiencia, inestabilidad, e ímpetu e indiscreción del Don Pablo (Morillo), porque semejantes Jefes entienden y sublevan en vez de apagar y reprimir. Verase al colosal Ejercito de trece mil europeos anonadados o esqueletados ya sin otro logro que el de empeorar la suerte de las Provincias»[136].

Es así que Morillo, quien predicó en un principio el perdón para los arrepentidos y paz por la fuerza a los rebeldes patriotas, curiosamente había generado el mayor grado de enfrentamiento, y

---

135 Aunque no se precisa la fecha de este testimonio, con seguridad fue escrito después de 1820 ya que se cita prensa de esa década y se habla del Rey Fernando como "nuevamente un rey constitucional", con lo cual se presume que fue escrito entre 1820 y 1823, tiempo de duración del segundo período de la monarquía constitucional española.
136 Arambarri, Francisco Xavier. *op. cit.*, p. 77.

hasta de violencia, entre las autoridades realistas desde el inicio del conflicto por la Independencia de Venezuela, el mayor grado de conflicto entre civiles y militares y la deserción de un importante componente de tropas. Sin embargo, es bueno recalcar que el proceso de desinstitucionalización vivido en Venezuela a partir de 1810 no era solo producto de la inestabilidad y las regulaciones violentas del conflicto por la independencia. Recordemos que entre 1808 y 1815, España había sufrido una invasión internacional, la abdicación de una Casa Real y la instalación de una nueva, y la aprobación de una constitución liberal en 1812; posteriormente, la expulsión de los franceses, la reinstauración de la casa Borbón, el desconocimiento de la constitución liberal y la reinstalación del modelo absolutista. Es decir, no es para menos que esa serie de acontecimientos, sumados a la situación confusa interna en Venezuela, violentara la institucionalidad en estas tierras.

Pablo Morillo potenciará posteriormente sus capacidades para regular el conflicto de manera pacífica, con lo cual se observan dos premisas: a) que la violencia y la paz son un asunto de potenciación de capacidades, cuya activación depende del propio actor, b) que los conflictos humanos –y entre ellos los políticos– se desarrollan en una permanente interacción entre instancias de paz y violencia imperfecta. Y es que, si bien Morillo vino con las instrucciones de Fernando VII en 1815 para imponer la sumisión en Venezuela, mediante el indulto a los arrepentidos y la fuerza a los rebeldes, una vez se reinstaura el gobierno liberal en la península ibérica en el año 1820, recibe instrucciones que le darán un importante giro a la dinámica del conflicto. Estas plantean abrir el diálogo con los rebeldes y la propuesta de igualdad de trato a los pobladores de las provincias de ultramar bajo los designios de la Constitución y de un rey limitado. Este cambio político en España producirá consecuencias en Venezuela.

A mediados del año 1820, realistas y patriotas comienzan a establecer contacto para buscar una salida que permita regular el conflicto por vías pacíficas o, al menos, menos violentas. Siete años de Guerra a Muerte habían generado desgaste en ambos bandos, producto de la maximización de violencia directa y cultural en comparación con las regulaciones pacíficas, las cuales se manifestaron fundamentalmente en forma de paces positivas a lo interno de cada bando, pero no en el conflicto entre patriotas y realistas. El cambio de actitudes radicales por otras más moderadas en los principales líderes del conflicto, en este caso Bolívar, por los patriotas, y Morillo –por instrucciones del nuevo gobierno liberal– por parte los realistas, repotenciará las regulaciones de «paz negativa» y «cultura de paz». A partir de 1820, se redefinirán las formas y el empleo de las regulaciones pacíficas y violentas en el marco del conflicto por la Independencia de Venezuela.

Capítulo III
Segunda fase del conflicto (1820–1831)

La reinterpretación del conflicto por parte de la élite patriota y realista

PARA EL AÑO 1820, EL EJÉRCITO PATRIOTA CONTABA cada vez más con el apoyo de venezolanos de los sectores sociales más bajos en sus filas, a través del ejercicio de la virtud armada como mecanismo de ascenso social. Esta propuesta, a pesar de condicionar el reconocimiento y ascenso social mediante la potenciación de la violencia directa (demostración de valentía y arrojo en la defensa activa y armada de la causa republicana), fungió de manera imperfecta como mecanismo de paz positiva para la mejora de las condiciones sociales de un importante sector de la población. El historiador Gil Fortoul destaca este elemento, señalando que «… en los campos de batalla se fundieron las antes antagónicas clases sociales. La oficialidad patriota, patricios y «pardos», ganaban nombres y ascensos, no por el origen y riquezas de sus familias, sino por el valor, la audacia y las acciones heroicas, el espíritu de abnegación y sacrificio al propósito colectivo, a la idea nacional»[137]. En el caso de los patriotas, había sido un tema particularmente sensible el tema de la incorporación de diversas castas. El caso del general en jefe patriota Manuel Piar, perteneciente

---

137 José Gil Fortoul citado por Straka, Tomás. «Nuestras primeras necesidades: la República como problema moral». En *La Cultura Política del Venezolano: I Coloquio Historia y Sociedad.* Caracas: Universidad Católica Andrés Bello. Editorial Equinoccio. Universidad Simón Bolívar. 2005, p. 55.

a la casta de los pardos, quien en su lucha por fracturar la élite política militar mantuana patriota fue fusilado en 1817, es quizá el más simbólico.

Por otra parte, luego de un importante proceso de maduración que se extendió hasta finales de la segunda década del siglo XIX, la élite patriota liderada por Bolívar había reinterpretado el conflicto desde el punto de vista de la violencia, la cual había llegado a niveles muy elevados. El 17 de febrero de 1818, Bolívar decreta una Amnistía en un mensaje dirigido «… a los habitantes del país libre de la república y a los que siguen aún el partido español». En dicha proclama se otorga el perdón y olvido a todos aquellos americanos que rindan sus armas o se presenten voluntariamente al ejército patriota. Si son soldados, se les reconocerían sus rangos y si son empleados civiles, se les respetarían. Lo más interesante de este Decreto es el artículo 5 que reza que «Las mismas gracias se concederán a los oficiales y soldados españoles europeos que se nos pasen con sus armas o sin ellas»[138].

En este marco de ideas, Gran Bretaña –que desde el principio del conflicto había tratado de jugar un papel de mediador– recibirá una respuesta contundente de Bolívar: cualquier tipo de mediación de paz que no tuviera como propósito el reconocimiento por parte de España sería rechazado por Venezuela y por el futuro gobierno de Colombia[139]. Así lo señala Bolívar en una Declaración elaborada en Angostura, fechada el 20 de noviembre de 1818, en la cual advierte claramente «… Que únicamente desea la mediación de las potencias extranjeras, para que interpongan sus buenos oficios a favor de la humanidad, invitando a la España a ejecutar y concluir un tratado de paz y amistad con la nación

---

138 Decreto de Amnistía de Simón Bolívar, del 17 de febrero de 1818. En Lecuna, Vicente (Compilador). *op. cit.*, p. 2605.
139 Valarino de Abreu, Verónica. «Apuntes de historia diplomática de Venezuela». *Revista Venezolana venezolana de Relaciones Internacionales y Política Exterior*. Especial 2. Caracas: Editorial Nuevas Letras y Fondo Editorial Tropykos, 2003, p. 100.

venezolana, reconociéndola y tratándola como una nación libre, independiente y soberana»[140].

En ese sentido se observa que, si bien la independencia es una exigencia y un valor innegociable para Bolívar, los niveles de violencia podían ser rebajados y se podía alcanzar una salida negociada a través del reconocimiento. Sin embargo, se necesitaba de una respuesta de los realistas en el mismo tono. El 7 de agosto de 1819 se da la primera gran demostración de fuerza de los republicanos después de la Campaña Admirable de 1813: la victoria en la batalla de Boyacá. Este triunfo, que sella la independencia de Nueva Granada, les da a los patriotas el suficiente peso para buscar apoyo en Estados Unidos y Francia e intentar negociar con la Corona española la independencia de Venezuela mediante su reconocimiento a través de un acuerdo de paz. Es decir, si bien se buscaba abrir una puerta por la vía diplomática después de varios años de regulaciones de violencia extrema, si España no reconocía la emancipación de Nueva Granada y Venezuela los patriotas recurrirían nuevamente a la fuerza.

En este orden de ideas, el 24 de diciembre de 1819 Bolívar reviste con plenos poderes para viajar a Europa y alcanzar un acuerdo al vicepresidente de la ahora República de Colombia, Francisco Antonio Zea. Una vez en Europa, Zea inició contactos con personalidades de Francia, Inglaterra y España para concretar un acuerdo diplomático, tomando en cuenta el repentino nuevo ascenso de los liberales españoles al poder. Pero, obrando por cuenta propia, concibió un plan de confederación española-americana que estaría presidida por el monarca de España y que tendría carácter constitucional. Este proyecto, que fue comunicado al embajador español en Londres, el Duque de Frías, no fue jamás autorizado por Bolívar, quien enarboló siempre la bandera de la república independiente como condición básica para un acuerdo

---

140 Declaración de Simón Bolívar como Jefe Supremo de la República de Venezuela, de fecha 20 de noviembre de 1818, en Lecuna, Vicente (Compilador). *op. cit.,* p. 2616.

de paz[141]. La propuesta sería rechazada por Bolívar, quien nombró a José Rafael Revenga y a Tiburcio Echeverría como comisionados en Madrid, los cuales desplegaron una agresiva campaña de negociación con base en el reconocimiento previo de la independencia. Por su parte, el rey Fernando VII había nombrado un gabinete mucho más reaccionario a las negociaciones de paz con ultramar, por lo cual también se rechazaría en primer término la propuesta de Zea. Curiosamente, esta decisión del rey fue aplaudida por Bolívar. Zea sería sustituido en sus funciones diplomáticas en la causa patriota colombiana y además sería obligado a abandonar España por parte de las autoridades reales. La no coincidencia de objetivos impedía una salida negociada al conflicto.

Para finales de 1819, la balanza de poder que cada vez se inclinaba más hacia la causa independentista y los acontecimientos internos que estaban ocurriendo en España, seguían influyendo en el cambio de la concepción del conflicto por parte de la élite patriota. El 19 de junio de 1820, Bolívar, en carta dirigida al general Carlos Soublette, explica que tiene noticias de la reciente sublevación en España de los soldados a favor de la monarquía limitada y de la restitución de la Constitución liberal de 1812. Ante esta situación coyuntural, Bolívar avizora una pronta y urgente propuesta de negociación de paz por parte de los realistas: «… Jamás será degradante ofrecer la paz bajo los principios consignados en la declaratoria de la república de Venezuela, que debe ser la base de toda negociación»[142].

A partir de entonces se inicia en España el período de gobierno conocido como el "Trienio Liberal". El 9 de marzo de 1820 se establece en la península ibérica una Junta de Gobierno que evita la ruptura del sistema y con ella una revolución social violenta.

---

141 Rojas, Armando. *Bolívar Diplomático*. Caracas: Serie Bicentenario de los Cuadernos Lagoven, 1983, p. 45-48.
142 *Ibídem,* p. 457.

Se decreta la libertad de expresión y reunión[143], pero poco a poco comenzarán nuevamente a ser restringidas. Las Cortes por su parte incluyen en sus sesiones a diputados americanos, cediendo algunos derechos a las colonias en las áreas comerciales y políticas, buscando así evitar su emancipación. Si bien ya sería demasiado tarde para evitar la independencia, no así para regular la violencia y potenciar las regulaciones pacíficas del conflicto en ultramar, abonando así el terreno para un reencuentro y reconocimiento en un futuro próximo.

Tal y como en 1812, la libertad que se proclama en 1820 se enmarca dentro de un modelo de monarquía constitucional; la única diferencia es que en esta ocasión sí contaba con el apoyo de una fuerza propia en España. Si bien la instalación del nuevo gobierno liberal no significaba la proclamación de la independencia de las colonias del continente americano, este hecho tuvo consecuencias significativas en la reconfiguración de la visión del conflicto político en América Hispana. Las nuevas Cortes españolas ordenan iniciar negociaciones de armisticio para el logro de la paz con los sublevados de las colonias americanas, a fin de explicarles el cambio en el trato y la igualación de derechos entre súbditos de un lado y otro del océano. En ese sentido, hacia mediados de 1820, y después de un largo proceso de maduración, de coyunturas y de sufrimientos, parecieron formarse las condiciones adecuadas para regular el conflicto entre patriotas y realistas por caminos pacíficos, o al menos, menos violentos.

El 1 de julio de 1820, Bolívar envía un importante mensaje a las tropas del ejército realista en el que ofrece perdón, paz y libertad, en el marco de los incidentes políticos que se viven en la península. Dice así: «¡Españoles! [...] Venid a nosotros y seréis restituidos al seno de vuestras familias, como ya se ha verificado con algunos de vuestros compañeros de armas. ¡Americanos realistas! Entrad

---

143 Surgen así las llamadas Sociedades Patrióticas, centros de libre discusión con ideas progresistas.

en vosotros mismos, y os espantaréis de vuestro error. ¡Liberales! Idos a gozar de las bendiciones de la Paz y de la Libertad. ¡Serviles! No seáis más tiempo ciegos, y aprended a ser hombres»[144].

En el caso del general Pablo Morillo, al mando del ejército realista, la necesidad de impulsar un armisticio y regular el conflicto con los patriotas por vías pacíficas, puede haber tenido adicionalmente otros motivos. Y es que las condiciones del ejército realista en Venezuela, comenzaban a ser bastante críticas y diferentes a las del bando patriota. Morillo era un general de la plena confianza de Fernando VII. Recordemos que había sido enviado por el monarca en 1815 con órdenes expresas de restituir el absolutismo en las colonias de ultramar. Pero, tomando en cuenta que para 1818 Morillo no había recibido refuerzos para sus debilitadas tropas; partiendo del hecho del incremento del apoyo a la causa patriota por parte de los sectores sociales más bajos y numerosos; asumiendo que en 1820 la rebelión de Riego impide el arribo de nuevos soldados españoles a Venezuela; entendiendo que el rey estaba ahora nuevamente limitado por los liberales; y siguiendo la orden del nuevo gobierno liberal de negociar con los rebeldes, este opta por abrirse al diálogo. Sin lugar a dudas, el cambio político en la península –donde se imponen las ideas liberales– permite que se abra un proceso coyuntural de diálogo y negociación con los líderes de la causa patriota ordenado desde las Nuevas Cortes.

El liberalismo político vuelve a abrirse camino y se convierte en un espacio de encuentro, fundamentalmente en los principios que reivindicaban el valor del individuo como persona racional y valiosa *per se*, y como tal merecedora de la protección contra los excesos de los gobiernos[145]. En consecuencia, aquí también hay una coincidencia entre realistas y patriotas en cuanto a la lucha

---

144 Mensaje de Simón Bolívar a los realistas, del 1º de julio de 1820, en Lecuna, Vicente (Compilador). *op. cit.,* pp. 2552 - 2553.
145 Burdeau, Georges. *El liberalismo político.* Buenos Aires: Editorial Universitaria de Buenos Aires, 1983. p. 76-78.

contra los abusos del absolutismo, que sencillamente no valoraban al individuo. La iniciativa de iniciar diálogo entre las partes, que encabezará Morillo del lado realista, se ve correspondida y facilitada por las diversas y constantes comunicaciones y proclamas de Bolívar en las que se insta a la paz y el armisticio con los españoles. Sin embargo, las negociaciones de paz tendrán un desencuentro de primer momento. Si bien ambos bandos quieren poner fin al conflicto, cada uno tiene como condicionante para la paz una propuesta: los realistas proponen a los patriotas la paz a cambio de jurar la Constitución liberal de 1812 que ofrece nuevas garantías; por su parte, los republicanos ofrecerán la paz solo a cambio de la independencia. Pero aquí es fundamental destacar lo que significó el liberalismo –en su acepción política– como espacio de paz entre patriotas y realistas. Sobre este tipo de espacios no físicos, Muñoz y Martínez consideran que «… los espacios pacíficos han estado y estarán en aquellos modelos políticos, sociales, económicos y culturales que sean capaces de armonizar o conciliar sus necesidades (las de las sociedades) con sus deseos, sus potencialidades con sus realidades»[146].

En ese sentido, el liberalismo será capaz de armonizar en ese momento parte de las necesidades y deseos de patriotas y realistas, al menos desde el punto de vista de la potenciación de regulaciones pacíficas, el reconocimiento del otro y la disminución de la violencia en el conflicto. Si bien no comulgaban en la forma de Estado (república independiente versus sujeción a un imperio monárquico liberal), las ideas liberales y los principios filantrópicos sirvieron de campo de encuentro de estos actores para retomar una mejor forma de regular el conflicto. Esto facilitó, por una parte, la limitación de la violencia directa y estructural y la potenciación de ciertas regulaciones pacíficas a partir de 1820 y, por otra, una contribución indirecta de España a la emancipación de las

---

146 Muñoz, Francisco A. y López Martínez, Mario. *Historia de la Paz. Tiempos, espacios y actores.* Granada: Universidad de Granada, Editorial Eirene, 2000, p. 420.

colonias americanas. No obstante, Gil Novales señala que la insurrección emancipadora de América Latina también cumplió un papel de catalizador extraordinario de los esfuerzos liberales españoles en la península ibérica[147]. La coincidencia en los valores y principios liberales entre los líderes patriotas y realistas y la voluntad por materializar parte de ellos, fueron cruciales para reimpulsar una «paz negativa» y «positiva» enmarcadas en una negociación basada en intereses y no en objetivos. Así, el inicio del proceso de paz en Venezuela vendría de la mano de la crisis y derrumbamiento del Antiguo Régimen en la España peninsular y de un cambio en la actitud en los principales líderes del conflicto, una muestra de la interacción entre paces imperfectas.

Si bien la España de principios del siglo XIX se debatía entre monarquía absoluta y monarquía liberal o constitucional, en la mayor parte de América Latina (y específicamente en Venezuela) el conflicto reinante era por la pugna ideológica entre monarquía y república, entre dependencia e independencia. Es por ello que se impulsa la idea de la integración de diputados de las Provincias americanas para ser parte de las nuevas Cortes y trabajar en la igualación de sus derechos con todos los españoles. Con esas medidas se esperaba se pusiera fin a los conflictos generados entre realistas y patriotas, pues la orden había sido la de entrar en contacto y conversación con los sublevados y así ahondar en la explicación sobre los significativos cambios que estaban ocurriendo la península ibérica[148].

En el mes de julio de 1820 se venía desarrollando un debate en la península acerca de las rebeliones de ultramar y de cómo regular de la mejor manera dicho conflicto. Los diputados americanos

---

147 Gil Novales, Alberto. *El Trienio Liberal.* Colección de Estudios de Historia Contemporánea. Madrid: Editorial Siglo Veintiuno de España Editores S.A., 1989, p. 4.

148 Reixach Vila VILÁ, Pedro. «El Libertador se adelanta al curso de la historia: Tratado de Regularización de la Guerra». *Boletín de la Academia Nacional de la Historia.* Tomo LXIX, nro. 274. Caracas: Academia Nacional de la Historia, 1987, p. 396.

de las Cortes impulsaron la elaboración de un Decreto de Amnistía para las provincias rebeldes de ultramar. Sin embargo, las Cortes no daban mucha importancia, admitiendo pocos debates sobre el asunto, al menos durante las dos primeras legislaturas. La propuesta de Amnistía surge por propuesta del diputado por Buenos Aires, Francisco de Magariños, del día 12 de julio de 1820, en la que pide que se declare amnistía general para toda la España ultramarina, alcanzando a todas aquellas personas que se hallen presas o detenidas por motivos de disidencia, u otros a que haya dado margen la revolución. Se creará una Comisión para dar cuenta de la Memoria del secretario de Gobernación de ultramar. En el mes de septiembre, la Comisión presenta su dictamen concediendo un olvido general, una amnistía que no se refiere a nadie en particular sino a «… las provincias disidentes de ultramar según se vayan pacificando». La condición para considerar pacificada a una provincia es que reconozcan y juren obedecer al rey y observar la Constitución política de la Monarquía española[149].

Finalmente, el 27 de septiembre de 1820, las Cortes aprueban el proyecto de amnistía, el rey lo sanciona y finalmente será publicado en el *Diario,* esa misma fecha, con el número de Decreto XXXVII, bajo el título «Concediendo un olvido general de lo sucedido en las provincias de Ultramar, en los términos que se expresa». La amnistía, conformada por seis artículos, es de carácter territorial y está dirigida a «… provincias o pueblos de Ultramar según se vayan pacificando con tal que reconozcan y juren ser fieles al rey, y guardar la Constitución política de la Monarquía española». La amnistía prevé «olvido» y se concede «… para perpetuar del modo más grato á los habitantes de las Provincias de Ultramar la memoria del feliz restablecimiento del sistema constitucional

---

149 Medina Plana, Raquel. «Revolución o guerra civil: un análisis de discurso sobre las amnistías para ultramar y los afrancesados en el Trienio Liberal», De Los Mozos Touya, José Javier y León Borja, Istvan Szaszdi (Editories). *El ejército, la paz y la guerra*. Valladolid: Secretariado de Publicaciones e Intercambio Editorial de la Universidad de Valladolid. 2009, pp. 331-332.

y alejar para siempre entre ellos la fatal y ruinosa desunión que los aflije»[150]. Es interesante destacar la reflexión de Medina Plana, quien señala que dicho debate fue presidido por una voluntad de silencio ante el problema que se debatía, contrario al debate sobre la amnistía a los llamados «afrancesados», en cuyos discursos aparecen términos sensibles como el de «Patria» que hacen más apasionado el debate. No obstante, la noticia de dicha amnistía y sus condiciones llegó tarde a Colombia. Ya el 6 de junio de 1820 el general Pablo Morillo había recibido órdenes del nuevo gobierno español para iniciar conversaciones con los «rebeldes». Al momento de la llegada de esta propuesta las negociaciones tendrían otro cariz y las condiciones tendrían otras características, mucho más favorables a la causa independentista pero también al encuentro de las partes en conflicto.

Los encuentros de Trujillo y Santa Ana en 1820

En el general Pablo Morillo reposó la responsabilidad de la iniciativa de entrar en contacto con los patriotas, y el 17 de junio de 1820 envía una carta a Bolívar donde anuncia un cese de hostilidades desde el día en que recibiera la carta y durante un mes, además de manifestar la firme intención de enviar emisarios al gobierno de Angostura y al cuartel donde se encontrara Bolívar para iniciar conversaciones. Esta carta sería recibida por Bolívar el 6 de julio de 1820, pues así lo manifiesta en una carta enviada al general De la Torre el 7 de julio en donde enfatiza que «... Si el objeto de la misión de esos señores es otro que el reconocimiento de la república de Colombia, v.S. se servirá significarles, de mi parte, que mi intención es no recibirlos, y ni aun oír ninguna otra proposición que no tenga por base este principio»[151].

---

150 Colección de Decretos, t. VI, p. 143 y ss. *Ibídem.* p. 335.
151 Carta de Simón Bolívar a Miguel de la Torre, del 7 de julio de 1820, en Lecuna, Vicente (Compilador). *op. cit.,* p. 468.

En primer lugar, hay que decir que el armisticio era una necesidad y una estrategia para ambos bandos. Para los realistas, había un escenario crítico: el agotamiento de su ejército y del ánimo de sus soldados para continuar el conflicto por vías violentas. Recordemos que para finales de 1819 no llegó a América un importante contingente de soldados que se esperaban desde España. Para los realistas, el armisticio podía ser la oportunidad de lograr una negociación que les permitiera terminar el conflicto y mantener una posición más o menos ventajosa en América. Y si no, al menos, descansar sus tropas por un tiempo y abastecerlas nuevamente para la batalla. Por su parte, el escenario para el ejército patriota era más favorable. A pesar de que todavía no controlaban el centro de Venezuela, Bolívar ya preveía una victoria cercana porque conocía la situación y las debilidades de los realistas. Además, había sido reforzado con una legión de británicos que llegaron por la isla de Margarita y se incorporaron al ejército. Por eso es que, ante la necesidad de negociación de los realistas, asume una posición dura y pide como primer paso el reconocimiento de Colombia.

Pero también el armisticio conviene en general a Venezuela. Un conflicto que ha sido tan extendido y que durante siete años había sido tan sangriento –principalmente entre los propios venezolanos– necesitaba de un progresivo reconocimiento de las partes y de la potenciación de regulaciones pacíficas. Bolívar sabía que un armisticio era importante para la estabilidad del país a corto plazo.

Para Bolívar no debió ser sencillo ir a la negociación con los realistas, ya que el recuerdo de las capitulaciones violadas por Monteverde en 1812 y por Boves en Valencia en 1814, hacían que la desconfianza de los patriotas estuviese aún muy presente[152]. Sin embargo, la situación parece plantearse de otra manera en esta oportunidad. El 21 de julio de 1820 Bolívar responde a una carta

---

152 Barnola, Pedro Pablo. «Estudio preliminar», en Grases, Pedro y Pérez Vila, Manuel (Compiladores). *El amor a la paz*. Caracas: Ediciones de la Presidencia de la República. 1970, p. xviii.

del 22 de junio del mismo año, en la cual reitera la firme intención de no reconciliarse si no se reconoce la independencia, por lo cual le adjunta una copia de la ley fundamental donde están prescritas las únicas bases sobre las cuales se puede tratar el gobierno de Colombia con España. Sin embargo, y salvando este punto, Bolívar es amigo de la idea de negociar, demostrando en la carta elevado ánimo para buscar una nueva salida conflicto y promover la convivencia pacífica. Por ello, lanza un puente a Morillo y expresa: «El amor a la paz, tan propio de los que defienden la causa de la justicia, no será jamás ahogado por los dolientes clamores de la humanidad, antes inmolada en el transcurso de tantos horrores. V.E. puede contar con que no serán oídos el resentimiento, ni el odio de aquellos intereses particulares que v.E. conceptúa como enemigos de la paz»[153].

Si bien se dan los primeros pasos en la generación de una necesidad de regular pacíficamente el conflicto, aún ambos bandos centran mayoritariamente sus exigencias en objetivos específicos. No obstante, comienza a verse un espacio común en los intereses de cada partido. El acercamiento basado en las ideas liberales como espacio de paz avanza progresivamente, ya que en carta dirigida al general La Torre, el 23 de julio de 1820, salta a la vista un detalle interesante, y es el hecho de que Bolívar expresa su satisfacción al ver que por fin ambas partes se reconocen como seres humanos. Hay una suerte de generación de otredad, entendida esta como la capacidad ver al «otro» (en este caso al enemigo) como un ser humano igual que «yo». Bolívar expresa «Yo bendigo este momento de calma, en que ya nos vemos como hombres y no nos consideramos como fieras consagradas, en esta detestable arena, a un mutuo exterminio»[154]. Este acercamiento que se da entre ambas partes es un paso crucial porque marca expresa y materialmente el

---

153 Carta de Simón Bolívar a Pablo Morillo, del 21 de julio de 1820, en Lecuna, Vicente (Compilador). *op. cit.,* p. 413.
154 Carta de Simón Bolívar a Miguel de La Torre, del 23 de julio de 1820. *Ibídem,* p. 483.

fin del período de Guerra a Muerte y muestra que se había generado la «necesidad» o la «convicción» en las partes de iniciar una negociación seria.

El 20 de agosto de 1820, los enviados de Morillo, José María Herrera y Francisco González de Linares, se reunieron con el general Rafael Urdaneta y el coronel José Briceño Méndez, representantes de Bolívar. Estos hicieron énfasis en que no tenían autorización para reconocer a Colombia pero sí que tenían la intención de finalizar la guerra, llegar a la paz y otorgar nuevos derechos. Bolívar rechazó su oferta[155].

Luego de la victoria patriota en Trujillo, Bolívar envía otra comunicación a Morillo el día 26 de octubre y le propone un Armisticio en el que se establece la suspensión de los enfrentamientos por un período de cuatro o seis meses (según lo acordado) y la delimitación de los territorios donde se mantendrán ambos ejércitos. Si bien los realistas impulsan el armisticio, el primero que propone formalmente uno es el lado patriota. El mismo 29 de octubre, Morillo responde positivamente al anunciar que enviará a los negociadores a reunirse con Bolívar, y deja escrito en su carta un precedente que marcaría pauta. Y es que el general del ejército español se dirige a Bolívar como «Presidente del Gobierno de Colombia», lo cual, si bien no es un reconocimiento formal de la soberanía colombiana, es al menos un paso para la causa patriota y sienta un precedente para el reconocimiento internacional en el marco del Derecho Internacional Público[156]. A partir de aquí se generará una negociación que será medular para la dinamización de regulaciones pacíficas en lo restante del conflicto.

---

155 Reixach Vila, Pedro. *op. cit.,* p. 397.
156 Barnola, Pedro Pablo. «Estudio preliminar», en Grases, Pedro y Pérez Vila, Manuel (Compiladores). *op. cit.,* p. xx.

El armisticio

El día 12 de noviembre, el general Morillo expresa a Bolívar su ferviente deseo de paz, e incluso deja entrever un nuevo espíritu liberal. Sin embargo, recalca que no puede reconocer a Colombia puesto que eso sería violar la Constitución de 1812, así que lo invita nuevamente a convivir bajo ese noble instrumento[157]. Aquí se observa que, aunque Morillo y Bolívar han reducido sus actitudes radicales, se han reconocido mutuamente como seres humanos y como seguidores del liberalismo –es decir, se ha generado una suerte de otredad–, siguen centrando la negociación en objetivos específicos, lo cual hace improbable alcanzar un acuerdo definitivo. No obstante, la actitud de ambos va abriendo progresivamente la puerta a la posibilidad de un entendimiento, al menos en intereses comunes. Y en efecto, se logra al iniciar las negociaciones de un armisticio.

El 19 de noviembre llegan finalmente a Trujillo los negociadores de Morillo para dialogar con los comisionados patriotas: el general de brigada Antonio José de Sucre, el coronel Pedro Briceño Méndez y el teniente coronel José Gabriel Pérez, enviados por Bolívar. Los realistas fueron recibidos con el respeto y la atención que merecía la ocasión[158]. Los comisionados por los realistas fueron el brigadier Ramón Correa, don Juan Rodríguez Toro y don Francisco Linares. Luego de diversas propuestas y contrapropuestas, el 25 de noviembre de 1820, y contra todo pronóstico, se firmó el Armisticio de Trujillo a las diez de la noche. El texto del armisticio abre con una frase significativa, que define la finalidad última del mismo. Además, en este párrafo la parte rea-

---

157 Carta de Pablo Morillo a Simón Bolívar, del 12 de noviembre de 1820, citada por Filippi, Alberto. *Bolívar y Europa en las crónicas del pensamiento político*. Volumen I. Caracas: Ediciones de la Presidencia de la República, 1986, p. 86.
158 Carrillo, Marcos Rubén. *Los tratados de Trujillo*. Trujillo: Ediciones del Centro de Historia del Estado Trujillo, 1968, p. 7.

lista reconoce finalmente a Colombia, uno de los puntos de mayor discusión hasta ese momento:

> Deseando los gobiernos de España y de Colombia transigir las discordias que existen entre ambos pueblos y considerando que el primer y más importante paso para llegar a tan feliz término es suspender recíprocamente las armas, para poderse entender y explicar, han convenido nombrar comisionados que estipulen y fijen un Armisticio[159].

Igualmente, al momento de nombrar a los comisionados, se reconoce a Bolívar como presidente de Colombia y jefe de la República. Es presumible que este punto haya sido de mucho debate, sin embargo es allí donde se nota el estado de cada una de las partes al momento de negociar. Reconocer a Bolívar como presidente y a Colombia como república no era menor cosa, era un punto crucial, lo que confirma quizá el hecho de que a los realistas en verdad les convenía más el armisticio en aquel momento. Siguiendo con el texto, ambas partes acuerdan lo siguiente:

> Art. 1º:- Tanto el ejército español como el de Colombia suspenden sus hostilidades de todas clases, desde el momento en que se comunique la ratificación del presente Tratado, sin que pueda continuarse la guerra, ni ejecutar ningún acto hostil entre las dos partes en toda la extensión del territorio que posean durante este Armisticio.
>
> 2º.- La duración de este Armisticio será de seis meses, contados desde el día en que sea ratificado; pero siendo el principio y base fundamental de él la buena fe y los deseos sinceros que animan a ambas partes de terminar la guerra; podrá prorrogarse aquél término por todo el tiempo que sea necesario, siempre que expirado el que se señala no se hayan concluido las negociaciones que deben entablarse y hay esperanza de que se concluyan.

---

159 Tratado de Armisticio entre patriotas y realistas, suscrito el 25 de noviembre de 1820, citado por Lara, Jorge Salvador. *El Gran Mariscal de Ayacucho, precursor del Derecho Internacional Humanitario.* Caracas: Comisión Nacional del Bicentenario del Gran Mariscal de Ayacucho, 1996, p. 79.

3º.- Las tropas de ambos ejércitos permanecerán en las posiciones que ocupen al acto de intimárseles la suspensión: de hostilidades...[160].

La duración del armisticio de seis meses fue apoyada de manera enfática por Bolívar. No obstante, en el artículo 2º es de destacar la intención de que dicho tratado se cumpla de acuerdo a lo previsto, partiendo de «la buena fe y los deseos sinceros que animan a ambas partes de terminar la guerra». [...]. Siguiendo con el documento, se señala lo siguiente:

8º.- Queda desde el momento de la ratificación del Armisticio abierta y libre la comunicación entre los respectivos territorios para proveerse recíprocamente de ganados, todo género de subsistencias y mercancías, llevando los negociadores y traficantes los correspondientes pasaportes a que deberán agregar los pases de las autoridades del territorio en que hubieren de adquirirlos para impedir por este medio todo desorden [...]

11º.- Siendo el principal fundamento y objeto primario de este Armisticio, la negociación de la paz, de la cual deben recíprocamente ocuparse ambas partes, se enviarán y recibirán, por uno y otro gobierno, los enviados o comisionados que se juzguen convenientes a aquel fin, los cuales tendrán salvo conducto, garantía y seguridad personal que corresponde a su carácter de agentes de paz.

12º.- Si por desgracia volviere a renovarse la guerra entre ambos gobiernos, no podrán abrirse las hostilidades sin que preceda un aviso que deberá dar el primero que intente o se prepare a romper el Armisticio. Este aviso se dará cuarenta días antes que se ejecute el primer acto de hostilidad...[161]

El artículo 11 deja las puertas abiertas para mantener el contacto y renovar las comunicaciones para la negociación, ya que se señala que el fin último del documento es la paz. Incluso se

---

160 *Ibídem,* pp. 79-81.
161 *Ibídem,* pp. 85-86.

utiliza el término «agentes de paz», los cuales gozarán de protección y valoración. Esto es fundamental destacarlo, porque se utiliza por primera vez en el conflicto un término de mutuo acuerdo para definir a los actores que promuevan el entendimiento entre las partes. Más adelante, el artículo 12 es una cláusula fundamental que regla la forma incluso en que deben renovarse los enfrentamientos violentos, no sin antes lamentar que se llegue nuevamente a este tipo de regulación. Finalmente, el artículo 14 expresa una solicitud que Bolívar venía haciendo desde hacía mucho tiempo y que en esta ocasión vio la oportunidad para su materialización, y es la limitación de la guerra:

> 14º.- Para dar al mundo un testimonio de los principios liberales y filantrópicos que animan a ambos gobiernos, no menos que hacer desaparecer los horrores y el furor que han caracterizado la funesta guerra en que están envueltos, se compromete uno y otro gobierno a celebrar inmediatamente un Tratado que regularice la guerra conforme el derecho de gentes, y a las prácticas mas liberales, sabias y humanas de las naciones civilizadas…[162]

Los artículos que no son citados se refieren principalmente a los lugares donde deben ubicarse y mantenerse ambos ejércitos y las condiciones para cada caso; sin embargo, no son de interés para el tema que estamos abordando. El Armisticio de Trujillo fue beneficioso para ambas partes. Para los realistas fue una oportunidad para descansar, reabastecerse, reorganizarse y diseñar nuevas estrategias. Para los patriotas fue más beneficioso, ya que, además del reabastecimiento, lograron el reconocimiento formal de Colombia y de Bolívar como su presidente. Si bien con esto no se reconocía la Independencia, era un paso importantísimo para la causa patriota.

---

162 *Ibídem*, p. 87.

El Tratado de Regularización de la Guerra

Fue el enviado de Bolívar, Antonio José de Sucre, quien redactó el documento con el apoyo de los otros negociadores, Briceño y Méndez. La faceta de Sucre como diplomático será realmente brillante, no solo por redactar el Tratado de Regularización de la Guerra en 1820, sino por aplicarlo posteriormente, a excepción del polémico caso de Pasto, en las victorias armadas de los patriotas en la consolidación de los procesos emancipadores en Suramérica. A continuación examinaremos parte del Tratado de Regularización de la Guerra firmado el 26 de noviembre de 1820 por los mismos negociadores presentes en el Armisticio, tomado de la versión citada por Jorge Salvador Lara:

> … Deseando los gobiernos de España y Colombia manifestar al mundo el horror con que ven la guerra de exterminio que ha devastado hasta ahora estos territorios, convirtiéndolos en un teatro de sangre; y deseando aprovechar el primer momento de calma que se presenta para regularizar la guerra que existe entre ambos gobiernos, conforme a las leyes de las naciones más cultas y a los principios más liberales y filantrópicos, han convenido en nombrar comisionados que estipulen y fijen un tratado de regularización de la guerra…[163]

Ya desde aquí se reconoce que Colombia cuenta con un gobierno y las acciones armadas no las ejecuta un grupo faccioso o revuelto. Este es un reconocimiento que recibe el bando patriota por segunda vez en menos de dos días. Al mismo tiempo, destaca nuevamente el liberalismo como espacio de paz entre ambas partes, el cual ha servido de catalizador para el encuentro, el reconocimiento y el diálogo. El documento de 14 artículos dice así:

---

163 Tratado de Regularización de la Guerra entre patriotas y realistas, suscrito el 26 de noviembre de 1820, citado por Lara, Jorge Salvador. *op. cit.,* p. 91.

Art. 1º.- La Guerra entre España y Colombia se hará como la hacen los pueblos civilizados, siempre que no se opongan las prácticas de ellos a alguno de los artículos del presente tratado, que debe ser la primera y más inviolable regla de ambos gobiernos.

Art. 2º.- Todo militar o dependiente de un ejército tomado en el campo de batalla aún antes de decidirse esta, se conservará y guardará como prisionero de guerra, y será tratado y respetado conforme a su grado hasta lograr su canje...[164]

En el artículo 2º se da un paso fundamental y es que el prisionero de guerra pasa a ser tratado con respeto y humanidad, lo cual hubiese sido prácticamente impensable en la Venezuela de 1812, 1813 o 1814.

Art. 4º.- Los militares o dependientes de un ejército que se aprehendan heridos o enfermos en los hospitales, o fuera de ellos, no serán prisioneros de guerra, y tendrán libertad para restituirse a las banderas a que pertenecen, luego que se hayan restablecido. Interesándose tan vivamente la humanidad en favor de estos desgraciados, que se han sacrificado a su patria y a su gobierno, deberán ser tratados con doble consideración y respeto que los prisioneros de guerra, y se les prestará por lo menos la misma asistencia, cuidado y alivio que a los heridos y enfermos del ejército que los tenga en su poder...[165]

Según el historiador Lara, es este artículo el que se concibe como uno de los precursores del articulado del Convenio de Ginebra de 1864, en lo referente a los fines de la Cruz Roja Internacional. Y es que aquí se señala que el herido no es prisionero de guerra y además que debe ser atendido como un herido del bando del que fue tomado hasta que se recupere y se reintegre a sus filas.

---

164 *Ibídem*, p. 92.
165 *Ídem*.

Art. 6º.- Se comprenderán también en el canje y serán tratados como prisioneros de guerra, aquellos militares o paisanos que individualmente o en partidas hagan el servicio de reconocer, observar o tomar noticias de un ejército para darla al jefe de otro.

Art. 7º.- Originándose esta guerra de la diferencia de opiniones, hallándose ligados con vínculos y relaciones muy estrechas los individuos que han combatido encarnizadamente por las dos causas; y deseando economizar la sangre cuanto sea posible, se establece que los militares o empleados que habiendo antes servido a cualesquiera de los dos gobiernos hayan desertado de sus banderas y se aprehendan bajo la del otro no pueden ser castigados con pena capital. Lo mismo se entenderá con respecto a los conspiradores y desafectos de una y otra parte...[166]

Este documento destaca algo importante: ambas partes llegan al acuerdo, en el artículo 7, de que el conflicto armado ha tenido sus orígenes en diferencias de opiniones en cuanto a dos causas políticas distintas, a decir: el republicanismo y el monarquismo, por un lado, y la independencia y la pertenencia al imperio por otro. Asimismo, se destaca en este artículo el hecho de que los vínculos entre los individuos que han participado de este conflicto son muy estrechos, lo cual denota el carácter fundamentalmente interno del enfrentamiento y el interés en reducir el derramamiento de sangre innecesario y los resentimientos que esto genera.

El Tratado da incluso un trato humanitario a los espías, conspiradores, desafectos y desertores, los cuales no pueden ser ejecutados con pena capital, sino que deben ser tratados como prisioneros de guerra. Aquí se trasluce el carácter liberal del documento, el cual pone por encima de todo los derechos individuales y las garantías básicas en el marco de un conflicto político. Sigue el documento:

---

166 *Ibídem*, p. 94.

Art.8°.- El canje de prisioneros será obligatorio, y se hará a la más posible brevedad. […] y por ningún motivo ni pretexto se alejarán del país llevándolos a sufrir males mayores que la misma muerte.

Art.11°.- Los habitantes de los pueblos que alternativamente se ocuparen por las armas de ambos gobiernos, serán altamente respetados, gozarán de extensa libertad y seguridad, sean cuales fueren o hayan sido sus opiniones, destinos, servicios y conductas con respecto a las partes beligerantes.

Art.12°.- Los cadáveres de los que gloriosamente terminen su carrera en los campos de batalla, o en cualquiera combate, choque o encuentro entre las armas de los dos gobiernos, recibirán los últimos honores de la sepultura, o se quemarán cuando por su número o por la premura del tiempo, no pueda hacerse lo primero […] Los cadáveres que de una u otra parte se reclamen por el gobierno o por los particulares, no podrán negarse y se concederá la comunicación necesaria para transportarlos…[167]

El artículo 11° es verdaderamente trascendental, ya que declara la necesidad de que los ejércitos respeten a la población no involucrada directamente en el conflicto (lo que hoy conocemos como «población civil»), independientemente de sus posiciones u opiniones, y que además no se le involucre coercitivamente en el conflicto.

Para el historiador Tomás Straka, la firma del Armisticio y el Tratado de Regularización de la Guerra tuvieron un impacto tremendo en la legitimidad de la causa patriota, que se observa en el inicio de los contactos diplomáticos con el liberalismo español y el comienzo de la reconciliación con España, que se profundizaría a partir de la muerte de Fernando VII con el proceso de paz que inicia en 1833[168]. Asimismo, es importante destacar cómo el liberalismo político se presenta como espacio dinamizador de paz

---

167 *Ibídem*, pp. 95-96.
168 Straka, Tomás. «España y Venezuela: Un reconocimiento en dos actos (1820-1845)». *Cuadernos Hispanoamericanos*, 653-654. Caracas: s/n, 2004, p. 38.

imperfecta entre patriotas y realistas, fundamentalmente en los principios de valoración del individuo y su racionalidad.

El encuentro de Santa Ana

Durante el proceso de negociación, Sucre es el emisario de una solicitud de Morillo remitida el 25 de noviembre, acerca de la intención de entrevistarse con Bolívar en Santa Ana de Trujillo, el cual responderá afirmativamente a la invitación.

El momento del encuentro fue memorable. Justo cuando se encontraron ambas comitivas el 27 de noviembre de 1820, los generales desmontaron sus caballos y se dieron un fraternal abrazo. En esta ocasión Morillo fue el anfitrión, preparando la mejor casa del lugar para el encuentro. En la comida, Bolívar fue el primero en tomar la iniciativa reconociendo en el brindis «... a la heroica firmeza de los combatientes de uno y otro ejército; […] a los que han muerto gloriosamente en defensa de su patria o de su gobierno; a los heridos de ambos ejércitos, que han mostrado su intrepidez, su dignidad y su carácter […] odio eterno a los que desean sangre y la derraman inútilmente». Bolívar fue aplaudido hasta que cerró su pequeño pero sentido discurso. Morillo respondió a estas palabras diciendo: «Castigue el cielo a los que no estén animados de los mismos sentimientos de paz y de amistad que nosotros»[169].

Morillo pidió que en el lugar donde se habían abrazado por primera vez se colocara una piedra y se erigiera un monumento en forma de pirámide con frases de los discursos y otras ideas, y donde se reflejaran los nombres de los comisionados negociadores como símbolo de lo que se acababa de concretar. Así se hizo, y ambos generales ayudados por varios oficiales arrastraron la piedra y sobre ella se volvieron a abrazar. Esa noche, Bolívar y Morillo

---

169 Carrillo, Marcos Rubén. *op. cit.,* p. 17.

compartieron el sueño bajo el mismo techo. El encuentro del 27 de noviembre de 1820, que sirvió para que Bolívar y Morillo pudieran conversar, intercambiar opiniones, compartir una comida, pasar la noche bajo un mismo techo, fue un acto de verdadera confianza, un acto impulsado no solo por el efecto dinamizador del liberalismo político como espacio de paz imperfecto, sino también por la concreción de sendos documentos los dos días previos.

En diciembre de 1820, Morillo regresó a España después de cinco años de campaña pacificadora en Venezuela. Cuanto distaba entre sí el modelo de paz absolutista que trajo en 1815 y aquella dinámica pacífica desarrollada en los encuentros de Trujillo y Santa Ana. Morillo había llegado a Venezuela como absolutista, pero regresaría como militar liberal. Años más tarde fue nuevamente protagonista de las regulaciones pacíficas entre la ya independiente Venezuela y la España fernandista en pro del reconocimiento de la primera. A Morillo lo sustituirá en el cargo su segundo, el mariscal Miguel de la Torre.

Aunque el 28 de abril de 1821 –es decir, aproximadamente un mes antes de lo acordado en el Armisticio– Bolívar ordena reiniciar hostilidades, cumple con lo establecido en el artículo 12 de este documento que establece que se comunicará dicha decisión con la antelación requerida. El asedio que sufría Caracas hace redefinir a La Torre absolutamente todo su planteamiento estratégico, menos ofensivo y más en función de defender el resto de la capital, los valles centrales de Aragua y la vía a Puerto Cabello. En esas condiciones, muy probablemente De la Torre era consciente de que su ejército se vería en la obligación de combatir una batalla decisiva, como hasta los momentos no le había tocado disputar en estas tierras. Aquí se jugaría la suerte del partido realista en Venezuela, ya que no se avizoraba el envío de más tropas desde España[170]. Boyacá había sido el escenario definitorio de la

---

170 Pérez Tenreiro, Tomás. *Don Miguel de la Torre y Pando. Relación de sus campañas en costa firme 1815-1822.* Carabobo: Italgráfica, 1971, p. 317.

Independencia de Nueva Granada. La sabana de Carabobo fue el escenario de un enfrentamiento crucial para la reconfiguración de las regulaciones violentas, que a partir de su desenlace se libraron en dos frentes: por tierra y por mar.

Capitulaciones y negociaciones de paz después de las grandes batallas (1821-1824)

A partir de 1821 se inicia un período en el que las regulaciones violentas del conflicto se focalizan en grandes batallas acordadas, más allá de encuentros que se presentaban de manera imprevista o la ocupación forzada de poblaciones. Ciertamente, uno de los grandes logros de los Tratados de Trujillo fue el reordenamiento de las regulaciones violentas bajo ciertas reglas que potenciaban la paz negativa y la cultura de paz. A continuación observemos algunas de estas regulaciones que, bajo la figura de negociaciones y capitulaciones, se suscribieron en Venezuela posterior a este importante momento mediador.

Las negociaciones de paz en el marco de la Batalla de Carabobo de 1821 y la toma patriota de Caracas

El 24 de junio de 1821 se produjo una de las regulaciones violentas definitorias del conflicto por la Independencia de Venezuela. El ejército patriota, compuesto por aproximadamente 6 500 hombres, se enfrentaba al ejército realista de De la Torre, compuesto por entre 4 000 y 5 000 soldados, de los cuales un cincuenta por ciento eran venezolanos. Un planteamiento táctico sorpresivo por parte de Bolívar, la actuación oportuna de las divisiones encabezadas por Páez, Cedeño y Plaza, la acción eficaz del Batallón de Cazadores Británicos, y en general la motivación de los patriotas, dio un triunfo contundente al ejército republicano. Cuanta falta hizo a De la Torre el apoyo del ejército de Pereira que se encontraba en Caracas, y que fue distraído por las acciones del general Bermúdez, con lo cual no pudo llegar a la cita de Carabobo. Cuanta falta hizo también a los realistas una actuación más oportuna y precisa de su cuerpo de caballería. Los realistas perdieron dos oficiales superiores, 120 oficiales subalternos y 2786 soldados de tropa en batalla. Los patriotas tuvieron también cuantiosas pérdidas entre los cuales destacan el general Manuel Cedeño y el coronel Ambrosio Plaza[171].

No hubo capitulación realista en Carabobo, puesto que De la Torre y Morales huyeron rumbo a Puerto Cabello con gran parte de sus tropas. Sin embargo, el ejército patriota tomó prisioneros realistas. Por primera vez se demostraría si existía voluntad en la práctica de cumplir con lo pactado y suscrito en Trujillo en cuanto a regularización de la guerra. Es así que el 6 de julio de 1821, el general Miguel de la Torre escribe en carta dirigida a Bolívar lo siguiente: «Ha llegado a mí noticia que por V.E. han sido tratados con toda consideración los individuos del ejército de mi mando que han tenido la desgracia de ser prisioneros de guerra. Doy a V.E. las debidas gracias por este rasgo de humanidad»[172]. A lo que responde Bolívar, en carta del día 10 de julio de 1821: «Me es extraordinariamente agradable que V.E. sepa el modo con que hemos tratado a los rendidos en Carabobo. Me extiendo a añadir a V.E. que esta misma conducta se ha tenido en todas partes desde el rompimiento de las hostilidades, y es de desear que ninguna causa dolorosa nos obligue a cambiar de conducta»[173].

Previamente, un caso simbólico favorecido por la regularización de la guerra fue el del coronel realista José Pereira quien, luego de haberse impuesto en Caracas a Bermúdez, se vio aislado

---

171 Bencomo Barrios, Héctor. «Batalla de Carabobo». *Diccionario de Historia de Venezuela*. Caracas: Fundación Polar. Tomo I. Exlibris Impresiones, 1997, pp. 662-663.

172 Carta de Miguel de la Torre a Simón Bolívar, del 6 de julio de 1821 citada por De Armas Chitty, José Antonio. *op. cit.*, p. 92.

173 Carta de Simón Bolívar a Miguel de la Torre, del 10 de julio de 1821, en Lecuna, Vicente (Compilador). *op. cit.*, p. 575.

al enterarse de la derrota en Carabobo. Bolívar, quien había llegado a la capital, le propone una capitulación apegada al Tratado de Regularización de la Guerra. Pereira capitula ante el general Diego Ibarra y entrega la división bajo su comando a los patriotas. Cuando Bolívar entra en la ciudad, lo hace de manera pacífica y decide otorgar una capitulación generosa en el marco de una actitud moderada, distinta a la de la Guerra a Muerte. Ante el abandono de la ciudad por parte de algunos habitantes, Bolívar tuvo que lanzar varios bandos para tranquilizar a la población, asegurándole que no venía como conquistador sino en representación de una nueva política, y esta era la de tolerancia y comprensión[174]. En septiembre de 1821, Bolívar saldrá de Venezuela en campaña militar hacia el sur del continente y no regresará sino hasta finales del año 1826, una vez finalizada la emancipación de esas naciones.

La victoria en Carabobo, no consolida la independencia ni el fin del poderío realista en Venezuela, pero sí lleva las regulaciones violentas a dos frentes: el terrestre y el naval. Durante el resto de 1821 y de gran parte de 1822, los realistas intentarán una nueva estrategia de penetración por la costa: defenderán Puerto Cabello, iniciarán campañas por el litoral central, pero finalmente se centrarán en las costas occidentales de Venezuela, principalmente Coro y Maracaibo, cuyas poblaciones se habían mantenido siempre muy reacias al proyecto republicano e independentista.

Las negociaciones de paz en 1822 y en la batalla del Lago de Maracaibo de 1823

Después de la derrota en Carabobo y la pérdida de la ciudad de Cumaná en octubre de 1821, Puerto Cabello se mantenía como el último bastión de importancia de los realistas. La bandera del rey había ondeado en esa ciudad de manera ininterrumpida desde

---

174 Carrera Damas, Germán. *Una nación llamada Venezuela*. Caracas: Monte Ávila Editores Latinoamericana, 1997, pp. 68-69.

1812, siendo el principal centro de abastecimiento y de comunicación con el exterior. Ya Bolívar había ordenado en septiembre de 1821 un cerco naval a Puerto Cabello, para impedir los suministros y el apoyo que recibe por mar la causa realista. No obstante, no sería sino hasta el 20 de febrero de 1822 cuando, a partir de un decreto del general Carlos Soublette, se haría efectivo un bloqueo vía marítima a Puerto Cabello, pero sin resultados concretos.

Aunque la balanza de poder se había inclinado a favor de los patriotas, los realistas contaban aún con una fuerza militar importante en Venezuela. Es así que el general De la Torre decide emprender una expedición para recuperar y reforzar posiciones en el occidente venezolano, retomando la ciudad de Coro en diciembre de 1821. Prosigue De la Torre, sitia La Vela –que se encuentra fortificada– y el 9 de enero de 1822, el coronel patriota Juan Gómez debe capitular ante el asedio realista. Dicha capitulación estuvo apegada también a los preceptos del Tratado de Regularización de la Guerra. A principios de 1822, la provincia de Coro y la costa oriental del Lago de Maracaibo, desde los Puertos de Altagracia hasta Misva, ya se encontraban en poder de los realistas. No obstante, la ciudad de Maracaibo estaba en manos de los patriotas. De la Torre regresa a reforzar la plaza de Puerto Cabello. Se iniciaba entonces una ofensiva realista contra Maracaibo liderada por Morales, quien decide retomarla desde Coro pero inicialmente sin éxito.

Morales es llamado por el general De la Torre para regresar a Puerto Cabello[175]. Allí recibirá una noticia que quizá venía esperando desde hacía muchos años. Miguel de la Torre y Pando, quien ya venía gestionando su cambio desde 1821, recibe su traslado a Puerto Rico para ejercer funciones como gobernador y capitán general de la isla, tal y como consta en *Correspondencia de la Corte,* de fecha 26 de abril de 1822. Es así que, a su llegada a Puerto Cabello en agosto de ese mismo año, el canario Francisco Tomás

---

175 Jiménez, Hadelis. *La Batalla del Lago de Maracaibo.* Caracas: Marvin Klaine Editor, 2002. p. 25.

Morales recibe directamente de manos de De la Torre el mando de las tropas realistas en Venezuela, convirtiéndose en la más alta autoridad militar y política de la Capitanía.

Los patriotas sabían la importancia de tomar Puerto Cabello. Al tiempo que se ejecutaba con ciertas limitaciones el bloqueo sobre las costas de esa ciudad, el general Páez, quien había sido designado por Bolívar como máxima autoridad del ejército en Venezuela, acosaba por tierra al bastión de mayor peso estratégico de los realistas. Así, el 17 de mayo de 1822 se produce el primer gran golpe sobre esta ciudad. El capitán realista Raimundo Cabo Montero, quien se encontraba al frente de las tropas que custodiaban el Fuerte Mirador de Solano de Puerto Cabello, se ve obligado a capitular ante el asedio presentado por Páez. Esta rendición se apegó a los principios del Tratado de Regularización de la Guerra, permitiendo a los patriotas hacerse de una fortaleza que, por estar ubicada en una colina, sirvió de vigía a la ahora ciudad sitiada.

En agosto de 1822, Morales deja Puerto Cabello en custodia y zarpa hacia Maracaibo con 14 buques y 1200 hombres a su mando, para ejecutar la toma de la ciudad. Evadiendo el bloqueo patriota, inicia su campaña al occidente de Venezuela, que finaliza con la retoma de esta ciudad el 9 de septiembre de ese mismo año. En poco tiempo se había apoderado de todo el Zulia. En esas lides, ciertos cabecillas realistas, incluyendo al propio Morales, revivieron algunas acciones crueles que habían sido sepultadas por la regulación de la guerra. Sin embargo, la determinación y concienciación de la mayoría de los líderes realistas y patriotas, hizo que estas se convirtieran en acciones aisladas.

Después de diversos combates que se habían producido desde principios de 1823 en el Lago de Maracaibo y sus adyacencias, el 24 de julio la escuadra realista y la patriota se enfrentan en la mayor batalla naval del conflicto por la independencia: la batalla Naval del Lago. A pesar de la superioridad en barcos, hombres y experiencia de los realistas, los patriotas —encabezados por José Prudencio Padilla– batieron a la escuadra real. Después de la contundente victoria de esta batalla, que se extendió hasta la madrugada del 25 de julio, varios barcos realistas fueron perseguidos. El general español Ángel Laborde Navarro logró regresar a Maracaibo, huir hacia el cuartel San Carlos y de ahí embarcarse secretamente hacia Puerto Cabello, sin ser advertido por las tropas republicanas. No obstante, el 26 de julio de 1823, el contralmirante patriota José Prudencio Padilla le dirige al general Laborde, segundo jefe de las Fuerzas Navales destinadas a obrar en Costa Firme, un oficio como autoridad militar del gobierno colombiano y, tal como lo establece el texto introductorio del Tratado de Regularización de la Guerra, le asegura a Laborde un trato acorde a la práctica de las naciones cultas, comprometiéndose a no tomar prisioneros y a facilitar todos los medios para que pueda abandonar la plaza con rumbo a otro destino en poder realista. Sin embargo, quien responde es el propio Morales ante la ausencia de Laborde. Al verse sin una alternativa viable de éxito y bajo un bloqueo naval en el Lago de Maracaibo, el mariscal de campo Morales capitula el día 3 de agosto de 1823.

Esta capitulación de 18 artículos es aprobada, sancionada y ratificada por el general Manuel Manrique y el contralmirante José Prudencio Padilla, como representantes de la República de Colombia, el día 4 de agosto de ese mismo año. En sus artículos se observa que el trato hacia el ejército vencido va mucho más allá incluso de lo que plantea el Tratado de Regularización de la Guerra. Si bien en el Tratado se ofrece un trato humanitario al prisionero hasta el momento de su canje, en este caso se ofrecen tres posibilidades a los soldados realistas que ocupan las plazas antes mencionadas, con las garantías del caso: a) pasar a formar parte de las filas patriotas, b) dejar de utilizar las armas en el conflicto y regresar a sus casas y c) zarpar hacia la isla de Cuba bajo custodia naval si deciden seguir las banderas realistas[176]. No obstante, en

---

176 *Ibídem*, p. 74-75.

esta oportunidad el ejército colombiano suministra incluso todos los medios para el traslado a la isla caribeña. Asimismo, se garantiza la custodia y el traslado de las propiedades de los realistas tanto del ámbito político como militar. Desde el punto de vista humanitario, las garantías dadas a los capitulantes fueron muestras significativas de regulaciones pacíficas. Los vencedores aplican el canje de prisioneros y facilitan opciones para una rendición más honrosa. Pudiendo expropiar todas aquellas pertenencias de los realistas en nombre de la República, optan por resguardar y garantizar a sus dueños, a excepción de las propiedades no transportables, su traslado a puerto español. Igualmente, y de acuerdo al Tratado de Regularización de la Guerra, las familias de los vencidos podían acompañarlos.

Asimismo, resalta el trato humanitario dado a la población civil de Maracaibo. Destaca poderosamente la frase «… dándose todo a un olvido absoluto» en lo que se refiere a las opiniones y acciones asumidas por la población durante la ocupación del jefe realista. Por otra parte, la capitulación contiene una prerrogativa muy importante, que da no solo una amnistía sino que permite la inclusión de todos a la nueva vida republicana. Dos de sus artículos se refieren al proceso de materialización del canje de prisioneros. Finalmente, ambas partes acuerdan dar el beneficio al vencido, en caso de que surgiesen dudas sobre la interpretación de alguno de los preceptos de la capitulación, demostrando así la voluntad de ambas partes para que se cumpla en buen término el traslado de los soldados españoles y realistas en general a puerto seguro[177].

Con esta rendición se sentencia casi definitivamente el fin de un conflicto político cuyas regulaciones violentas fueron de las más horrorosas del continente americano. Lo que vendría luego serían intentos de penetración y lucha guerrillera por parte de algunos realistas en Venezuela.

---

177 Capitulación del 4 de agosto de 1823, citada por Jiménez, Hadelis. *op. cit.,* p. 76.

Las negociaciones de paz en el marco de la Toma de Puerto Cabello

Ya desde el mes de mayo de 1822, la ciudad de Puerto Cabello se encontraba sitiada por tierra por el general José Antonio Páez, y por mar, por un incipiente bloqueo naval. Sin embargo, con la destrucción de la flota realista en la batalla naval del Lago de Maracaibo, el 24 de julio de 1823, y la posterior salida de los últimos barcos con rumbo a la isla de Cuba, la situación de este bando en la ciudad de Puerto Cabello se hizo muy crítica. En noviembre de 1823 el general Páez, enterado ya de la rendición en Maracaibo de Morales, intensificó el acoso sobre las posiciones militares de Puerto Cabello. La noche del 7 de noviembre puso en marcha una acción militar conjunta, ordenando penetrar la ciudad por la zona de los manglares, tomar las baterías realistas Princesa, Constitución, Corito y Príncipe, asaltar el muelle y ocupar la puerta de La Estacada. El objetivo militar fue alcanzado, la ciudad de Puerto Cabello fue tomada. Las pérdidas humanas fueron de algunos cientos, entre patriotas y realistas. Sin embargo, se desconocía el paradero de Sebastián de la Calzada, comandante de la ciudad y segunda autoridad militar realista en Venezuela, después de Morales[178].

Al amanecer del 8 de noviembre de 1823 se presentaron ante Páez dos sacerdotes que, sirviendo de intermediarios, le llevaron el mensaje del general De la Calzada, quien se encontraba escondido en la iglesia y deseaba rendirse personalmente ante el general patriota. El coronel Manuel de Carrera y Colina, en un acto de insubordinación, desconoció la orden y la autoridad de su superior De la Calzada para rendir la fortaleza. Ante esta situación, Páez entregó nuevamente la espada a De la Calzada para que volviera al Castillo a fin de poner orden a su subordinado. Una vez en la fortaleza, hizo reconocer su autoridad e invitó a almorzar a

---

178 Páez, José Antonio. *op. cit.,* pp. 223-224.

José Antonio Páez. Regresado a la plaza, Páez inició negociaciones que se concretarían con una «generosa» capitulación –como el mismo Páez la definió–, basada en el Tratado de Regularización de la Guerra[179]. De dicha capitulación destaca el artículo en el cual Carrera y Colina solicita se mantengan las pensiones para las familias de los soldados realistas muertos y las ayudas a los discapacitados mientras se transportan a puerto español, a lo cual Páez responde que el compromiso de la república comprendía solo el traslado y el suministro de víveres.

Por otra parte, si bien no hay una garantía total por parte de Páez como representante del gobierno colombiano, existía la intención de proteger al máximo la individualidad de la persona y los bienes de los individuos que se quedaran en el territorio venezolano después de finalizado el conflicto. Incluso, se solicita sean atendidos los reclamos que realicen los emigrados de Colombia y que quieran venir personalmente a atenderlos, a lo cual Páez responde que deberán gestionar su solicitud ante el gobierno de la nueva república.

Así caía Puerto Cabello, el baluarte realista más importante durante el conflicto de la independencia de Venezuela. El 15 de noviembre de 1823, la última guarnición realista existente en nuestro territorio se embarcó rumbo a puerto español. Con esta salida, la victoria patriota en Venezuela se había sellado. En palabras de Rafael María Baralt, citado por Páez en su autobiografía «Aquí concluye la guerra de independencia. En adelante, no se emplearán las armas de la república, sino contra guerrillas de forajidos que la tenacidad peninsular armó y alimentó por algún tiempo»[180]. Y efectivamente, a partir de aquí no se verían más las grandes batallas internacionales entre patriotas y realistas en Venezuela.

---

179 Capitulación de la plaza de Puerto Cabello y Castillo de San Felipe, del 10 de noviembre de 1823, citada por Páez, José Antonio. *op. cit.,* p. 226.
180 Rafael María Baralt, citado por Páez, José Antonio. *op. cit.,* p. 226.

Repercusiones del Tratado de Regularización en la Campaña del Sur

El Tratado de Regularización de la Guerra tuvo consecuencias cruciales en la suscripción de las capitulaciones más importantes en el conflicto entre patriotas y realistas en el sur del continente americano. Después de la batalla de Carabobo, Bolívar emprendió la Campaña del Sur con el objetivo de dominar Pasto y conquistar Quito. Para lograrlo, dividió las tropas enviando a Sucre al Ecuador, mientras él mismo dirigió las tropas desde Popayán hasta Pasto. Antes de entrar al territorio de Pasto, Bolívar lanza una proclama en la que indica a los españoles que España está dividida y que la continuación de la guerra no tiene sentido, por lo que les ofrece la paz y la posibilidad de dejar el país o quedarse en Colombia. A los pastusos le asegura el buen trato, el respeto a sus propiedades y ningún tipo de castigo o venganza por su posición hasta la fecha[181].

Una vez apostadas las tropas en el lugar, se inició la batalla de Bomboná, el 7 de abril de 1822. Después de un enfrentamiento que dejó más bajas patriotas que realistas, las tropas realistas decidieron retirarse en horas de la noche al sitio llamado La Guaca. Ante la imposibilidad de atacar con éxito en un terreno que no le era favorable, las tropas patriotas se retiraron definitivamente al poblado de El Trapiche, dejando a su espalda casi 300 heridos que, en el marco de la regulación de la guerra, fueron atendidos por los realistas y a medida que se recuperaban tenían libertad de regresar o no a su ejército.

En el ínterin, el 24 de mayo de 1822 el general Antonio José de Sucre comandó las tropas republicanas del ejército colombiano en el enfrentamiento que se produjo con el ejército realista en territorio ecuatoriano. La batalla de Pichincha sería definitiva para

---

181 Lecuna, Vicente, *op. cit.,* pp. 2667-2668.

la consolidación de la independencia del Ecuador. A pesar de que las tropas realistas se atrincheraron en el Fortín del Panecillo, ya su lucha estaba perdida. El mariscal de campo del ejército español y capitán general de las tropas realistas, general Melchor Aymerich, efectuó una proposición de capitulación que fue aceptada por Sucre. Nuevamente, esta capitulación se apegó al Tratado de Regularización de la Guerra que el propio Sucre había redactado en 1820. En uno de sus artículos señala que «… las tropas españolas saldrán de dicha fortaleza con los honores de la guerra, y en el sitio y hora que determine el señor General Sucre entregarán sus armas, banderas y municiones […] Los señores oficiales conservarán sus espadas, caballos y equipajes»[182].

Por otra parte, tomando en cuenta que los días previos al enfrentamiento varios representantes del clero ecuatoriano habían defendido con firmeza su subordinación a la Corona española, Sucre organiza la realización de un *Te Deum* en la Catedral de Quito en el cual el padre mercedario José Bravo reconocerá la magnificencia de la capitulación alcanzada posterior al enfrentamiento, por el trato humanitario dado al vencido. Tanto Aymerich como el resto de prisioneros realistas fueron trasladados a Guayaquil por el coronel patriota Juan Illingrot, quien se encargó de cumplir también con el artículo 8° de la mencionada capitulación que señala: «El señor general Aymerich queda en libertad de marchar cuando y por donde quiera con su familia, para lo cual será atendido con todas las consideraciones debidas a su clase, representación y comportamiento»[183]. Con esta capitulación, que sella la independencia de Ecuador, se da paso a la incorporación de la Antigua Provincia de Quito a la república de Colombia. Con esta victoria, el ejército patriota reorganiza una nueva ofensiva hacia Pasto.

---

182 Capitulación de la Batalla de Pichincha, del 24 de mayo de 1822. Citada por Castellanos, Rafael Ramón. *La dimensión internacional del Gran Mariscal de Ayacucho*. Cumaná: Ediciones de la Gobernación del estado Sucre, 1998, p. 129.
183 *Ibídem,* p. 131.

Una vez que se conoce la derrota realista en Pichincha, el comandante Basilio García capitula ante Bolívar el 8 de junio al entrar el ejército colombiano a Pasto. Sin embargo, uno de los oficiales, Benito Boves, huye con gran parte de la población hacia las montañas. En una proclama dirigida a las tropas del rey de España y a los habitantes de Pasto, fechada el 5 de julio de 1822, Bolívar ofrece la paz a los pastusos en el marco de la regularización de la guerra, llama a los emigrados a regresar con sus familias y a no temer persecución, e insta a los soldados españoles a escoger entre dos patrias: Colombia o España y advierte que si la opción es la segunda, tendrán el derecho de llevar sus cenizas al sepulcro de sus padres[184].

Hallándose Bolívar y Sucre en Quito, los pastusos se rebelan bajo la dirección de Boves. Bolívar envía a Sucre a sofocar la insurrección pero los rebeldes lo derrotan el 24 de noviembre de 1822 en la Primera Batalla de La Cuchilla del Taindalá. Sucre se retira perseguido por Boves, pero luego de reorganizarse Sucre se vuelve y derrota a los pastusos en la Segunda Batalla de La Cuchilla del Taindalá y en la Quebrada de Yacuanquer. Boves se retira de vuelta a Pasto, y prepara sus defensas para resistir hasta el final. En la noche del 24 de diciembre de 1822, previo al día de navidad, Sucre toma por asalto la ciudad, aprovechando la aparente calma de navidad. Los habitantes de Pasto no se encuentran preparados para dicho combate, y de forma despiadada el Batallón Rifles comete todo tipo de excesos, asesinando a más de cuatrocientos civiles, entre mujeres, ancianos y niños, y recluta por la fuerza a mil trescientos hombres. Además, se dio la orden de ejecutar secretamente a catorce ilustres personajes de la ciudad, siendo capturados, atados por la espalda y arrojados por un precipicio al río Guáitara, siendo este uno de los episodios más oscuros y menos conocidos en los conflictos de independencia colombiana y de la

---

184 Lecuna, Vicente, *op. cit.*, p. 2668.

trayectoria de Sucre[185]. Los pastusos realistas se rebelarían nueva-mente en 1823 y 1824, cuando finalmente serían derrotados. Más allá de las razones de estas acciones violentas, el accionar de Sucre es un nuevo ejemplo de que la paz y la violencia es un asunto de potenciación de capacidades. Sucre, quien había sido no solo el redactor del Tratado de Regularización de la Guerra, sino quien lo había aplicado y velado posterior a diversas batallas, ahora lo vio-laba flagrantemente.

Por su parte, el 9 de diciembre de 1824 se produce la victoria que consolida la independencia del Perú en el campo de Ayacucho. La acción armada, que tendrá una duración de aproximadamente cuatro horas, inhabilita definitivamente al más fuerte bastión rea-lista que quedaba en el sur de América. Ese mismo día, el teniente general de los Reales Ejércitos de Su Majestad Católica, José Cer-tenac –quien había sido encargado del mando superior por haber sido herido en batalla el virrey José de La Serna– propone y acuer-da una capitulación con el general Antonio José de Sucre, coman-dante en jefe del Ejército Unido Libertador del Perú. Antes de la firma del documento se produce un hecho digno de ser recordado.

En el marco de los valores humanitarios consagrados en el Tratado de Regularización de la Guerra, el general Sucre decide visitar al virrey, quien se encontraba malherido en una construc-ción improvisada que servía de hospital. Según el testimonio del coronel Manuel Antonio López, testigo del encuentro, ambos se saludaron y ante la situación que apremiaba al virrey, Sucre ofre-ció llevarlo a un lugar menos incómodo para que fuera atendido de una mejor manera. Esto se materializó y el virrey fue traslada-do. La capitulación de Ayacucho se mantendrá en el marco del articulado de las capitulaciones precedentes en cuanto a los valo-res humanitarios que realistas y patriotas habían logrado consagrar en Venezuela y Ecuador.

---

185 Bastidas Urresty, Édgar. *Las guerras de Pasto*. Bogotá: Colección Bicentenarios de América Latina. Fundación para la Investigación y la Cultura- FICA. 2010, pp. 167-168.

Limitándonos a los nuevos preceptos que establece esta capitulación podemos señalar lo siguiente: en concordancia con lo establecido en la capitulación de la batalla del Lago de Maracaibo en Venezuela, en la capitulación de Ayacucho se establece que, además del transporte a los individuos del ejército español para regresar al país, el Estado del Perú garantizará al menos el pago de la mitad del sueldo de los soldados vencidos mientras permanezcan en territorio peruano[186]. Esto representaba, sin lugar a dudas, un gran avance en comparación con los documentos suscritos con anterioridad. Asimismo, se establece la protección de los bienes y propiedades de los españoles que se hallaren, para el momento de la suscripción de la capitulación, fuera del territorio peruano, de los cuales serían libres de disponer en el término de tres años. A diferencia de la capitulación de la Toma de Puerto Cabello, suscrita por Páez, en este caso Sucre no hace ningún tipo de limitaciones de carácter legal o estatal a la disposición de los bienes por parte de los propietarios.

La capitulación de Ayacucho tendrá efectos en lo sucesivo. El 22 de enero de 1826, servirá de modelo a la capitulación del último bastión realista que aún quedaba en Suramérica. Ese día se suscribe la capitulación de El Callao, en la que los soldados al mando del brigadier general José Ramón Rodil se rinden. Este documento será hecho a semejanza del suscrito en Ayacucho, con basamentos en los Tratados de Armisticio y Regularización de la Guerra[187].

Luego de la victoria patriota en Ayacucho, Sucre y su ejército avanzan hacia las municipalidades de La Paz, Cochabamba, Chuquisaca y Potosí (conocidas como el Alto Perú) con el objetivo

---

186 Castellanos, Rafael Ramón. *op. cit.,* pp. 181-182.
187 Alfaro Pareja, Francisco. «El génesis del Derecho Internacional Humanitario: el Tratado de Regularización de la Guerra y su incidencia en el surgimiento del Derecho Internacional Humanitario». *Revista Española de Derecho Militar,* nros. 95-96. Madrid: Escuela Militar de Estudios Jurídicos, Ministerio de la Defensa de España, 2010, pp. 135-138.

de consolidar la independencia de estas regiones mediante una negociación pacífica con la autoridad realista. El mariscal de Campo, Pedro Antonio Olañeta, máxima autoridad militar de la Corona española en la zona y quien comandaba un ejército de cinco mil hombres aproximadamente, se había pronunciado a favor de la independencia de estas municipalidades pero posteriormente se retractó. Ante una propuesta negociada de Sucre, anuncia que no está entre sus atribuciones negociar este tipo de acuerdos y rechaza la entrega de la zona bajo su comando. El enviado de Sucre, el coronel Antonio Elizalde, logra concretar solo un armisticio con Olañeta, pero al final este documento no es ratificado por Sucre, el cual ordena el avance de diez mil soldados al encuentro con los realistas. En carta del 26 de enero de 1825 dirigida al mariscal Olañeta, agota sus últimos recursos en función de una salida pacífica al conflicto, informándole acerca del pronunciamiento de Cochabamba a favor de la independencia y le ofrece su incorporación al ejército republicano «Ofrezco a v.S. otra vez la paz y reitero las promesas que antes le he hecho a favor suyo y de sus tropas»[188]. Al no obtener respuesta, Sucre continúa el avance y el 9 de febrero arriba a la ciudad donde se encontraba Olañeta. Pero pocos días antes el mariscal realista había abandonado la ciudad. Sucre decretó ese mismo día que dichas provincias quedaban bajo la soberanía de la máxima autoridad del Ejército Libertador, hasta que una Asamblea de Diputados local determinase si deseaba mantenerse dependiente de alguno de los nuevos Estados o ser independiente. Esta decisión de Sucre, de convocar a una Asamblea de Diputados, al principio es rechazada duramente por Bolívar. Pero posteriormente, y luego de una amplia disertación y discusión entre ambos, Bolívar avala el polémico decreto de lo que será la futura Bolivia.

El reconocimiento de Bolivia implicará un proceso de varios meses de negociación con los otros nuevos estados suramericanos,

---

188 Carta de Antonio José de Sucre a Pedro Antonio Olañeta, del 26 de enero de 1825, citada por Castellanos, Rafael Ramón. *op. cit.,* p. 212.

e incluso un *impasse* con el Imperio de Brasil que anexionó temporalmente a su territorio la municipalidad de Chiquitos. Pero al final, y luego de una labor diplomática pacífica y contundente, obtendrá su categoría de Estado independiente. La capitulación de Ayacucho servirá de modelo a la capitulación del último bastión realista que aún quedaba en Suramérica. El 22 de enero de 1826 se suscribe la capitulación de El Callao en la cual los soldados al mando del brigadier general José Ramón Rodil se rinden. Este documento será hecho a imagen y semejanza del suscrito en Ayacucho, con basamentos en los Tratados de Armisticio y Regularización de la Guerra.

Los preceptos que se habían aprobado en 1820 con la firma de los Tratados de Trujillo para el entendimiento y la regulación de la guerra, se aplicaron en la mayor parte de los casos, a pesar de algunas conductas radicales aisladas que surgieron en la última fase del conflicto. Fue sin lugar a dudas la más importante «mediación» para la reconfiguración del conflicto. Venezuela, así como Ecuador, Perú y la naciente Bolivia, habían transitado con éxito el primer tramo del camino hacia la reconciliación.

La desmovilización, el desarme y la inclusión de los realistas en la vida nacional (1824-1831)

Para 1824, a pesar de que el foco principal de la regulación violenta del conflicto entre patriotas y realistas –eso sí, bajo los parámetros de la guerra regulada– se traslada al sur del continente americano, pequeñas regulaciones violentas se mantendrán en Venezuela. Son grupos de venezolanos realistas que, al quedar desarticulados, comenzaron a operar más al estilo guerrillero y de vandalismo que de campaña militar. Otros irán poco a poco incorporándose a la vida nacional, tanto a la vida civil como a la vida militar. Un progresivo proceso de desmovilización, desarme e inclusión se va desarrollando. Ante la imposibilidad de analizar un gran número de casos, que ameritarían un estudio más extenso y profundo, hay al menos cinco casos de realistas notables que son dignos de ser resaltados: uno de ellos, indígena defensor de la causa del rey; otro español, dos veces amnistiado; otro, un militar venezolano criollo que hizo una labor importante por la educación en los primeros años de la república; la hermana mayor de el Libertador, Simón Bolívar, y, finalmente, uno de los más importantes y últimos nobles caraqueños.

La capitulación de Dionisio Cisneros y de José Arizábalo y Orobio

Después de la batalla de Carabobo, muchos fueron los soldados realistas que quedaron realengos o dispersos en el centro del país. Uno de ellos era José Dionisio Cisneros –más conocido por su segundo nombre–, quien en 1821 era un soldado común que servía en la llamada «Columna del Sur», cuerpo de la división comandada por el coronel José Pereira que ocupaba la capital, Caracas. Cisneros, indígena venerador de la figura del rey Fernando VII y de un catolicismo sincrético, lideraba bandas armadas a favor de la causa real, aterrorizando con el pillaje, el asesinato, el reclutamiento forzado y el saqueo a los hacendados del Tuy, Santa Lucía, Baruta y Petare[189].

Si bien las acciones del grupo de Cisneros no pasaban más allá de ser agresiones bandoleras, Páez, haciendo uso de las facultades que le confería el «Estado de Asamblea» o de Ley Marcial, indultó a los seguidores de Cisneros, siempre y cuando se presentaran a las autoridades republicanas en el lapso de un mes[190]. No obstante, la reacción realista, última regulación violenta del conflicto de

---

189 Palacios Herrera, Oscar. *Dionisio Cisneros, el último realista*. Colección Fuentes para la Historia Republicana de Venezuela. Tomo 45. Caracas: Academia Nacional de la Historia, Italgráfica S.R.L, 1989, pp. 12 y 95.
190 Páez, José Antonio. *op. cit.*, p. 107.

la Independencia de Venezuela, vería su mayor esplendor y coordinación con la llegada de un oficial español a sus costas: José Arizábalo y Orobio.

Con la excusa de ser «prófugo» de la España absolutista, Arizábalo y Orobio arribó al puerto de la ciudad de La Guaira en 1826 y pidió refugio en Venezuela. Este militar, que estuvo bajo el mando de Tomás Morales en la Batalla de Maracaibo, tuvo que zarpar rumbo a Cuba producto de la capitulación realista del 4 de agosto de 1823, bajo el juramento de no volver a levantar las armas contra la República de Colombia. El propio Bolívar entregó a Arizábalo el ofrecimiento de un puesto en el ejército republicano a principios de 1827. Sin embargo, no aceptó el ofrecimiento y decidió insertarse en la vida civil. Meses más tarde abandona Caracas, se interna en la cadena del interior de la Cordillera de la Costa. Allí, en tránsito por los pueblos de Villa de Cura, Parapara, San Sebastián y Ortiz, da un giro inesperado y comienza a lanzar proclamas, escribe cartas a diversos oficiales, prodiga grados militares en nombre del rey de España y se relaciona con los guerrilleros más denotados[191]. Había comenzado una incipiente reacción realista.

Ese mismo año, los grupos guerrilleros al mando de José Arizábalo y Orobio, por una parte y, por otra, al mando de Dionisio Cisneros y otros realistas, recrudecerían sus incursiones violentas contra la población civil y contra el ejército patriota, ahora también llamado republicano. Se sustituyen las negociaciones de paz por la pacificación a la fuerza. Podríamos decir que en esta fase decae un poco el momento de potenciación de la paz imperfecta y la violencia directa se repotencia levemente, pero nunca a los niveles anteriores a 1823. Simón Bolívar ordenaría, en el mes de mayo de 1827, la creación de una Columna de Operaciones compuesta por 806 efectivos militares para hacerle frente a Cisneros. El 5

---

191 Bencomo Barrios, Héctor. «José Antonio Arizábalo y Orobio». *Diccionario de Historia de Venezuela*. Caracas: Fundación Polar, Exilibris Impresiones, Tomo I, 1997, p. 225.

de julio de ese mismo año parte Bolívar rumbo a Bogotá, donde lo esperaba una crisis que amenazaba con dividir Colombia e iniciar un conflicto violento entre las nacientes repúblicas. Bolívar no regresará con vida a Venezuela.

Por su parte, Arizábalo y Orobio le escribe a Dionisio Cisneros a fin de unir fuerzas, evitar el diálogo con los patriotas y emprender acciones bélicas solo contra las fuerzas militares y no contra la población civil, señalando que se preparaba una insurrección realista dirigida y apoyada desde Puerto Rico. El día 11 de septiembre de 1827, José Arizábalo y Orobio, quien había recibido el grado de coronel y el título de «jefe de las Armas de Su Majestad en Venezuela», organizó sus fuerzas en un batallón de infantería compuesto por 900 hombres y por un escuadrón de caballería integrado por 400 hombres, de los cuales solo 80 iban montados. Sin embargo, Cisneros no aceptaba más autoridad que la suya, decía seguir el ejemplo del antiguo caudillo realista José Tomás Boves y no aceptaba la orden de evitar el saqueo a poblaciones civiles[192].

Así, iniciaron acciones sobre Güire y sus zonas aledañas. Igualmente, Cisneros atacaron las poblaciones de Baruta y Petare, muy cercanas a la capital. No obstante, el gobierno republicano, ante esta creciente amenaza realista, ordenó una importante ofensiva hacia la zona de los Valles del Tuy, donde la represión fue brutal y la población civil afectada. El 25 de diciembre de 1827, luego de una importante derrota realista en la que se esperaba el apoyo de Cisneros, el coronel Arizábalo declaró a Dionisio Cisneros «enemigo del rey» y lo destituyó de su cargo como «segundo jefe de las Fuerzas de su Majestad en Venezuela», nombrando como sustituto a Juan Celestino Centeno.

El 11 de enero de 1828 se hizo presente la tan esperada flotilla de barcos españoles, compuesta por una fragata de 64 cañones, un bergantín de 50 y otro bergantín de 20, los cuales aparecieron

---

192 Palacios Herrera, Oscar. *op. cit.,* pp. 148-168.

ante el puerto de La Guaira y se mantuvieron allí durante nueve días, hasta que el día 20 de enero partieron hacia Barlovento. Ante la falta de comunicación con Arizábalo y Orobio, partieron de regreso a su lugar de origen. A partir de este momento comenzó el ocaso de la reacción realista. Arizábalo y los otros cabecillas realistas se retiraron a sus posiciones originales en el interior de las montañas, fundando una serie de pequeños caseríos y fundos. Pero el asedio republicano era cada vez más asfixiante. Para ilustrar la situación de estas guerrillas, el historiador Straka señala que Arizábalo «... parece más un profeta conduciendo por las montañas del Tuy y Guatopo a una califa de desarrapados [...] Un día caen en una hacienda y se comen una vaca. Otro día roban aguardiente, le echan pólvora, ¡la poca que hay!, se emborrachan y caen en una casa. Se comen lo que hay. Hay quienes sienten que es mejor andar en eso que metido en un conuco sin perspectivas»[193].

Finalmente, y luego de dos años de penurias, sufrimientos, muertes, espera y esfuerzos vanos, el 12 de junio de 1829 José Arizábalo y Orobio propuso al general Lorenzo Bustillos una entrevista para evitar más derramamiento de sangre. Ya no habría más apoyos desde las colonias de Cuba o Puerto Rico; el respaldo de la Santa Alianza solo ha bastado para restituir a Fernando VII en el trono de España. Es el fin del sueño de Arizábalo. Sin embargo, Venezuela es la tierra de lo posible.

A partir de aquí es interesante destacar el trato que recibe el militar realista por parte de los republicanos. El teniente de navío José María Machado, encargado de la Comandancia en ausencia temporal del general patriota Bustillos, le ofrece su amistad y reconocimiento, le envía ropa y alimentos y lo invita a descansar en la hacienda de un hermano mientras llega la respuesta con la decisión que ha de adoptar Páez. Arizábalo, sin más opción, acepta. En sus memorias relatará que «Todos en brazos me habían ayudado a

---

193 Straka, Tomas. «El Rey no quiere a los blancos». *El Desafío de la Historia*, Año 1, Número 2, Caracas: Grupo Editorial Macpecri. 2009, p. 27.

echar pie a tierra [...] el uno me presentaba al barbero y peluquero; el otro con sus manos lavaba mis pies; el otro rasgaba mis miserables andrajos y cubría mis carnes decentemente»[194].

Después de unas horas de descanso, republicanos y realistas se sentaban a tomar el café, los anfitriones brindaron por Bolívar y por Páez. Arizábalo, fiel a su monarca, dijo que solo podía brindar por el rey Fernando VII, y así lo hizo. Para su sorpresa, todos contestaron con un «viva». Relata su sensación de la siguiente manera: «Más placer tuve en oír victoriar a Su Majestad por sus propios enemigos que en haber ganado una batalla»[195]. Dos meses habrían de transcurrir hasta el día 18 de agosto de 1829, cuando se suscribió la capitulación de José Arizábalo y Orobio con el general republicano Lorenzo Bustillos, en donde se les garantiza al español y a sus hombres la posibilidad de mantener sus grados en el ejército republicano o trasladarse al país donde esté establecido el gobierno español; olvido y exención de responsabilidad por levantarse contra Colombia; una amnistía por dos meses para todos aquellos que, junto a Cisneros, todavía estuviesen empuñando las armas contra la república[196]. Arizábalo y Orobio zarpó nuevamente desilusionado hacia tierras americanas españolas, pero otra vez amnistiado y con vida. Con unas condiciones así estamos frente a un documento que verdaderamente contribuyó a abonar el camino para el inicio del proceso de paz en esta última etapa de regulaciones violentas del conflicto entre patriotas y realistas. La regularización de la guerra, en el marco del liberalismo político, había comprobado su éxito. Arizábalo había sido dos veces perdonado.

Los historiadores Chust y Frasquet señalan que la década de 1820 marca para los territorios iberoamericanos el proceso de construcción inicial de sus Estados y sus naciones, cada uno con

---

194 Testimonio de Arizábalo y Orobio, citado por Palacios Herrera, Oscar. *op. cit.*, p 183.
195 *Ibídem.*
196 Capitulación de José Arizábalo y Orobio con el general republicano Lorenzo Bustillos, citada por Páez, José Antonio. *op. cit.*, pp. 399-400.

sus particularidades, pero todos ellos con el liberalismo doctrinario de sus actuaciones. De hecho, reconocen la continuidad del liberalismo como espacio mediador en el accionar de patriotas y realistas, a pesar de la violencia en este período, al señalar que «La praxis política liberal y gaditana […] fungió como canal de transmisión entre la monarquía absolutista y las repúblicas liberales»[197].

Para 1830, las acciones vandálicas y violentas pero fugaces y esporádicas llevadas a cabo por un grupo de hombres que acompañaban a Cisneros, era lo único que quedaba del ejército que «defendía» el Antiguo Régimen en Venezuela. Sin embargo, así seguiría sus andanzas, escurridizo, guerrillero, eludiendo toda estrategia de captura en su contra. El propio general Páez empleó el acercamiento progresivo como estrategia, incluso se convirtió en el compadre de Cisneros al bautizar a uno de sus hijos y darle una buena educación, el cual quedó cautivo en una operación armada de la Columna de Operaciones. Este nexo formado por el «compadrazgo», se convertirá en una «mediación» entre Cisneros y Páez para el inicio de conversaciones de paz directas para poner fin a las regulaciones violentas. El 9 de agosto de 1831, sorpresivamente, Cisneros envía un oficio a Páez para buscar regular y resolver el conflicto por vías pacíficas. Cisneros ofrece «… la seguridad de mi quietud» y le expresa que «verdaderamente quisiera hacer las paces y que estuviéramos en tranquilidad»[198].

Finalmente, reconociendo Cisneros el gesto de paz de Páez al adoptar y hacerse cargo de su hijo capturado en una incursión, manifiesta: «tenga miseración para este querido hijo que en sus manos está, mírelo como quien es que se lo agradeceré a S.E., mire S.E. que tiene hijo también»[199]. El general Páez se convence de que

---

197 Chust, Manuel. y Frasquet, Ivana. *Tiempos de Revolución: comprender las independencias iberoamericanas.* Madrid: Colección América Latina en la Historia Contemporánea, número 2, Serie Recorridos, Editorial MAPFRE, 2013, pp. 304-305.
198 Carta de Dionisio Cisneros a José Antonio Páez. *Ibídem*, pp. 201-202.
199 *Ibídem.*

la única forma de resolver este conflicto es mediante un camino distinto a la violencia. En carta al secretario de Estado y del Despacho de Guerra, de fecha 1º de septiembre, manifiesta que «La reducción de Cisneros a la vida civilizada, [...] debiera según mis ideas ser más bien la obra del tiempo que de la violencia»[200].

Finalmente, Páez manifestó su intención de ir a verlo personalmente a los Valles del Tuy para conversar, lo cual se materializaría el 29 de septiembre de 1831. Sin embargo, el general perdería su viaje ya que Cisneros no se presentó a la cita. Pero pocas semanas después, en una carta del realista al coronel Stopford, se disculpaba por su ausencia ya que supuso se le tendería una celada. No obstante, manifestó, esta vez sí, su intención de negociar directamente con Páez. El general, al tener noticias de esta carta, retomó viaje desde la capital inmediatamente y el 17 de noviembre del mismo año, junto a unos pocos oficiales, el presidente de Venezuela se abrirá paso entre el monte para llegar directamente al cantón de Dionisio Cisneros en la montaña. Nuevamente, aquí se observa que cuando existe voluntad política de las partes en conflicto y se genera la confianza necesaria, se puede potenciar la regulación pacífica de un conflicto político.

El 17 de noviembre de 1831, luego de hartos esfuerzos y de años de sugestión, el general Páez finalmente logra rendir a Cisneros no por la fuerza, sino por la persuasión; no por la violencia, sino mediante el diálogo. Dirá como colofón «Así fue vencido con la generosidad y la franqueza el hombre que por el largo espacio de once años no había podido serlo por intrépidos oficiales y numerosas columnas de tropa»[201]. El 22 de noviembre de 1831, se suscribe en el cantón de Lagartijo la capitulación entre el coronel Dionisio Cisneros y el general José Antonio Páez. El documento ofrece la amnistía a Cisneros y sus seguidores partiendo de la

---

200 Carta de José Antonio Páez al Secretario de Estado, citada por Páez, José Antonio. *op. cit.,* pp. 159-160.
201 *Ibídem,* p. 163.

buena fe y del resguardo bajo el marco legal. Asimismo, mantiene el grado militar ahora al servicio del ejército republicano.

Sin lugar a dudas, para Páez la consecución de la paz y de la tranquilidad en Venezuela, posterior a su proceso de emancipación, serían asuntos de vital importancia. Páez perdonó por conveniencia política, por la necesidad de que el Estado venezolano proyectara hacia el exterior que monopolizaba el ejercicio de la violencia frente a cualquiera que osara restituir el Antiguo Régimen. Pero la reinserción de Cisneros no sería exitosa, pues este ni siquiera se arrepintió por las atrocidades que había cometido, e incluso siguió cometiendo crímenes. En el caso de Cisneros, las víctimas se quedaron esperando la justicia contra las atrocidades y abusos que había cometido en las poblaciones aledañas a la capital. Los miembros del gobierno republicano, militares y civiles, aceptaron su inclusión por razón de Estado pero, al no haber siquiera un cambio actitudinal o de arrepentimiento en este, la necesidad de hacer justicia ante la impunidad llegaría tarde o temprano.

A medida que pasaron los años, se hizo obvio que el compromiso de Cisneros no fue para lograr la paz entre realistas y patriotas, sino que fue con su compadre. Su fidelidad hacia Páez y su ausencia de comportamiento institucional y subordinación fueron a la larga su perdición. Finalmente, después de 15 años, la tolerancia se agota en diciembre de 1846, cuando Cisneros incurre en un acto de insubordinación militar grave. Es apresado y, el 8 de enero de 1847, es condenado a muerte por un Consejo de Guerra de la República de Venezuela, bajo los cargos de insubordinación, expoliación y sedición. El 13 de enero es ejecutado. Al respecto dirá Páez «... me vi obligado a entregarle a un consejo de guerra, que le condenó a ser pasado por las armas con unánime aprobación de todos los ciudadanos, que nunca tuvieron mucha fe en la conversión de mi compadre»[202].

---

202 *Ibídem*, p. 164.

El conflicto tardará aún 15 años más en ser resuelto. Páez, militar feroz en la guerra, había demostrado (y seguiría demostrando) también su capacidad para potenciar las paces, ahora con el inicio de un proceso de paz con el gobierno español.

La reinserción de María Antonia Bolívar, Feliciano Montenegro y Colón y el marqués Francisco Rodríguez del Toro

Hubo otros realistas que poco a poco fueron reinsertándose en la vida nacional. Tres de ellos eran ilustres caraqueños, que supieron dejar atrás antiguas convicciones perdidas y seguir adelante para reinsertarse a la vida nacional e, incluso, realizar importantes aportes a Venezuela. Se trataba de María Antonia Bolívar, Feliciano Montenegro y Colón y el marqués Francisco Rodríguez del Toro, realistas destacados del conflicto por la independencia. Todos ellos tuvieron mejores finales, aunque imperfectos, que los de Arizábalo y Orobio y de Cisneros. Para ello, tomo como base los importantes e innovadores estudios de Inés Quintero y Napoleón Franceschi, quienes a través de las microhistorias de estos personajes permiten examinar la independencia desde otro ángulo, en este caso la historia de las reinserciones posconflicto de los vencidos.

María Antonia Bolívar era la hermana mayor de Simón Bolívar y miembro de una de las familias más acaudaladas de la Capitanía General de Venezuela. Desde siempre, la consciencia de pertenecer a la nobleza criolla le hizo ser defensora de la causa realista, de modo que cuando ocurrieron los sucesos del 19 de abril de 1810 y posteriormente del 5 de julio de 1811, no dudó en oponerse directamente a la iniciativa independentista. Acerca de los mantuanos realistas, señala Quintero, era natural que estuviesen dispuestos a impedir el trastrocamiento de las costumbres que garantizaban la paz y la armonía entre los habitantes de la Provincia, ya que se sentían seguros dentro del orden monárquico y se oponían a todo ordenamiento que amenazara sus preeminencias y privilegios sociales[203].

Siendo su hermano Simón el máximo líder patriota para 1813, ahora con el título de Libertador, María Antonia empleó toda su fuerza para defender más fieramente el partido realista. No obstante, debido a la ofensiva realista liderada por José Tomás Boves y Francisco Rosete que estaba por retomar la capital en 1814, su hermano la obligó a embarcarse hacia el Caribe desde el puerto de La Guaira. María Antonia consideraba que era innecesaria su salida de la capital y que no tendría ningún problema en ser acogida por las nuevas autoridades. No obstante, el simple hecho de ser la hermana del principal líder faccioso de Venezuela y Colombia, ponía su vida y la de su familia en un gran peligro. Además, para 1814 la «Guerra a Muerte» decretada por su hermano contra españoles y canarios y la «Guerra contra los Blancos» decretada por Boves contra los criollos mantuanos, había potenciado la violencia a los máximos niveles del conflicto.

De Curazao a La Habana, María Antonia no podía creer la situación repentina de desarraigo que estaba pasando con sus cuatro hijos menores de edad y la pérdida de todas sus propiedades, por las ocurrencias de un grupo de personas entre las cuales se encontraba su hermano como principal cabecilla. Además, le preocupaba el prestigio de su honor y que su intachable postura realista fuera confundida solo por ser la hermana de Bolívar[204].

Por su conducta y valor, María Antonia lograría obtener una ayuda económica por parte del rey para el mantenimiento de su familia durante su permanencia en La Habana. Luego de varios años de exilio forzado, regresa a Venezuela bajo la protección de su propio hermano, quien le manifiesta la consolidación de la causa independentista en 1823. Podría decirse que María Antonia, ya en

---

203 Quintero, Inés. *La criolla principal: María Antonia Bolívar, la hermana del Libertador*. Caracas: Aguilar, 2008. pp. 35-36.
204 *Ibídem*, pp. 44-47.

Caracas, se reinsertó rápidamente a la nueva vida republicana. En poco tiempo, y luego de dejar atrás las diferencias con su hermano, se convirtió en la encargada de recuperar los bienes perdidos por la familia, pagar las cuentas que debía y cobrar las deudas de las que eran acreedores los Bolívar. Reinsertarse en la vida nacional, bajo la protección de Bolívar, no fue algo tan difícil al principio, porque su hermano era «El Libertador» de cinco naciones. Sin embargo, los tiempos volvieron a hacerse difíciles para María Antonia, ya no por ser realista sino por ser, nuevamente, la hermana de Bolívar.

Y es que en Venezuela, el momento de paz imperfecta que se inicia con España en 1824, se verá alterado por el surgimiento de un conflicto al interior de Colombia entre separatistas y unionistas. Será justo entre 1826 y 1827 cuando grupos separatistas de Venezuela organizan y activan el movimiento de La Cosiata. Este conflicto, que será regulado pacíficamente entre los patriotas Simón Bolívar (por el lado unionista) y José Antonio Páez (por el lado separatista) en las primeras de cambio, no es resuelto adecuadamente y pocos años más tarde derivará en la disgregación pacífica pero definitiva de Colombia en 1831 y en la proscripción de Bolívar. María Antonia debía enfrentar nuevamente una situación bastante difícil por ser la hermana de Bolívar.

Con Bolívar muerto y defenestrado de la historia de la joven República de Venezuela, las actuaciones de María Antonia se basaron fundamentalmente en el ámbito privado de la recuperación de las posesiones de la familia. A partir de entonces su férreo temperamento, su motivación por recuperar lo que por herencia le pertenecía y las disputas con sus hermanos para repartir los bienes de Bolívar, fueron sus principales aliados para moverse en un ambiente social relativamente hostil a su apellido.

A partir de 1838, María Antonia iniciará gestiones ante el gobierno venezolano y neogranadino para repatriar los restos de su hermano. Cuatro años de cartas a los más altos representantes de ambos gobiernos tendrán sus frutos. En diciembre de 1842 se produce la repatriación de los restos mortales de Bolívar desde Colombia a Venezuela, ordenada por el presidente de Venezuela, José Antonio Páez, curiosamente otrora promotor del movimiento separatista que Bolívar adversaba. A partir de allí se iniciaría lo que se conoce hoy como el «Culto a Bolívar». Sin embargo, ese período que a María Antonia le hubiese resultado beneficioso desde el punto de vista de la reinserción –en cuanto a que «el pueblo» se reconciliaba con Bolívar y en consecuencia con los Bolívar–, no pudo ser vivido por la caraqueña que murió el día 7 de octubre.

Otro caso interesante de reinserción es el de Feliciano Montenegro y Colón, realista venezolano de renombre que logra incorporarse en la vida republicana posterior al conflicto de la independencia. Montenegro y Colón nace en Caracas el 9 de junio de 1781. Su posición fue bastante privilegiada, puesto que su padre era un funcionario político español en Caracas y su madre pertenecía al mantuanaje caraqueño. Es decir, era una mezcla de blanco peninsular y blanco criollo. Montenegro y Colón pudo aprovechar su condición para estudiar Letras e iniciar la carrera militar, justo en el período en el que comenzaba a gestarse el conflicto en Venezuela. En 1798 ingresa como cadete al Batallón de Veteranos de Caracas y un año más tarde ingresa al Regimiento de la Reina. A partir de allí continúa su carrera militar en España participando en diversas misiones, incluso en la lucha contra las tropas napoleónicas que invadieron la península.

En 1810, Montenegro y Colón, ya con el rango de capitán primero, es enviado en misión a Venezuela para trabajar en la Secretaría de Guerra. Sin embargo, ante la inestable situación política que se debatía entre la defensa de los derechos de Fernando VII y la independencia, decide regresar secretamente a España. Este hecho, que será conocido como la «huida de Montenegro», lo perseguirá el resto de su vida pues se le acusará de la presunta extracción de recursos y documentos de dicha oficina. Lo cierto es que Montenegro y Colón, realista convencido, no regresará

181

a Venezuela hasta 1816, una vez que tuvo noticias de que el país se encontraba pacificado bajo banderas reales, para cumplir funciones oficiales. En Venezuela desempeñó la presidencia del Consejo de Guerra de Caracas, la comandancia de los Valles del Tuy, la jefatura militar y gobernación de Barcelona, la gobernación de Maracaibo y, finalmente, fue el jefe de Estado Mayor de las fuerzas realistas que combatieron en la batalla de Carabobo[205].

Montenegro y Colón fue siempre defensor del Derecho de Gentes en el conflicto por la independencia. Tanto en ese momento como posteriormente se enfrentará a los copartidarios realistas que utilizaban la violencia extrema contra población civil, prisioneros y contra sus propio bando. Al mando de la Comandancia de los Valles del Tuy, alrededor del año 1817, denunció al caudillo realista Francisco Tomás Morales ante el rey y ante el capitán general, Salvador de Moxó, por los excesos cometidos en esa zona de Venezuela en contra de la población civil, tales como juicios sumarios, torturas psicológicas y físicas, violación de mujeres, encarcelamientos y asesinatos[206].

Posterior al año 1821, una vez la causa realista se debilita de manera importante, Montenegro y Colón sale de Venezuela por Puerto Cabello, iniciando todo un calvario que lo llevará a migrar a Puerto Rico, España, Cuba, México, Estados Unidos, Curazao, Santo Domingo y Haití, para finalmente regresar a Venezuela en 1831 gracias a una amnistía otorgada por el general Páez. Y es que, si bien era un realista, este caraqueño era liberal y no absolutista; era institucionalista y respetuoso del Derecho de Gentes, muy crítico de los soldados que lo violaban con excesos innecesarios, tal como lo había demostrado en el pasado. En España, sufre represalias una vez se reinstaura el absolutismo. En las colonias

---

205 Franceschi, Napoleón. *Vida y Obra del ilustre caraqueño Don Feliciano Montenegro y Colón.* Caracas: Ediciones de la Alcaldía de Caracas, 1994, p. 23.
206 Feliciano Montenegro y Colón, en exposición a Francisco Javier Yanes. «El episodio de Quiamare». Lemmo, Angelina y Carrera Damas, Germán. *op. cit.,* pp. 1463-1466.

españolas, es visto con recelo por los militares realistas que tuvieron conductas crueles, criminales y arbitrarias en las acciones de guerra. Finalmente, en Venezuela, a pesar de que logra reinsertarse exitosamente a la vida nacional, es siempre etiquetado de «godo» o de «realista» por parte de muchos que le recordaban permanentemente su pasado. Por ello publicó, a lo largo de su vida, artículos aclarando su conducta.

Con el paso de los años Montenegro y Colón se convierte en un convencido de la causa independentista americana. A su llegada a Caracas publica otro largo manifiesto titulado *Conducta militar y política de Feliciano Montenegro durante su dependencia del gobierno español – Demostración de sus servicios a la causa americana bajo la protección de la República Mexicana,* para ganar la buena voluntad de quienes lo veían regresar a su patria una década después de la derrota realista en Carabobo.

La labor más importante que realiza Montenegro y Colón en su proceso de reinserción a Venezuela fue la que dedicó a la educación y a las ciencias humanísticas en Venezuela. En 1836 Montenegro funda en Caracas el Colegio Independencia, con el cual busca dar una educación de calidad a los jóvenes de la naciente república. El colegio preveía gratuidad para aquellos jóvenes pobres que mostraran interés por estudiar y alimentos y libros para aquellos pobres que no estuviesen internos. Es autor además de las obras: *Compendio de Geografía General* (1826), *Lecciones de Buena Crianza, Moral y Mundo o Educación Popular* (1841) y *Compendio de la Doctrina Cristiana Esplicada y al alcance de toda especie de persona* (1843) y finalmente una *Geografía Venezolana,* cuyo cuarto tomo titulado «*Apuntes Históricos*» está referido a la Historia de Venezuela, siendo el acogimiento de este último, tibio.

Asimismo, su Colegio Independencia, por el cual recibió tantas críticas, fue un proyecto que al final de su vida le ocasionó, a él y su familia, más preocupaciones que satisfacciones, principalmente por algunas deudas que contrajo, que después no pudo negociar con el Estado y le ocasionaron casi la ruina. Patriotas connotados como Páez, así como Paúl y Yanes, reconocerán el esfuerzo realizado por Montenegro en cuanto a la cultura y la educación. Pero, a pesar de este reconocimiento, en uno de sus últimos escritos titulado *Recuerdos históricos y curiosidades útiles, a la vez que escarmentadoras hasta para aquellos que no reflexionen mucho sobre ellas*, publicado en 1847, señala con decepción «Nunca me figuré, que el haberme decidido a tomar parte en las mejoras que exigía la educación de la juventud venezolana, hubiera podido producirme tantos años de amargos sin sabores, como los que sin cesar he sufrido desde mi regreso a esta capital»[207].

Montenegro y Colón muere en el olvido y la pobreza el 6 de septiembre de 1853, a los 72 años de edad. Con él pasa algo parecido a lo que sucedió con María Antonia Bolívar. Si bien logró reinsertarse (de manera imperfecta) en una sociedad caraqueña compleja, llena de rencores, estereotipos y miedos, los venezolanos de hoy debemos reconciliarnos con este ilustre caraqueño cuya vida y obra siguen estando aún en el olvido.

Finalmente, otro destacado caso de reinserción fue el de Francisco Rodríguez del Toro, IV marqués del Toro. Nacido en Caracas en el año 1761, y como primogénito del III marqués, hereda un título nobiliario que lo colocó en el lugar más alto de la sociedad colonial, obligado a cumplir deberes y obligaciones inherentes a su investidura. Desde la muerte de su padre en 1787, Del Toro se caracterizó siempre por ser un irrestricto defensor de la monarquía, del buen orden, de la religión católica y la sociedad estamental basada en el honor, como miembro de las principales instituciones y órdenes de la sociedad colonial. Pero a partir de la invasión napoleónica a España y el pronunciamiento de los mantuanos de Caracas, la vida del marqués iniciará un periplo zigzagueante entre los bandos en conflicto.

207 Franceschi, Napoleón. *op. cit.*, p. 27.

Cuando se producen los sucesos del 19 de abril de 1810, el marqués se pone a la orden de la Junta Suprema de Caracas y es su primer jefe de tropas, con la misión infructuosa de poner fin al imperio de la tiranía y convencer a los habitantes de Coro de la causa de abril. Más sorprendente aún es el nuevo giro del marqués al convertirse en diputado del nuevo Congreso de Venezuela y estar entre los firmantes de la declaración de independencia en julio de 1811. Posteriormente, en los primeros días de mayo de 1812, ante el inminente fracaso del primer proyecto republicano y la reacción realista de Monteverde, el marqués desertó justo mientras comandaba una misión que le ordenara el general Francisco de Miranda de dirigirse a los Llanos de sur a levantar un cuerpo de caballería. Del Toro y su hermano Fernando aparecieron refugiados en Cumaná y al poco tiempo huyeron angustiosamente a las Antillas, en un periplo que los llevó hasta Trinidad[208].

A partir de allí inicia todo un proceso de rectificación en el cual el marqués y su hermano buscaron por diversas vías, tanto directamente como a través de los buenos oficios de sus hermanos y su esposa, tanto en Cumaná y Caracas como en Madrid, explicar su conducta y solicitar el perdón del rey y la devolución de sus propiedades en Venezuela. Entre 1812 y 1820, no muy esperanzado en obtener el perdón real y sin intención de regresar a la revuelta Venezuela, el marqués se había instalado en Trinidad, adquirió algunas propiedades y una hacienda de cacao en las afueras de Puerto España con la ayuda económica de su hermano Pedro, quien se había casado con una acaudalada mujer en Madrid, heredando una importante fortuna a su muerte. Sin embargo, con la llegada del gobierno liberal a España en 1820, la publicación de la Constitución de 1812 y la orden de negociar la paz con los rebeldes, así como la noticia de Carabobo en 1821, cambia el panorama completamente para el marqués, quien decide regresar en

---

208 Quintero, Inés. *El último marqués. Francisco Rodríguez del Toro*. Caracas: Editorial Fundación Bigott. Serie Historia. 2005, pp. 107-143.

1822 a Venezuela, donde estaban todas sus propiedades y a donde «su amigo» Simón Bolívar le había pedido desde 1817 retornar, pero sin enviarle siquiera una respuesta[209].

Sin embargo, el marqués del Toro estaba claro que a su llegada podría enfrentar duras críticas por su deserción y huida en 1812, lo cual pudiese poner en entredicho su compromiso con la causa independentista. El juicio de Francisco Javier Yanes sobre este hecho refleja la mala impresión que dejó la huida del marqués y su hermano: «... trataron de huir de Cumaná [...] en días y momentos de aflicción para la patria, esa patria que en los días de prosperidad y buenas esperanzas intentaron hacer su patrimonio exclusivo, y aunque es cierto que algunos patriotas celosos [...] trataron de impedir su fuga [...] aquellos lograron al fin sus intentos, dejando a estos el cuidado de defender el país o morir en la demanda». ¿Cómo borrar esa escena del imaginario de los caraqueños? Afortunadamente, tan traumático fue el conflicto a nivel de decesos y migraciones forzadas, y tan cercano era el afecto de Bolívar por Del Toro, que al menos al principio no tuvo que sortear ese obstáculo. Tendría que sortear sí, al igual que le tocó a María Antonia, el impacto del progresivo desmembramiento de la sociedad estamental que se había establecido con la Constitución de 1821 y que no reconocía ningún fuero, había sancionado la libertad de expresión, la igualdad de los colombianos, la virtud armada y la eliminación gradual de la esclavitud[210].

En 1823 es nombrado intendente de Venezuela, la más alta responsabilidad del poder ejecutivo, encargado de velar por la tranquilidad, la seguridad y el buen orden, así como hacer cumplir las leyes en el Departamento. Si bien su gestión es más bien conflictiva, es de destacar la acción de paz negativa que ejerce en la difícil coyuntura que se presenta en julio de ese año, cuando el Congreso colombiano aprueba una ley destinada a reprimir la ingratitud

---

209 *Ibídem*, pp. 173-175.
210 *Ibídem*, pp. 175-177.

y osadía de quienes insistían en oponerse a la independencia, perturbando el orden público y destruyendo las instituciones. Una semana más tarde, el general Carlos Soublette fijó las condiciones que normarían la medida de expulsión, en un estilo que recordaba la violencia cultural previa a los Tratados de Trujillo de 1820 «Todos los españoles y canarios que existan en el cantón, serán expulsados del territorio, dentro del término de quince días». Llegando al cargo, el marqués del Toro se enfrenta a Soublette por la medida, la manera en que se estaba procediendo (ya que los ciudadanos afectados no tenían posibilidad de apelación) y con respecto a quién le tocaba su ejecución. A pesar de sus esfuerzos, independientemente de cuáles fueron sus motivaciones, el criterio de Soublette prevalece y la medida se aplica[211].

Luego de su renuncia en junio de 1824, será blanco de acusaciones públicas al menos durante dos años, que dejaban en entredicho el compromiso del marqués con la causa independentista, recordaba sus antecedentes nobiliarios y la delación que promovió en 1808 contra Francisco de Miranda, lo hacían responsable del fracaso de la campaña de Coro, denunciaban su deserción y traición en 1812, cuestionaban su actitud indiferente hasta la definición final del conflicto en 1822 y lo acusaban de corrupción. Quintero señala que el asunto era delicado en aquel momento ya que estaba vigente el decreto del Congreso colombiano que perseguía y expulsaba, no solo a los desafectos a la república sino también a los traidores americanos. Afortunadamente, la persona a la que se le adjudica la autoría de los libelos y artículos, Rafael Diego de Mérida, no conocía (como tampoco los principales dirigentes y generales republicanos) la serie de peticiones de perdón enviadas al rey por Rodríguez del Toro desde Trinidad. En su defensa, el marqués no solo publica folletos o pide testimonios de conocidos para limpiar su imagen, sino que también logra que

---

211 *Ibídem*, pp. 189-191.

el propio general Páez, primera autoridad de Venezuela y del cual se hace progresivamente amigo, dé un testimonio avalando su gestión como intendente[212].

Francisco Rodríguez del Toro logra sortear hasta su muerte, en 1851, las diversas acusaciones en su contra, además de recuperar sus bienes de fortuna. Su reinserción había sido compleja pero más exitosa que las de María Antonia Bolívar y Feliciano Montenegro y Colón. Su imagen en su tiempo histórico, así como para la historia, quedará como la de un prócer de la independencia, más allá de que los hechos disten mucho del imaginario sobre su actuación. Las razones de sus cambios podrían ser motivo de especulación, pero hablan de la forma en que los humanos gestionan la complejidad en situaciones extremas. Y es que en un contexto de conflicto violento prolongado las lealtades y deslealtades cambian continuamente, así como los modos de colaboración voluntaria o forzada[213].

Microhistorias familiares como las que plantea Quintero son tremendamente pertinentes porque redimensionan y revalúan la independencia, desde la complejidad de los conflictos humanos en dinámicas no convencionales. Al respecto, Straka enfatiza que dicho estudio «... muestra las virtudes y miserias de hombres y mujeres de carne y hueso; que no son monolíticos, que dudan, se regresan, se contradicen, tienen miedo, rabia, amor y sobre todo mucha tristeza. Que mienten para salvar el pellejo, propio y de los suyos. Que piensan en la patria o en el rey, pero también en sus hijos y primos. Que no dudan en jugárselas por un ideal, pero que por consideraciones familiares pueden desistir. Que tienen valores, sí, pero también angustias»[214].

En síntesis, la radiografía de la complejidad humana en medio de los conflictos.

---

212 *Ibídem*, pp. 197-208.
213 Centro Nacional de Memoria Histórica. *op. cit.*, p. 74.
214 Straka, Tomás. «Venturas y desventuras de la nobleza criolla». *La república fragmentada. Claves para entender a Venezuela*. Caracas: Editorial Alfa, 2015, p. 142.

Capítulo IV
Tercera fase del conflicto por la Independencia
(1831-1846)

España y los nuevos estados americanos. Conflictos, violencias y paces imperfectas en interacción

A PARTIR DE 1833, EL CONTEXTO DE VENEZUELA, así como el de los nuevos estados americanos, era muy distinto al de España. Mientras en Venezuela se respiraba un ambiente de paz creciente y de progresiva consolidación del Estado, en España, por el contrario, se incrementaban a nivel político regulaciones violentas en gran parte del territorio por el inicio del conflicto sucesoral y las tensiones entre absolutistas y liberales radicales, lo cual redundó en el debilitamiento del Estado y, en consecuencia, en el control sobre las provincias de ultramar.

Los sueños de reconquista de América española morirán con el rey Fernando VII en septiembre de 1833. Lo único que separaba a España y los países latinoamericanos de la paz (imperfecta pero potenciada) era su reconocimiento y reconciliación formal mediante el establecimiento de relaciones diplomáticas y la reinserción de los antiguos enemigos. Tal como lo señala el negociador venezolano Carlos Soublette en carta al presidente del Consejo de Ministros de España, Francisco Martínez de la Rosa, de abril de 1835:

> ... subsistía, es verdad, un estado de guerra con España, pero un estado de guerra que se llama así solo porque no hay un tratado de paz, más que

porque España le cause la menor hostilidad (a Venezuela), y eso desde hace doce años pasados, de que resultaba que en efecto estaba en paz y solo subsistía incomunicación con España[215].

En la carta, Soublette no se refiere a las últimas regulaciones violentas de Cisneros y de Arizábalo y Orobio, se refiere simplemente a la última batalla de gran magnitud entre España y Venezuela: la batalla del Lago de Maracaibo de 1823. La novel diplomacia hispanoamericana iniciaba así un largo proceso por su reconocimiento internacional. Venezuela comienza sus gestiones diplomáticas en el año 1833 en Londres, París, Galicia, Barcelona y Madrid, las cuales terminan con el reconocimiento por parte de España en 1846. Por su parte, España estaba a punto de entrar en una fase bastante comprometida de su historia política y social. El conflicto entre liberales y absolutistas, que se venía regulando desde principios del siglo XIX de diversas maneras, se hace más complejo ahora con el advenimiento de la muerte de Fernando VII y la polémica en torno a su sucesión en el trono y la forma de Estado y de gobierno. El propio monarca dirá pocos meses antes de su muerte, ante la delicada situación política y social, «... yo soy como el tapón de una botella de cerveza; cuando falte, la cerveza saltará»[216].

Más allá de esta situación de debilidad que resentía la España de la nueva regente María Cristina (madre de la hija de Fernando VII, Isabel, futura reina), en 1833 el giro de la monarquía hacia el liberalismo implicará la participación de una serie de políticos de esta tendencia ideológica en el gobierno, lo que reabre los lazos de una comunicación franca con las nuevas repúblicas

---

215 Testimonio de la reunión sostenida entre el general Carlos Soublette y el presidente del Consejo de Ministros de España, Francisco Martínez de la Rosa, en Madrid en abril de 1835, citado por Páez, José Antonio. *op. cit.,* p. 282.
216 Arostegui, Julio, Canal, Jordi y González, Eduardo. *El carlismo y las guerras carlistas: hechos, hombres e ideas.* Madrid: La Esfera de los Libros, 2003, p. 47.

americanas y la posibilidad de concluir el estado de guerra (más bien de conflicto) en el que aún formalmente se encontraban, para caminar hacia la reconciliación. Disuelta Colombia, en la nueva república de Venezuela se había instalado un gobierno del partido conservador liderado por el general de la independencia José Antonio Páez, el cual había alcanzado la presidencia y se había convertido en el hombre fuerte del país. No obstante, este partido apuntará hacia el liberalismo económico, potenciando significativamente las relaciones con Inglaterra y Estados Unidos.

De esta manera, son dos los aspectos que estaban todavía en juego en el conflicto por la independencia de Venezuela a nivel político y jurídico: el fin del estado de guerra y el reconocimiento internacional. La solución de estos aspectos influirá en el proceso de reconciliación, reinserción e intercambio entre ambos países. Sin embargo, la vía sería ya solo una: el diálogo. Más que entre patriotas y realistas, la negociación será principalmente entre representantes de Estado, ambos unidos por lazos históricos y ahora también, o mejor dicho, nuevamente como en 1820, por elementos mediadores de la ideología liberal. Será la diplomacia la principal herramienta de diálogo.

Lo interesante entre la España posfernandista y la naciente Venezuela será su condición mutua: la primera con una disminución de su soberanía frente a sus vecinos europeos y la otra con una soberanía en pleno proceso de consolidación frente a sus vecinos americanos. La diplomacia para el reconocimiento de Venezuela por parte de España tendrá a Europa como escenario principal, con un importante *lobby* desarrollado en Londres y París, siendo la primera vez que funcionarios venezolanos negocian directamente en Madrid con el gobierno monárquico liberal recién instaurado.

Si bien España es un país de «ismos» a mediados del siglo xix (liberalismo, carlismo, absolutismo, moderantismo, progresismo, radicalismo, tradicionalismo, anticlericalismo, etc.), cada una de esas aparentes islas ideológicas y facciones no son totalmente puras; más bien son imperfectas. Respetuosos de la monarquía pero favorables a las reformas liberales, hay una serie de personajes que, gracias a su experiencia política, adoptan una postura más bien «moderada» a la cabeza del gobierno de la reina regente María Cristina, y se convierten en especie de istmos en el medio de la conflictividad desatada con el absolutismo que se negaba a ser desplazado. A partir de 1834, y como consecuencia de la compleja situación política y de las diferencias entre grupos políticos del momento, se suceden en el poder varios gobiernos, todos ellos liberales pero defensores de los derechos de Isabel, y la mayoría de tendencia moderada.

La moderación es una actitud que remite a evitar los excesos, los extremos, los radicalismos excluyentes y abogar por un espíritu de conciliación, de diálogo, de empatía, creador de puentes que unan y no de murallas que dividan. Con sus más y sus menos, este será el espíritu de los políticos y legisladores de ese momento y hasta 1854[217] quienes, a pesar de sus diferencias, lograron regular gran parte de los conflictos políticos internos e internacionales por vías pacíficas y disminuir la crueldad de las regulaciones violentas, llevando adelante una serie de reformas muy importantes en España.

Algunas de las características que definían la ideología del Partido Moderado español eran la defensa de la propiedad privada; con contadas excepciones, la búsqueda de la reconciliación con la Iglesia; el apoyo al bicameralismo; la promoción de las elecciones y el voto, restringido y basado en educación y condición socioeconómica. Todos estos eran grandes avances que en aquel momento se apoyaron en el principal principio ideológico de los moderados: la armonización entre la libertad, la paz y el orden, al estilo del liberalismo doctrinario francés, conciliando los cambios revolucionarios con el mantenimiento de una continuidad histórica reflejada en la supremacía de las dos instituciones fundamentales:

---

217 A excepción quizá del período de la regencia del general Espartero entre 1840 y 1843.

el rey y las Cortes[218]. Adicionalmente, fue con los moderados cuando se impulsó y consolidó el proceso de regularización de las relaciones diplomáticas de España con sus ex colonias americanas, con la finalidad de reinsertar al país en el concierto de las naciones del cual se encontraba relativamente aislado y maniatado por las nuevas potencias. El Partido Moderado español asumió los elementos principales de la revolución –la supresión del absolutismo y del orden estamental– pero rechazó el método revolucionario. Consistió en una combinación de elementos liberales y del Antiguo Régimen[219].

Entre los principales actores liberales españoles que tuvieron una relación más directa con el reconocimiento diplomático y la reconciliación con Venezuela podemos mencionar a Francisco Martínez de la Rosa; José María Queipo de Llano y Ruiz de Saravia, conde de Toreno; Manuel Pando, marqués de Miraflores; el general Ramón María Narváez y el ya conocido general Pablo Morillo, entre otros. Algunos, como miembros de gabinetes de gobierno, funcionarios militares o representantes de la diplomacia española en Francia e Inglaterra. Quizá uno de los actores más destacados, a los efectos de este estudio, es Francisco Martínez de la Rosa. Influido por la ideología y la experiencia de los políticos de la restauración francesa, este destacado intelectual, escritor, legislador y político del liberalismo del siglo XIX español se modera y trae a España un proyecto de convivencia para todos los españoles, monárquicos y liberales[220].

En 1834, Martínez de la Rosa es llamado por la regente María Cristina a formar el segundo gabinete de gobierno, tras la

218 Cabeza Sánchez-Albornoz, Sonsoles. «La década moderada (1844-1854)». Paredes, Javier (coord.) *Historia contemporánea de España: siglo XIX*. Barcelona: Editorial Ariel S.A., 1998, p. 192.
219 Gómez Ochoa, Fidel: «Pero ¿hubo alguna vez once mil vírgenes? El Partido Moderado y la conciliación liberal 1833-1868». Suárez Cortina, Manuel (Ed.) *Las máscaras de la libertad: el liberalismo español 1808-1950*. Madrid: Marcial Ponds, Ediciones de Historia S.A., 2003, pp. 139-145.
220 Pérez de la Blanca Sales, Pedro. *Martínez de la Rosa y sus tiempos*. Barcelona: Editorial Ariel S.A., 2005, p. 14.

salida de Cea Bermúdez. El 15 de enero de ese año asume la responsabilidad. Martínez se encontrará, a lo interno, con un conflicto dinástico a cuestas, conflictos ideológicos entre los absolutistas, liberales moderados y radicales, con un erario en quiebra y endeudado y con una Iglesia católica dividida, pero fundamentalmente impulsora del absolutismo carlista. En el panorama exterior, España había pasado a ser una potencia secundaria, no reconocida por las potencias del centro de Europa, maniatada por Francia e Inglaterra, con un conflicto sucesoral en Portugal donde el pretendiente, Carlos de Borbón, había encontrado refugio entre los absolutistas. Asimismo, el Vaticano se mostraba neutral ante el conflicto sucesoral y las relaciones con los nuevos países americanos aún no habían sido definidas, ya que Fernando VII se negó a su reconocimiento. España estaba bastante aislada, pero los moderados impulsarán un giro en muchos de estos asuntos. Era necesario un proyecto incluyente. El llamado a Martínez de la Rosa tenía la significación de traer un liberalismo templado en un país lleno de facciones, con la finalidad de erigir un orden con el que pudieran identificarse los grupos dispuestos ya al enfrentamiento armado[221].

Fue Martínez de la Rosa quien, el 20 de febrero de 1834, da un paso histórico para las relaciones entre los nuevos estados hispanoamericanos y la península, al encomendar a Manuel Pando, marqués de Miraflores, que entrara directamente en contacto con los representantes latinoamericanos acreditados en Londres, con el fin de comunicarles que el gobierno español estaba dispuesto a iniciar negociaciones encaminadas al reconocimiento de su independencia[222], a lo cual los gobiernos hispanoamericanos respondieron favorablemente. Para ello encomendó un informe a la Sección de Indias del Consejo Real. En diciembre de ese mismo año, dicha Sección informa al gobierno de la conveniencia de este

---

221 Intervención de Martínez de la Rosa ante el Estamento de Procuradores, en Madrid, el 13 de noviembre de 1834. *Ibídem*, p. 282.
222 *Ibídem*, p. 30.

reconocimiento sugiriendo, entre otras condiciones, que los nuevos estados asumieran la parte que les correspondiese de la deuda pública generada durante el período colonial, así como la indemnización a los realistas cuyos bienes fueron embargados durante el conflicto de Independencia[223]. Estos dos temas serían los de más polémica en el proceso de reconocimiento y reconciliación de ambas partes.

Esta fue la ocasión que vio el nuevo Estado de México para acercarse y establecer una negociación franca y sensata a fin de zanjar el conflicto que se había generado producto de su Independencia. Sin embargo, el gobierno de Martínez no duraría mucho más en el poder. Al no lograr conseguir el apoyo de Francia e Inglaterra en su esfuerzo bélico contra las fuerzas carlistas, el 29 de mayo de 1835 presenta su dimisión al ministerio y consejo que encabezaba. Su gobierno fue seguido por el de otro liberal moderado: José María Queipo de Llano y Ruiz de Saravia, conde de Toreno y ministro de Hacienda de Martínez de la Rosa. La negociación con México quedaba pospuesta.

El conde Toreno, buscando el «justo medio», instaló un gobierno de coalición que, si bien poseía diversidad, careció desde un principio de unidad. Así, en septiembre de 1835 dimite para dar paso en el gobierno a Juan Álvarez de Mendizábal, liberal radical y ministro de Hacienda del mismo conde. Conocido más por su segundo apellido, Mendizábal, llevará adelante diversas reformas entre las cuales se encuentra la polémica desamortización de los bienes de la Iglesia, el impulso de la reforma del Estatuto Real y la reforma electoral. Pero la presión que la regente María Cristina recibe de sectores conservadores que observan con preocupación la no continuación de sus privilegios ante tal cantidad de medidas radicales, la lleva a cesarle en el cargo ante los temores de desestabilización violenta, sustituyéndole por Francisco Javier Istúriz,

---

223 Sánchez Andrés, Agustín. «El reconocimiento de la independencia de Ecuador». *Cuadernos Hispanoamericanos,* nro. 668. Madrid: Ministerio de Asuntos Exteriores, Agencia Española de Cooperación Internacional, 2006, pp. 39-40.

otro moderado. La duración de este gobierno también será breve, producto de un nuevo levantamiento de progresistas que se extendió por gran parte de España, abarcando solo de mayo de 1836 a agosto de ese mismo año. De este modo, la reina se vio obligada a colocar a José María Calatrava, otro progresista, a la cabeza del gobierno.

Ese mismo año, Calatrava había reiniciado negociaciones con México para la reconciliación y el reconocimiento internacional. Y es que el 4 de diciembre se emite el *Decreto de las Cortes Españoles autorizando el reconocimiento de las nuevas repúblicas americanas*, lo cual representa un paso histórico propio del nuevo modelo monárquico liberal, ya que en el absolutismo fernandista (o carlista) hubiese sido casi impensable. Dicho Decreto –corto pero contundente– reza:

> Las Cortes generales del Reino autorizan al Gobierno de Su Majestad para que, no obstante los artículos X, CLXXII y CLXXIII de la Constitución política de la Monarquía, promulgada en Cádiz en el año de 1812, pueda concluir Tratados de Paz y Amistad con los nuevos estados de la América española sobre la base del reconocimiento de la independencia, y renuncia de todo derecho territorial o de soberanía por parte de la antigua metrópoli, siempre que en lo demás juzgue el Gobierno que no se comprometen ni el honor ni los intereses nacionales […]
>
> […] Por tanto mandamos a todos los Tribunales, Justicias, Jefes, Gobernadores y demás Autoridades, así civiles como militares y eclesiásticas, de cualquier clase y dignidad, que guarden y hagan guardar, cumplir y ejecutar el presente Decreto en todas sus partes[224].

No sin sus contratiempos, pero en una negociación franca –totalmente opuesta a las insensatas propuestas de Fernando VII

---

224 Decreto de las Cortes españolas autorizando el reconocimiento de las nuevas repúblicas americanas, del 4 de diciembre de 1836, citado por Trigo Chacón, Manuel. *Manual de historia de las relaciones internacionales*. Madrid: Universidad Nacional de Educación a Distancia, 1994, p. 284.

años atrás– el 28 de diciembre de 1836 se suscribe en Madrid el *Tratado definitivo de paz y amistad entre México y España,* compuesto por un preámbulo y ocho artículos, que contenía el reconocimiento pleno, absoluto e indefinido de México por parte de España, un futuro acuerdo en comercio y navegación y las rebajas de derechos en el comercio de azogue. Según Landavazo, solo una adecuada combinación entre los elementos endógenos y exógenos de ambas naciones, pudo crear las condiciones favorables para un acercamiento exitoso que derivara en un duradero acuerdo diplomático[225]. Este será el primer reconocimiento a una ex colonia española americana como Estado independiente, lo cual abrirá el camino a diplomáticos de otros países del continente a seguir el camino recorrido por México, no solo en Madrid sino también en Londres y París, donde los cabildeos diplomáticos y los intercambios de comunicaciones fueron, sin lugar a dudas, determinantes en la posición final de España.

Cuatro gobiernos templados se suceden en España entre agosto de 1837 y octubre de 1840, con los cuales el gobierno de Ecuador entra en contacto a fin de conseguir su reconocimiento internacional. La estrategia ecuatoriana se centrará en un activo ejercicio diplomático tanto en Londres como en París, enviando a la primera a Pedro Gual y a la segunda a José Aguirre Solarte. Este último anunciaba a Manuel Pando Fernández de Pinedo, marqués de Miraflores –ahora embajador en París– que Ecuador había abierto sus puertos a los barcos españoles, por lo cual aconsejaba se informase al gobierno para que se aplicara una medida recíproca. El marqués de Miraflores se convertirá en uno de los promotores más activos del reconocimiento de esta joven república ante el gobierno de Evaristo Pérez de Castro, otro liberal moderado.

---

225 Landavazo, Marco Antonio. «El reconocimiento de España a la independencia de México». *Cuadernos Hispanoamericanos,* nro. 668. Madrid: Ministerio de Asuntos Exteriores, Agencia Española de Cooperación Internacional, 2006, p. 7-17.

El 11 de febrero de 1839, la Mesa de Comercio y Negociaciones de Ultramar de España, recientemente constituida en el Despacho de Estado, emite un informe sobre el estado del proceso negociador con las repúblicas hispanoamericanas, en el cual se señalaba que países como Uruguay, Venezuela, Colombia y Chile habían abierto sus puertos al comercio español y habían iniciado contactos para la firma de un acuerdo[226]. Es sin embargo en enero de 1840 cuando Gual es recibido en Madrid por el presidente del Consejo de Ministros, Pérez de Castro. Las negociaciones se extendieron por un mes, hasta que el 16 de febrero se suscribe un Tratado que restablecía las relaciones entre ambas naciones, ratificado en octubre de 1841. Ecuador cedió en el reconocimiento de la deuda adquirida por España durante el conflicto de la independencia y aceptaba indemnizar a los realistas españoles cuyos bienes hubiesen sido incautados, no así para los realistas no españoles o de aquellos que se habían naturalizado ecuatorianos. El propio Pérez de Castro comentó a la reina que dicho acuerdo debía servir de modelo a las futuras negociaciones con todos los territorios hispanoamericanos del sur, «... *quienes dudo resistan el ejemplo dado ya por uno de los estados de su comunión política*»[227].

A mediados de 1840, la inestabilidad política vuelve a hacerse presente en las principales ciudades del centro y norte de España, tras una profunda división entre progresistas y moderados, la pérdida de legitimidad de la regente María Cristina y el creciente peso carismático y del poder de hecho del general Baldomero Espartero –quien había logrado con los carlistas en 1839 una regulación pacífica que parecía haber puesto fin al conflicto sucesoral–. Espartero, ambicioso y hábil, deja que la situación política del país sea caldeada por los progresistas, quienes piden la renuncia de María Cristina y le aclaman victorioso, junto a los soldados de su ejército y un gran sector de la sociedad. El 17 de octubre de

---

226 Sánchez Andrés, Agustín. *op. cit.,* pp. 45-46.
227 *Ibídem,* p. 49.

1840, ante la delicada situación que enfrentaba la regente, María Cristina se exila en Francia y Espartero la remplaza temporalmente en el cargo. Pero Espartero cava pronto su propia tumba. Al acceder al poder político excluye progresivamente a gran parte de los vencidos y a sus propias bases liberales radicales. Utiliza formas y métodos no adecuados e incluso anticonstitucionales, según algunos de sus críticos y opositores. Esta vez, los moderados son los que movilizan la opinión social en su contra, con el apoyo de sus antiguos aliados: los radicales, los militares y gran parte de la población. Espartero huye de España en julio de 1843[228], iniciándose un período conocido como la «década moderada», entre 1844 y 1854. María Cristina es llamada a ocupar nuevamente la regencia. Viejos y nuevos personajes entran en la escena política de España, y su actuación favorece la continuación de los reconocimientos de las nuevas naciones americanas.

En 1844, el estado chileno –que había iniciado negociaciones desde 1838, llegando a firmar incluso un Tratado no ratificado por Chile en 1841– reinicia el diálogo a fin de poner término al conflicto con España y regularizar sus relaciones diplomáticas mediante su reconocimiento. El plenipotenciario chileno enviado a Madrid desde 1838 será el general José María Borgoño. Con la llegada al gobierno español del moderado Luis González Bravo, reinicia las negociaciones. Ambas partes, esta vez sí, estaban dispuestas a ceder y a dialogar bajo condiciones mucho más sensatas y conciliadoras porque a ambas les interesaban las relaciones de beneficio mutuo. A medida que avanzaban las negociaciones, España retiró la petición de reconocimiento por parte de Chile de los créditos procedentes de los bienes secuestrados a realistas durante el conflicto de la independencia. Por su parte, España lograba que se definiera la nacionalidad a partir del principio del *ius soli* en lugar del *ius*

---

228 Diez Torre, Alejandro. «Las regencias de María Cristina (1833-1840) y de Espartero (1840-1843)». En: Paredes, Javier (coord.). *Historia contemporánea de España: siglo XIX*. Barcelona: Editorial Ariel S.A., 1998, p. 186-187.

sanguinis para los hijos de chilenos que nacieran en España y vice-versa[229]. Así, el 25 de abril de 1844 se firmó un *Tratado de paz y amistad* entre ambos estados que ponía fin al conflicto de la emancipación de Chile mediante una regulación pacífica. En un espacio de paz enmarcado dentro de los principios liberales, España empezaba a saldar parte de su pasado imperial de manera honrosa y se reencontraba con América. Venezuela sería el próximo país con el cual se pondría fin al conflicto de la Independencia. Un reconocimiento que entraba en su segunda fase.

La negociación del reconocimiento de Venezuela por parte de España (1831-1846)

El reconocimiento de Venezuela pasará por al menos dos fases. Esa es la tesis de Straka, quien señala que en 1845 el reconocimiento de Venezuela entraba en su segunda fase, ya que para el año de 1820 se había sentado un precedente histórico entre España y la América colonial que pugnaba por su independencia, y que vendría a ser el primer acto o fase de este reconocimiento: la suscripción de los Tratados de Trujillo entre dos gobiernos. Sobre estos Tratados, Straka señala que «... más allá del fin de la Guerra a Muerte, tienen un impacto colateral tremendo: nada menos que el reconocimiento implícito de la independencia que contienen. [...] La legitimidad que le da eso a la causa patriota, así como el inicio de contactos diplomáticos con el liberalismo español, tienen un efecto que aún no se ha medido»[230].

En su segunda fase, el reconocimiento estuvo marcado por varias etapas. Según Picón podríamos hablar de al menos cuatro:

229 Sánchez Andrés, Agustín. «Negociaciones y conflictos en el reconocimiento español de la independencia de Chile (1835-1845)». *Cuadernos Hispanoamericanos*. nros. 653-654. Madrid: Ministerio de Asuntos Exteriores, Agencia Española de Cooperación Internacional, 2004, p. 15-17.

230 Straka, Tomás. «España y Venezuela: Un reconocimiento en dos actos (1820-1845)». *Cuadernos Hispanoamericanos*, nros. 653-654. Madrid: Ministerio de Asuntos Exteriores, Agencia Española de Cooperación Internacional, 2004, p. 38.

primero, la negociación de carácter exploratorio llevada a cabo por el general Mariano Montilla entre noviembre de 1833 y 1834; luego otra que encabeza el general Carlos Soublette entre 1834 y 1839 (en Europa, entre 1834 y 1837 y desde Caracas entre 1837 y 1839); la tercera, encabezada por el diplomático Alejo Fortique, entre el 18 de julio de 1839 y el 30 de marzo de 1845; y posteriormente, un período complementario entre marzo de 1845 y finales de 1846, llevada adelante por el legislador Fermín Toro[231].

No fue sino hasta 1833, con la muerte de Fernando VII, cuando el presidente de Venezuela, José Antonio Páez, decide iniciar contactos con España para el reconocimiento del país, principalmente por razones comerciales y de fomento de la inmigración, utilizando la mediación inglesa y francesa. El 9 de diciembre de ese año nombra al general de la independencia Mariano Montilla para trasladarse a Inglaterra y, a través de los contactos con el embajador británico en Madrid, estudiar la posibilidad de viajar a España con garantías para entrar en negociaciones con el gobierno de la regente María Cristina. Montilla llevará a España la carta que escribe el presidente Páez a la regente María Cristina, fechada el 20 de diciembre de 1833, en la que le expresa que «La sabiduría y liberalidad que caracterizan la administración de V.M., a la vez que excitan la admiración y gratitud del pueblo español, inspiran a Venezuela la esperanza de ver terminada honrosamente la guerra y […] además le ofrece su amistad y su comercio como la nación más favorecida»[232].

Así, el 5 de mayo de 1834, llega Montilla a Londres sosteniendo de inmediato conversaciones con representantes ingleses del mundo político y diplomático. Con Montilla viajaban el general Daniel Florencio O'Leary como secretario, y Fernando Bolívar

---

231 Picón, Delia. *Historia diplomática de Venezuela*. Caracas: Universidad Católica Andrés Bello. 1999. p. 109.

232 Carta del presidente de Venezuela, José Antonio Páez a la reina regente de España, María Cristina de Nápoles y Borbón, del 20 de diciembre de 1833, citada por Páez, José Antonio. *op. cit.*, pp. 278-279.

–sobrino de Simón Bolívar– como agregado. Montilla recibe credenciales del gobierno inglés y del gobierno francés, lo cual sirvió para que el marqués de Miraflores, embajador de España en Londres, recibiera a los venezolanos en al menos dos ocasiones. Se hizo una primera reunión a la cual se le dio un carácter accidental de manera intencionada. El marqués de Miraflores manifestó en este caso a O'Leary (secretario de Montilla) que el gobierno de España tenía la disposición más favorable sobre el tema de los nuevos países americanos y que debían aprovecharse las circunstancias para intentar un arreglo. Sin embargo, el español hizo dos recomendaciones a los venezolanos: viajar a Madrid y conversar directamente con el ministro de Estado Martínez de la Rosa y, por otra parte, evitar cualquier tipo de mediación que podría entorpecer el entendimiento.

Finalmente, después de algunas semanas de espera, el general Montilla y el marqués de Miraflores se reunieron, logrando un entendimiento que llevaría al segundo a extender, el 1º de octubre de 1834, su pasaporte. El marqué de Miraflores informará de esta tramitación a Martínez de la Rosa: «Ojalá este último documento que firmo en mi corta campaña diplomática sea el iris de la paz para el Nuevo Mundo, y para nuestra vieja España el precursor de ventajas que abandonó la imprevisión y el fanatismo»[233]. Sin embargo, Montilla tuvo que regresar a Venezuela porque el Congreso le negó los recursos correspondientes al mantenimiento de la delegación en Londres. Alegando mala salud, dejó el camino a medio andar y volvió a Venezuela. Pero Montilla había logrado en su corto lapso de tiempo en Londres que Inglaterra reconociera a Venezuela como Estado independiente, bajo los mismos términos con los que había reconocido a la República de (la Gran) Colombia en 1825.

El presidente Páez, sabiendo la oportunidad que se había abierto en Madrid, decidió nombrar inmediatamente al general

---

233 Carta del marqués de Miraflores a Francisco Martínez de la Rosa, de octubre de 1834, citada por Páez, José Antonio. *op. cit.*, p. 280.

venezolano Carlos Soublette para continuar la labor diplomática sin perder tiempo. Soublette llega a Inglaterra el 12 de febrero de 1835, donde se encuentra con O'Leary (quien había permanecido allí) y establece contacto con el nuevo canciller inglés, el duque de Wellington. Nuevamente la mediación inglesa sería crucial en el acercamiento con España; una Inglaterra interesada en las ventajas comerciales que se desprenderían de una Venezuela independiente de la península y que le permitiría establecer estratégicamente sus intereses económicos sin afectar su relación con España. El duque de Wellington puso a disposición del general venezolano y su comitiva un buque de guerra que lo trasladó hasta La Coruña, en donde desembarca el 19 de marzo. Allí, Pablo Morillo, conde de Cartagena, marqués de La Puerta y antiguo comandante en jefe del ejército realista en Nueva Granada y Venezuela, era el capitán general de Galicia. Morillo, junto a otros como el propio marqués de Miraflores y Juan Donoso Cortés, había sido uno de los actores fundamentales para impulsar la iniciativa de María Cristina como reina regente durante los últimos años de vida de Fernando VII[234]. Todo estaba dispuesto para un nuevo encuentro histórico. O'Leary, quien había sido testigo principal de aquella cita histórica de Trujillo en 1820, es nuevamente protagonista de esta reunión que repetía a uno de sus protagonistas: Pablo Morillo. Galicia, al igual que la ciudad venezolana de Trujillo, se convertía ahora en un espacio de paz para el conflicto entre España y Venezuela. El 20 de marzo de 1835, se efectúa el encuentro de Soublette y O'Leary con Morillo. Allí, el general español manifestará elogios hacia el ejército patriota y sus hombres por haber conseguido la independencia de Venezuela y, en palabras de Soublette al presidente Páez, le dirá:

> … me recibió de manera franca y cordial […] Me aseguró que de mucho había aconsejado a los que componen el gobierno de S.M.C. el

---

234 Pérez de la Blanca Sales, Pedro. *op. cit.,* p. 270.

reconocimiento llano y liso de nuestra independencia, y añadió que ahora emplearía con gusto su influjo en promover y acelerar el arreglo de esta cuestión, en que supone interesada la península tanto o más que la América. Ayer me dio un convite el capitán general al que asistieron los principales empleados de la provincia. S.E. brindó por el inmediato reconocimiento de la independencia de Venezuela y de los demás Estados de Sur-América[235].

Soublette arriba a Madrid en abril de 1835 y el día 24 se reúne con Martínez de la Rosa, gracias a la intermediación de Morillo. El negociador venezolano temía que las conversaciones se vieran interrumpidas por la exigencia por parte de España de indemnizaciones a antiguos realistas a los cuales se les habían incautado sus bienes en el conflicto de la independencia. En sus conversaciones con los negociadores de México y Buenos Aires, este era uno de los puntos que España exigía para el reconocimiento de los nuevos estados. La reunión con Martínez fue corta pero cordial. Y es que la situación política interna, determinada por el conflicto carlista y la aprobación del nuevo Estatuto, eran las prioridades del momento. Pero el recibimiento de Soublette por parte de la cabeza de gobierno de España será un acontecimiento histórico.

Martínez de la Rosa plantea que este reconocimiento debía hacerse a cambio de ventajas reales y positivas para cada parte. Con esta postura, el ministro español dejaba ver que para su país era fundamental el resarcimiento de parte de los bienes incautados a sus nacionales durante el conflicto, e incluso el reconocimiento de parte de la deuda que España había contraído durante este período. Esa fue, muy probablemente, la razón por la cual Soublette sostuvo también, por esos días, una reunión con el conde de Toreno, ministro de Hacienda. Y aquí hay que hacer dos

---

235 Carta de Carlos Soublette al presidente de Venezuela, José Antonio Páez, de marzo de 1835, citada por Parra Pérez, Caracciolo. *Trazos de Historia de Venezuela*. Colección Biblioteca Popular Venezolana. Caracas: Ediciones del Ministerio de Educación, 1957, pp. 200-201.

disquisiciones importantes: una referida al tema político-jurídico y otra referida al tema económico-financiero. Por una parte, la lógica de la legitimidad y la soberanía bajo la cual se manejaban Martínez de la Rosa y Soublette eran totalmente distintas. Para el primero, si bien admitía que de hecho los nuevos estados hispanoamericanos eran independientes *de facto*, los derechos de España formales sobre ellos eran incontestables aún. Es decir, la rebelión patriota en una de sus colonias había tomado el poder y, si bien había disposición a dialogar, aún se mantenían las formalidades previas al conflicto. Para Soublette, la independencia de Venezuela había sido formalizada el 5 de julio de 1811 y, si bien había disposición a dialogar, desde esa fecha España era un invasor, usurpador de la soberanía venezolana. Por otra parte, el tema económico financiero es crucial en el retraso que sufren las negociaciones para el reconocimiento. Y es que tanto Venezuela como España tenían un tesoro público casi en quiebra.

Ante esta posibilidad, la postura de Soublette fue contraria a aceptar un tratado de reconocimiento con consecuencias que consideraba gravosas para Venezuela. Soublette ofrecía ventajas comerciales y buen trato a España, lo cual pensaba que era suficiente para lograr un acuerdo beneficioso para ambas partes. Tres reuniones sostuvieron en total Martínez de la Rosa y Soublette. Pero la oposición a su gobierno desde el Estamento de Procuradores, un intento de atentado y el cada vez más complejo conflicto carlista, mellaron la base política de Martínez y desencadenaron su renuncia el 29 de mayo de 1835.

No será sino hasta octubre de ese año cuando Soublette es recibido por el nuevo presidente del Consejo de Ministros, Juan Álvarez de Mendizábal. En dicha reunión, a la que asistió conjuntamente con el representante mexicano Miguel Santa María, el gobierno español reconoce el interés de proseguir las negociaciones iniciadas meses atrás. Mendizábal exige nuevamente que cualquier propuesta de tratado que venga desde los países hispanoamericanos contenga un apartado sobre la distribución justa y equitativa de las indemnizaciones y de las deudas. Para ello pide a Soublette tomar en cuenta la magnitud de la decisión que representaba para España estampar la firma de su monarca cediendo los derechos sobre territorios ultramarinos que reducirían el imperio permanentemente. Soublette llama a su interlocutor a reconsiderar su postura alegando dejar atrás posturas mezquinas y viendo el bien que representaría para ambos países un tratado que pusiese fin al conflicto y estableciera ventajas comerciales. Por ello entrega un proyecto de tratado al ministro español.

Vemos como el tema del reconocimiento de la independencia, otrora objetivo excluyente en el conflicto, ya no lo es. Ahora, si bien había un interés común en reconocer la secesión, esta sería bajo ciertas condiciones que exigía España, tales como el pago de indemnizaciones y de parte de la deuda contraída en el conflicto. En una tónica de entendimiento, vale mencionar que Soublette fue invitado a participar del discurso del trono que pronunció la reina María Cristina al abrirse los Estamentos, el 16 de noviembre de 1835. Soublette asistió a esa ceremonia vestido de uniforme militar, y fue ubicado junto a los demás agentes diplomáticos acreditados ante la monarca. También participó del discurso de la reina del 22 de marzo de 1836 pronunciado ante las Cortes. En este último, María Cristina señalaba como asunto importante el tema de las negociaciones con los estados americanos. Según reseña Soublette «es tiempo ya, dijo Doña María Cristina, de que dos pueblos que la naturaleza hizo hermanos sean para siempre amigos, y que a los vínculos disueltos de subordinación y dependencia sucedan otros más dulces y duraderos de igualdad y de concordia, fundados en el provecho recíproco y común»[236].

En la presidencia del Consejo, Javier Istúriz sucedió a Álvarez Mendizábal, quien al poco tiempo fue sustituido a su vez por

---

236 Discurso de la reina María Cristina ante las Cortes, del 22 de marzo de 1836, reseñado por Soublette, citado por Parra Pérez, Caracciolo. *op. cit.,* p. 208.

José María de Calatrava. Nuevamente el Parlamento inglés, sirviendo de mediador interesado en poder iniciar comercio con Hispanoamérica, intervino ante el gobierno de España a favor del reconocimiento de las nuevas repúblicas. Calatrava prometió a Soublette que antes de finalizar el mes de octubre de 1836 se habría concluido la negociación con éxito. El 24 de ese mes, en un nuevo discurso del trono, la reina reiteró el interés de concluir exitosamente las negociaciones con las excolonias, para lo cual pediría en breve autorización a las Cortes para dar por finalizado este proceso. Efectivamente, el 4 de diciembre las Cortes españolas emiten el *Decreto autorizando el reconocimiento de las nuevas repúblicas americanas,* con lo cual se le da un impulso tremendo a la resolución del conflicto con las repúblicas hispanoamericanas.

Calatrava envió a Soublette un contraproyecto en respuesta a aquel que hacía un año el venezolano había entregado a Mendizábal, al que anexa un proyecto de declaración complementaria concerniente a ventajas comerciales recíprocas. Pero el escollo de las indemnizaciones y del pago de parte de la deuda con la Tesorería Real, hizo que Soublette regresara al país sin haber alcanzado un tratado de paz. El general había sido llamado a ocupar el cargo de presidente de la República. Sin embargo, antes de su regreso a Venezuela, Soublette envió una carta a Calatrava, con fecha 7 de noviembre de 1836, en la cual –en gesto de buena voluntad– asegura que la administración de ese entonces (la del general Páez) estará siempre dispuesta a cultivar la amistad de su antigua metrópoli y a renovar negociaciones que conduzcan a este deseado fin. Asimismo, prometió emplear siempre su influencia en promover la reconciliación de venezolanos y españoles[237]. Soublette podía estar tranquilo puesto que había alcanzado logros muy importantes para Venezuela. Si bien no había alcanzado el reconocimiento español del país, consiguió que por primera vez un representante

237 Carta de Carlos Soublette a José María Calatrava, del 7 de noviembre de 1836, citada por Parra Pérez, Caracciolo. *op. cit.,* pp. 210- 211.

del gobierno de Venezuela fuera recibido en la sede del gobierno de España como un interlocutor válido y no como un rebelde, se había reunido con varios presidentes del Consejo de Ministros y, además, había logrado adelantar parte de la negociación que posteriormente continuarían otros representantes en Europa.

Consonante con su tónica, una vez que llega a la Presidencia de Venezuela Soublette es un actor decisivo para que, el 28 de marzo de 1837, el Congreso decrete la apertura de los puertos venezolanos a los buques españoles, concediendo a los súbditos peninsulares la misma protección y garantías de la que gozaban otros extranjeros y facilitando el intercambio comercial. Esta medida es correspondida el 12 de septiembre de ese mismo año, cuando la reina María Cristina decreta la apertura de puertos de la nación al comercio con Venezuela. Transcurren casi dos años hasta que, en su segunda presidencia, el general Páez nombra a Alejo Fortique como representante de Venezuela en Londres para retomar las negociaciones con España. Fortique, nacido en Valencia, es considerado, junto a Pedro Gual, el padre de la diplomacia venezolana. Su secretario era Fermín Toro, uno de los más destacados oradores parlamentarios de su tiempo.

El 14 de diciembre de 1839 Fortique, ya en Londres, envía una carta al embajador español acreditado en dicha ciudad, Manuel De la Concha, para reiniciar el diálogo. Ahora sí Venezuela estaba dispuesta a discutir el asunto de la deuda y las indemnizaciones, asunto que en su momento no permitió concretar la suscripción de un tratado. Para la fecha, ya España había reconocido a México y estaba pronto a reconocer a Ecuador en febrero de 1840. Esto muy probablemente influyó en que el gobierno venezolano estuviese dispuesto a dialogar acerca del espinoso tema de las indemnizaciones y la deuda, a fin de no dar más largas al asunto del reconocimiento. Se reinician así las negociaciones. A dicha iniciativa, Fortique solo recibió respuesta del gobierno español un año después, cuando el ministro de Estado de España, José María

Ferrer, le remite una epístola fechada el 27 de diciembre de 1840. Ferrer, quien había vivido en América, afirmaba sentir gran cariño por este continente y tener la firme intención de reconciliarse con Venezuela. Sin embargo, recordemos que para esta fecha el arribo a la regencia por parte del general Espartero echó por tierra la prioridad de este tema de política exterior, privilegiando temas de carácter interno. Cuatro años más habría de esperarse para retomar las negociaciones.

En abril de 1844, el general Soublette, por segunda vez presidente de Venezuela, propone al Congreso nacional el reconocimiento de la deuda contraída por la antigua Capitanía General hasta el 5 de julio de 1811 –fecha de la declaración de la independencia de Venezuela–, así como también el valor de los bienes confiscados a realistas españoles en Venezuela por las autoridades colombianas hasta 1830, año de la constitución de la nueva república venezolana. Con dichas instrucciones, Fortique esperaba superar los antiguos obstáculos que se habían presentado en la negociación durante tantos años. Y al parecer así fue. A principios de 1845, antes de pasar brevemente por París, Fortique llega a Barcelona, donde es recibido con honores militares y especial atención por el capitán general de Cataluña, Manuel De la Concha, a quien ya conocía de su misión diplomática en Londres seis años antes. Después de una corta estancia en Barcelona, Fortique parte rumbo a Madrid donde se reúne nada menos que con Francisco Martínez de la Rosa, quien ahora ocupaba el ministerio de Estado o de Asuntos Exteriores bajo el gobierno de Ramón María Narváez, el militar que le había retornado a España cierto orden, estabilidad y legalidad.

Durante aproximadamente un mes, en al menos tres conferencias, Martínez de la Rosa y Fortique activaron sus capacidades para hacer las paces y discutieron el documento definitivo que se suscribiría entre ambos países. Finalmente, el 30 de marzo de 1845 se suscribió el acuerdo por el cual España reconocía a Venezuela y se alcanzaba la resolución definitiva del conflicto por la independencia. Martínez de la Rosa sería convocado a las Cortes para rendir cuentas sobre el establecimiento de relaciones con Venezuela y Chile, a lo cual alegará el interés de regularizar las relaciones con repúblicas con las cuales existían lazos de sangre, de hábitos, de lenguaje y de religión «...ya que por desgracia ha habido una lucha y por fortuna se ha terminado y pues subsisten relaciones tan favorables hacia España es justo y conveniente afianzarlas con una amistad recíproca que será tan útil al Estado como a los particulares»[238].

Asimismo recordó, en sesión de las Cortes del 29 de enero de 1846, que cuando se refiere a un tratado de paz, el rey (en este caso la reina) los hacía y ratificaba y solo después se presentaban a las Cortes para acusar o censurar al Ministerio que los había celebrado, examinando si se había procedido cuidando los intereses de España o si se había cometido algún crimen o traición grave. A continuación se examina parte de los artículos del *Tratado de reconocimiento, paz y amistad celebrado entre la República (de Venezuela) y S. M. la Reina de España*, suscrito en Madrid, el 30 de marzo de 1845, entre los representantes de ambos estados, Alejo Fortique y Francisco Martínez de la Rosa:

> La República de Venezuela por una parte y S.M. la Reina de España Doña Isabel II por otra, animadas del mismo deseo de borrar los vestigios de la pasada lucha y de sellar con un acto público y solemne de reconciliación y de paz las buenas relaciones que naturalmente existen ya entre los ciudadanos y súbditos de uno y otro Estado y que se estrecharán más y más cada día con beneficio y provecho de entrambos, han determinado celebrar con tan plausible objeto un tratado de paz apoyado en principios de justicia y de recíproca conveniencia...[239]

---

238 Intervención de Martínez de la Rosa ante las Cortes, el 9 de abril de 1845, citado por Pérez de la Blanca Sales, Pedro. *op. cit.,* p. 435.
239 Tratado de Reconocimiento, Paz y Amistad celebrado entre la República (de Venezuela) y S.M. la Reina de España, del 30 de marzo de 1845, citado por Páez, José Antonio. *op. cit.,* pp. 354-363.

Lo primero que hay que destacar de este documento es que, tal como señala en su preámbulo, busca «borrar los vestigios de la pasada lucha y de sellar con un acto público y solemne de reconciliación y de paz las buenas relaciones que naturalmente existen ya entre los ciudadanos y súbditos de uno y otro Estado y que se estrecharán más y más cada día». A continuación se examinan los asuntos concernientes al reconocimiento, desde la lógica del Estado:

[Art. 1º: S.M.C., usando la facultad que le compete por decreto de las Cortes Generales del Reino de 4 de diciembre de 1836, renuncia por sí, sus herederos y sucesores, a la soberanía, derechos y acciones que le corresponden sobre el territorio americano conocido bajo el antiguo nombre de Capitanía General de Venezuela, hoy República de Venezuela.

Sin lugar a dudas, el artículo primero del Tratado corresponde a aquella parte fundamental de la negociación en lo que España cede como Estado. A su vez, en el artículo quinto, sexto y octavo, Venezuela cede en el tema de las indemnizaciones y en el reconocimiento de la deuda contraída por la antigua Capitanía General de Venezuela.

Art. 5º La República de Venezuela animada de sentimientos de justicia y equidad, reconoce espontáneamente como deuda nacional consolidable, la suma a que ascienda la deuda de tesorería del Gobierno español que conste registrada en los libros de cuenta y razón de las tesorerías de la antigua Capitanía General de Venezuela […]

Art. 6º Todos los bienes muebles o inmuebles, alhajas, dinero u otros efectos de cualquier especie que hubieren sido con motivo de la guerra secuestrados o confiscados a ciudadanos de la República de Venezuela o a súbditos de S.M.C. y se hallaren todavía en poder o a disposición del gobierno en cuyo nombre se hizo el secuestro o la confiscación, serán inmediatamente restituidos a sus antiguos dueños, a sus herederos o legítimos representantes […]

Art. 8° A los dueños de aquellos bienes muebles o inmuebles, que habiendo sido secuestrados o confiscados por el Gobierno de la República han sido después vendidos, adjudicados, o que de cualquier modo haya dispuesto de ellos el gobierno, se les dará por este la indemnización competente.

Sobre el artículo quinto habría que decir que no fue que Venezuela haya reconocido *espontáneamente*, tal como se afirma, el pago de la deuda de la antigua Capitanía General. Por el contrario, fue uno de los puntos que demoró más de siete años la suscripción del tratado de paz y reconocimiento. Lo interesante de este artículo, a los efectos de este estudio, es el punto que se refiere al aplazamiento del establecimiento de la cifra correspondiente a dicha deuda para un arreglo posterior, lo cual demuestra altura de miras en los líderes de las partes. En cuanto a los artículos sexto y octavo vale decir que, aunque se habla de la devolución mutua de los bienes confiscados a los súbditos y ciudadanos por los gobiernos de Venezuela o España en pleno diferendo (o en su defecto de la indemnización correspondiente), ciertamente esta medida solo afectaba a Venezuela puesto que el conflicto de la independencia solo se desarrolló en territorio americano, que pasó en su totalidad a la soberanía venezolana después del año 1823. Sin embargo, Straka califica de extraordinario el acuerdo logrado por Venezuela, ya que en comparación con el acuerdo alcanzado por Ecuador, en el que se reconoció toda la deuda durante el conflicto de emancipación y todo el monto de las indemnizaciones, el acuerdo logrado por Fortique fue excepcional.

Art. 3° Habrá total olvido de lo pasado y una amnistía general y completa para todos los ciudadanos de la República de Venezuela y los españoles, sin excepción alguna, cualquiera que haya sido el partido que hubiesen seguido durante las guerras y disensiones felizmente terminadas por el presente tratado.

Esta amnistía se estipula y ha de darse por la alta interposición de S.M.C. en prueba del deseo que la anima de cimentar sobre principios de benevolencia, la paz, unión y estrecha amistad que desde ahora para siempre han de conservarse entre sus súbditos y los ciudadanos de la República de Venezuela.

Art. 4° La República de Venezuela y S.M.C. se convienen en que los ciudadanos y súbditos respectivos de ambas naciones conserven expeditos y libres sus derechos para reclamar y obtener justicia y plena satisfacción de las deudas contraídas entre si *bona fide*.

En estos dos artículos se comienza a legislar en lo referente al restablecimiento de relaciones, ya no solo entre estados, sino entre ciudadanos –súbditos con los estados y entre ellos mismos–, colocando la figura estatal como veladora y potenciadora de las relaciones de paz. Se habla de olvido y amnistía para todos, sin importar el lugar donde se encuentren y el partido que siguieron, siendo este el primer paso para el perdón. No obstante, se prevé en el artículo cuarto la conservación de los derechos de súbditos y ciudadanos para reclamar y obtener justicia. Esto último es fundamental en cuanto a que los procesos de reconciliación y diálogo deben pasar en determinados casos por la aplicación de justicia, ya no solo referida a expropiaciones, confiscaciones o secuestros, sino también ante determinados crímenes que pudiesen haber sido cometidos en las regulaciones violentas del conflicto.

En el artículo decimoprimero, ambos estados propugnan el olvido en cuanto a los daños y perjuicios causados por la guerra, procurando no reavivar o exigir cuentas por acciones o hechos del pasado, diferentes a los previstos en este Tratado. Asimismo, en el artículo decimosegundo se acuerda no consentir ningún tipo de iniciativa que surja desde cualquier Estado y que busque amenazar la paz y seguridad del otro Estado, siendo un compromiso de cada parte la aplicación de la justicia sobre sus autores. En el artículo decimotercero se hace un pequeño preámbulo en el que se reconoce un espacio de paz común; es el espacio de los orígenes, del mestizaje racial, cultural, religioso y lingüístico. Se señala que «Para borrar de una vez todo vestigio de división entre los súbditos de ambos países, tan unidos hoy por los vínculos de origen, religión, lengua, costumbres y afectos...» existirá la posibilidad de que los españoles recuperen su nacionalidad –en caso de haberla perdido– y que ambos, tanto venezolanos como españoles, puedan poseer libremente toda clase de bienes muebles o inmuebles, tener establecimientos de cualquier especie, ejercer todo género de industria y comercio, siendo tratados sin distingo de acuerdo a la ley de cada país. El artículo decimocuarto aborda el punto del servicio militar. Textualmente se establece «Art. 14º Los ciudadanos de la República de Venezuela en España y los súbditos españoles en Venezuela no estarán sujetos al servicio del ejército, armada y milicia nacional». En el artículo decimoquinto y decimosexto, se formaliza y fortalece el comercio entre ambos países.

Del artículo decimoseptimo al decimonoveno, se sientan las bases de la diplomacia entre España y Venezuela, ya no como relación circunstancial, sino como mecanismo permanente entre los gobiernos de ambos países para el manejo de sus relaciones y conflictos. Y parten de la buena fe para prevenir nuevos conflictos y garantizar regulaciones pacíficas:

> Art. 19º Deseando la República de Venezuela y S. M. C. conservar la paz y buena armonía que felizmente acaban de restablecer por el presente tratado, declaran solemne y formalmente:
>
> 1º Que cualquier ventaja que adquieren en virtud de los artículos anteriores, es y debe entenderse como una compensación de los beneficios que mutuamente se confieren por ellos, y
>
> 2º Que si (lo que Dios no permita) se interrumpiese la buena armonía que debe reinar en lo venidero entre las partes contratantes, por falta de inteligencia de artículos aquí convenidos o por otro motivo cualquiera de agravio o queja, ninguna de las partes podrá autorizar actos de

hostilidad o represalia por mar o tierra, sin haber presentado antes a la otra una memoria justificativa de los motivos en que funde la queja u agravio, y negándose la correspondiente satisfacción[240].

Curiosamente, sería en un buque de guerra español –el bergantín *Jason*– en donde se trasladaría a Venezuela el pliego (remitido por el conde de Mirasol, Rafael Arístegui y Velez, capitán general de Puerto Rico) al presidente Soublette, contentivo del Tratado suscrito a fin de proceder a las ratificaciones. Llegó al puerto de La Guaira el 11 de mayo de 1845. Inmediatamente se procedió a su estudio por parte del Senado y la Cámara de Representantes, y el 27 de mayo de ese mismo año fue aprobado. Por su parte, la reina Isabel II ratificaría el Tratado el 19 de junio de ese mismo año. Alejo Fortique no pudo regresar a Venezuela por motivos graves de salud. De Madrid se trasladó a Londres a fin de ser tratado, pero murió antes del canje de ratificaciones con España, el 28 de octubre de 1845. Así, Fermín Toro, quien había fungido como secretario de Fortique durante toda la última fase de la negociación, fue el encargado de llevar la ratificación y de negociar la «Explicación del contenido del artículo 5º del Tratado». Recordemos que este artículo había quedado para negociación posterior a fin de suscribir previamente el acuerdo. Sin embargo, una España generosa decidió hacer el canje de ratificaciones incluso antes de concretar dicha negociación. El canje de ratificaciones del *Tratado de reconocimiento, paz y amistad celebrado entre la República (de Venezuela) y S.M. la Reina de España*, se produjo el 22 de junio de 1846.

El 7 de agosto de ese mismo año, Fermín Toro, enviado extraordinario y plenipotenciario de la República de Venezuela y Francisco Javier Istúriz, primer secretario de Estado y presidente del Consejo de Ministros de España, acordaron y suscribieron los términos en que se haría efectivo el artículo 5º del Tratado,

---

240 *Ibídem*, pp. 361-362.

reconociendo Venezuela la deuda de tesorería[241]. Así se ponía fin al conflicto por la independencia de Venezuela.

Conflictos no resueltos con la Independencia de Venezuela

Con la firma del *Tratado de reconocimiento, paz y amistad celebrado entre la República (de Venezuela) y S.M. la Reina de España* se cierra el conflicto entre patriotas y realistas por la independencia de Venezuela. Sin embargo, los otros conflictos que la independencia buscó regular debido a su manifestación en plena diatriba, tales como los de carácter social y económico, no encontrarán solución definitiva en este tratado. Si bien la independencia servirá de revulsivo para la movilización social y el inicio de un proceso progresivo de igualación ciudadana, lo cual es bastante decir si lo comparamos con los valores y principios de la sociedad colonial, sus efectos no serán definitivos.

Lo ideal es que la firma de un acuerdo implique el fin de las regulaciones violentas de un conflicto. Sin embargo, no necesariamente es una garantía definitiva. Vicenç Fisas, autoridad en temas de procesos de paz, señala que el acuerdo no es siquiera la fase final de un proceso de negociación, porque hay demasiados fracasos asociados a la firma apresurada, a una redacción confusa o a una firma realizada sin convicción. Para asegurar el éxito de un acuerdo de paz ha de tener garantías, ser claro en su redacción, factible y realista, perdurar en el tiempo. Además, ha de dilucidar cómo atacar las raíces del problema, prever cláusulas de reforma, no ha de ignorar a la sociedad civil, ha de establecer un cronograma claro, pensar en la fase de desmovilización y desarme, blindar el acuerdo ante los posibles y típicos reventadores (*spoilers*) y

241 Tratado de Reconocimiento, Paz y amistad celebrado entre la República y S.M. La Reina de España. «Tratado de reconocimiento de Venezuela». En: *Información Digitalizada. Textos históricos de Venezuela.* [online], Caracas: Academia Nacional de la Historia, 2009. p. 1-10. [citado 20 febrero 2009] Disponible en la World Wide Web: http://www.anhvenezuela.org/pdf/textos%20historicos/010064.pdf.

ofrecer garantías para que sean respetados los derechos humanos, entre otras muchas cuestiones[242].

Por otra parte, es necesario un alto nivel de compromiso, es decir, una actitud de buena voluntad que asumen los líderes de cada una de las partes para garantizar el consenso alcanzado por los actores. La capacidad, además de implicar compromiso, significa el ejercicio de acciones diversas destinadas a mantener el cumplimiento de los acuerdos, y así sostener y alimentar la confianza generada. Ciertamente, aunque la terminología utilizada por Fisas es del siglo xx, el Tratado cumplió con todas esas garantías desde el punto de vista político. De hecho, es por esa razón que se logra zanjar meses después el tema del reconocimiento de la deuda por parte de Venezuela. Asimismo, gracias a estas condiciones es que se logra, en 1860, canalizar otro incidente cuando España envía un reclamo por la muerte de unos españoles en la llamada Guerra Federal. Fermín Toro será nuevamente enviado a Madrid como diplomático para tratar el asunto[243]. Si bien se entera de que las relaciones habían sido rotas entre ambos países, convoca un encuentro con la prensa en la península y poco a poco, potenciando sus capacidades de paz, vuelve el entendimiento entre ambos estados. A pesar de que en el corto plazo la mayoría de los *impasses* diplomáticos entre Venezuela y España en los años 1848, 1849, 1860 y 1863, tendrán su origen en reclamaciones de indemnización de súbditos españoles por los daños ocasionados en el conflicto independentista y posteriormente en el conflicto intraestatal conocido como la Guerra Federal, la relación bilateral se irá consolidando progresivamente en el área política, migratoria y comercial hacia finales del siglo xix[244].

242 Fisas, Vicenç. *Procesos de paz y negociación en conflictos armados*. Barcelona: Ediciones Paidós Ibérica S.A., 2004, p. 61.

243 Picón, Delia. *op. cit.,* pp. 114-115.

244 Romero, María Teresa. «Venezuela», en Malamud, Carlos (Coord.). *Ruptura y Reconocimiento: España y el reconocimiento de las independencias latinoamericanas*. Madrid: Colección América Latina en la Historia Contemporánea, número 1, Serie Recorridos, Editorial MAPFRE, 2012, pp. 103-104.

Fermín Toro morirá en Venezuela en 1865, conflictuado por la tempestad política venezolana de esos años. Y es que la consecución de la independencia no logró satisfacer gran parte de las expectativas de diversos grupos de la sociedad, las cuales se expresaban en la exigencia de igualdad social y política y acceso a la riqueza. Esto, acompañado de la continuación de algunos tipos de violencia estructural que se mantuvieron, tales como la esclavitud, fueron el caldo de cultivo para que el descontento de sectores poblacionales derivara en un nuevo conflicto que canalizaría estas expectativas no satisfechas por el proceso de emancipación. La llamada Guerra Larga o Guerra Federal será el conflicto político y social de mayores proporciones posterior al conflicto independentista venezolano. Al respecto, es interesante destacar que en la mayoría de los estudios acerca del conflicto Federal, al igual que sucede con los del conflicto independentista, prevalece la visión violentológica. Si bien se estima que el número de bajas estuvo entre las 40 mil[245], las 200 mil[246] o las 350 mil personas[247], lo cual es un número importante, se desconocen o menosprecian las instancias de paz que se desarrollaron durante y después de ese conflicto. Sin embargo, en los estudios de Carrera Damas y Straka se observa un análisis más equilibrado y crítico que hace un balance entre lo negativo y lo positivo que pudiera haber dejado esta diatriba.

Corrientes diversas de la disciplina de la historia —tales como los positivistas, los marxistas y los revisionistas— coinciden en señalar, a su manera de entender el mundo, que con el fin del conflicto por la independencia de Venezuela se mantuvieron altos niveles de exclusión y violencia en la sociedad manifestados de diversas maneras. El historiador Carrera Damas señala que el fin del conflicto por la independencia no significó el fin de la crisis

245 Straka, Tomás. *op. cit.*, p. 6.
246 Brito Figueroa, Federico. *op. cit.*, p. 455.
247 Salcedo Bastardo, José Luis. *op. cit.*, p. 434.

de la sociedad colonial implantada, ni siquiera el fin de la etapa bélica de la crisis; por el contrario: «Más rápidamente aún se hace evidente que la guerra había dejado de resolver las cuestiones fundamentales atenientes a la sociedad y la integración nacional» [248].

Carrera Damas reconoce la violencia estructural que perdura y no se resuelve a pesar de las regulaciones pacíficas entre patriotas y realistas. ¿Por qué? Ciertamente este fue un conflicto político que buscaba específicamente una finalidad: la secesión o independencia. No obstante, la diatriba se vuelve más compleja, exacerba y dinamiza con la participación de sectores sociales cuyas expectativas, necesidades e intereses no siempre tuvieron relación directa con el objetivo político de la emancipación. Es decir, los conflictos sociales y económicos que se arrastraban desde el siglo XVIII se superpusieron al conflicto político a lo largo de todo su desarrollo. Los esclavos deseaban libertad, los pardos, canarios y los sectores medios deseaban igualdad, los criollos o mantuanos el poder político, las regiones deseaban administrar el poder en su jurisdicción.

El proceso por la independencia fue el gran conjugador y dinamizador de estas iniciativas pero su arribo no fue su respuesta porque no era su finalidad inicial, aunque así lo hizo ver Bolívar y los líderes patriotas a los sectores más bajos de la sociedad. Si bien entre patriotas y realistas se generan mediaciones que inciden en la suscripción de un tratado de paz y su posterior aplicación, a lo interno de la sociedad venezolana los textos legales que promovían vindicaciones para los estratos más bajos serán más formales que materiales. Es por ello que, después de batallas definitorias como Carabobo, se desatan rebeliones en varias zonas del país que buscan acabar con el sistema de economía esclavista y la sociedad estratificada establecida. El historiador Federico Brito Figueroa explica que la agitación social de este tiempo estalla en todo el territorio nacional, amenazando arrasar con la estabilidad de la

---

248 Carrera Damas, Germán. *Una nación llamada Venezuela.* Caracas: Monte Ávila Editores Latinoamericana, 1983, p. 66.

clase social empeñada en construir una república sin ciudadanos, con la población rural encadenada a la economía latifundista y los negros atados a la coyunda de la esclavitud[249].

Sin lugar a dudas, el conflicto por la independencia generó a lo largo de su desarrollo una serie de mecanismos que promovieron paces positivas imperfectas en una sociedad estratificada y con una economía esclavista, tales como la movilidad social y la obtención de rangos militares y derechos políticos de aquellos sectores bajos que participaban en las regulaciones violentas del conflicto, el acceso a bienes y tierras producto de los botines de las batallas y saqueos y, posteriormente, el acceso al poder de muchos de aquellos que se destacaron en las acciones de guerra y se convirtieron en caudillos. Sin embargo, el grueso de la población se mantuvo excluido de los pocos beneficios sociales que pudieran haberse obtenido del proceso independentista. El historiador José Luis Salcedo Bastardo señala que el caudillo –ese nuevo dirigente de potencia incuestionable, autoritario, lleno de cualidades negativas y positivas, y que representa la síntesis humana del poder material, aureolado con la magia del prestigio y de su infalible proyección carismática– es el responsable del fraude de las reivindicaciones de la plenitud revolucionaria posterior al conflicto independentista. Al ser forjado de las entrañas del igualitarismo inferior, su poder se sustenta en los grupos desposeídos y en el poder militar que ha conquistado. No obstante, el caudillismo que se erige durante todo el siglo xix y parte del xx, hace del jefe guerrero el capataz o amo de la república. Basado en el mando y en el prestigio, los caudillos que nacen con la nueva república cimientan su fuerza desde el latifundio y sobre la explotación a la usanza tradicional, quizá con leves ajustes superficiales de las masas desposeídas de siempre[250].

---

249 Brito Figueroa, Federico. *Tiempo de Ezequiel Zamora*. Caracas: Ediciones Centauro, 1975, p. 17.
250 Salcedo Bastardo, José Luis. *Historia Fundamental de Venezuela*. Caracas: Instituto de Previsión Social de las Fuerzas Armadas de Venezuela, 1972, pp. 400-405.

Ciertamente, se erige en Venezuela con el proceso independentista una república, con sus instituciones y su poder judicial electo por un poder legislativo bicameral, también electo por un sistema limitado a determinados grupos. Este sistema, en comparación con el antiguo sistema colonial donde por ley se establece la subordinación a un rey sin acceso al poder político alternativo por parte de otra persona o partido, representó un gran avance desde el punto de vista estructural. La independencia será en sí misma la consecución de una reivindicación de paz negativa y positiva, porque representará el fin de un proceso de conquista y colonización iniciado años anteriores. No obstante estas ventajas será, como todo, un sistema imperfecto pero perfectible. El latifundio y la economía esclavista continuarán ilesos a pesar de la independencia, solo que ahora al lado de los antiguos propietarios aparecen latifundistas de origen plebeyo que comienzan a disfrutar del monopolio de la tierra. Si bien se había aprobado una Ley de Repartos para todos aquellos soldados que habían participado activamente en las regulaciones violentas del conflicto como recompensa por el esfuerzo, esta fue violada desde los primeros años de consolidación de la república. Desde otra perspectiva, Laureano Vallenilla Lanz señala que el latifundio colonial pasó sin modificación alguna a las manos de José Antonio Páez, José Tadeo Monagas y otros caudillos de gran peso, los cuales habiendo entrado a la guerra sin bienes de fortuna eran, a poco de constituida Venezuela, los más ricos propietarios del país[251].

Sin embargo, veamos cómo interactúan nuevamente paces imperfectas en los conflictos. Si bien por un lado esta acción puede ser juzgada como violencia estructural hacia un importante sector de la población, por otro, benefició a un sector determinado de la población como paz positiva. En consecución de lo acordado en el artículo 6º del *Tratado de Reconocimiento, Paz y Amistad celebrado*

---

251 Vallenilla Lanz, Laureano. *op. cit.*, pp. 106-107

entre la República (de Venezuela) y S. M. la Reina de España, acerca de la devolución de los bienes confiscados a los realistas en el conflicto, el gobierno de Páez, de la mano de los Consejos de Gobierno y los Tribunales de Justicia, comenzó a anular las confiscaciones de los bienes de los emigrados, arrebatándoselos a los soldados de la independencia a quienes se les habían asignado en recompensa por sus servicios, para devolvérselos a sus antiguos propietarios y a sus descendientes que regresaban al país. Si bien Vallenilla Lanz señala que esta medida, que era violatoria de la Ley de Repartos, nunca alcanzó al propio Páez y otros caudillos, no toma en cuenta que desde el punto de vista del conflicto por la independencia representó una reivindicación de los antiguos realistas que permitía reinsertarlos a la vida nacional.

Otro ejemplo de la imperfección de las paces en su proceso de interacción es la capitulación de Caracas de 1821. Si bien cuando Bolívar decide entrar pacíficamente en la ciudad, garantizando la vida de los rendidos y ofreciendo posibilidades de reinserción en la vida nacional a los realistas, impulsa una medida de paz negativa, ciertamente aplaza la resolución de una diatriba estructural que será la causa de posteriores conflictos. Este conflicto era nada más y nada menos que la sustitución de la élite criolla prorrealista por la élite criolla proindependentista. Esta es la tesis del historiador Carrera Damas, quien señala que esta decisión de Bolívar de no desplazar a la élite criolla que ocupaba Caracas, dejó sin resolver cuestiones fundamentales atinentes a la sociedad y la integración nacional, tales como el choque de intereses de la clase dominante que se enfrentó en los bandos realista y patriota. Igualmente, al «pactar» Bolívar con la élite criolla de Caracas para evitar un mayor derramamiento de sangre, se hizo más difícil aún en años venideros la implantación de medidas políticas y la aplicación de leyes tendientes a reducir la desigualdad social y la eliminación de la economía esclavista. Será esta élite, en alianza con el nuevo caudillo dominante José Antonio Páez, quienes darán gobernabilidad al país pero relegarán las aspiraciones sociales, políticas y económicas de un importante sector de la población. Esta decisión de Bolívar se debió, al parecer, a otro criterio adicional. Según Carrera Damas, Bolívar decide conciliar en un intento por no debilitar aún más a la élite mantuana que debería regir unida el país apenas se alcanzase la independencia, evitando así el gobierno de los estratos más bajos, en especial de los pardos[252].

Si bien existía un marco legal que disminuía la violencia estructural, como por ejemplo la constitución de Angostura de 1821, que preveía derechos políticos mediante la virtud armada, y la Ley de Cúcuta de ese mismo año, que promovía la extinción progresiva de la esclavitud, su vigencia era más formal que real por el poder de los caudillos que ahora se rodeaban de la vieja oligarquía contra la que muchos lucharon. En ese sentido, si bien al principio el caudillo se convirtió en un canal para fomentar la movilidad social de grupos de la población de los estratos más bajos, al acceder al poder tendieron a enquistarse y aplazar la satisfacción de las necesidades e intereses de las bases que lo promovieron.

La constitución de la República, promulgada en el año 1830, excluía aproximadamente a un 92 por ciento de la población, ya que preveía que para gozar de los derechos ciudadanos se necesitaba ser venezolano, casado o mayor de veintiún años, saber leer y escribir, dueño de una propiedad raíz cuya cuenta anual sea de cincuenta pesos, o tener una profesión, oficio o industria útil que produjera cien pesos anuales sin dependencia de otro en clase de sirviente doméstico o gozar de un sueldo anual de ciento cincuenta pesos[253]. Por su parte, Rafael Arráiz Lucca señala las limitaciones de la virtud armada como mecanismo de inclusión. Explica que si bien la independencia puede considerarse una operación incluyente, la vida que se inicia en Venezuela después del proceso emancipador es guerrera y, como tal, circunscrita a aquellos que

---

252 Carrera Damas, Germán. *op. cit.*, pp. 66-68.
253 Brito Figueroa, Federico. *op. cit.*, p. 66.

hicieron la guerra, dejando de lado como espectadores, y a la vez dolientes, a la gran mayoría durante muchos años[254]. El historiador José Gil Fortoul señala que el período que se desarrolla entre 1830 y 1863 será el de la oligarquía, tanto conservadora como liberal. Conservadora entre 1830 y 1848 porque, si bien respeta las libertades que acuerda la constitución política y acata la distinción de los poderes, conserva la distinción entre hombres libres y esclavos, y no transforma sino lentamente las bases del régimen social y económico que venía de antes de la Independencia. Liberal entre 1848 y 1863 porque va modificando progresivamente la legislación en el sentido de acercarse a la igualdad de derechos para todos los ciudadanos. Así, se suprime la pena de muerte por delitos políticos en 1849, se elimina la esclavitud en 1854 y se establece el sufragio universal en 1858[255]. Los derechos serán más enunciativos y menos aplicados en la práctica. Lisandro Alvarado afirmará, en referencia a este período, que «... aquello que da fisonomía característica a la administración pública no es tanto la ley fundamental de la nación como la resistencia ocasionada por el igualitarismo y desigual vaivén de la opinión, condiciones en que bulle como fuerza viva la voluntad nacional»[256].

Esa «voluntad nacional» de la que habla Alvarado se expresará de diversas maneras. En cuanto a la abolición de la esclavitud, si bien se establece su eliminación en 1854 gracias a la presión social de diversos levantamientos y rebeliones, también se elimina porque para los criollos propietarios se había convertido en una carga onerosa. Ciertamente, la Ley de Abolición de 1854 auspiciada y

254 Arráiz Lucca, Rafael. «Inclusión-exclusión: los dos extremos de un dilema»: En Ramírez Ribes, María (Comp.) ¿Cabemos todos? Los desafíos de la exclusión. Caracas: Informe del Capítulo Venezolano del Club de Roma, Ediplus Producción C.A., 2004, pp. 35.36.

255 Gil Fortoul, José. Historia Constitucional de Venezuela. Caracas: Tomo II. Editorial Las Novedades, 1942, pp. 7-8.

256 Alvarado, Lisandro. «Discurso de recepción a la Academia Nacional de la Historia de 1923: El movimiento igualitario en Venezuela». Obras Completas. Caracas: Tomo II, Fundación la Casa de Bello, 1989, p. 1359.

ejecutada por el presidente José Gregorio Monagas es un paso enorme que representa una medida de «paz positiva», porque elimina la esclavitud como forma legal de base de la economía latifundista. Esta era una reivindicación que se venía gestando, al menos, desde el último cuarto del siglo XVIII y que finalmente se consolida como uno de los más grandes pasos a nivel legal del siglo XIX. Sin embargo, el cambio de estatus no significará un cambio inmediato en la estructura de la sociedad y por ende de la totalidad de la violencia estructural. Fundamentalmente porque el Estado no ofrece otras posibilidades de educación o inserción económica y social a este importante sector de la población. Brito Figueroa reseña que al liberto se le oprime y exprime como peón libre, con un salario mísero –a base de fichas válidas solo en la pulpería de la hacienda, con deudas eternas que lo atan a la tierra con la cual se lo arrienda.

A nivel político los derechos seguirán siendo limitados por una serie de requisitos con los que cumple el sector minoritario de la población. A esto se sigue sumando la división de la oligarquía o sector dominante de la sociedad en cuanto a criterios claves de la política económica y el acceso al poder de nuevos caudillos. Se da entre 1830 y 1858 la alternabilidad entre dos caudillos dominantes: Páez y Monagas, con sus respectivos conmilitones políticos, que hace vislumbrar una aparente suerte de pluralidad. Dominan los partidos conservador y liberal, sin embargo, los temas ideológicos parecen secundarios ante la necesidad de los caudillos de alcanzar el poder aprovechando las banderas que los encumbren. Un aspecto que es importante señalar aquí es el esbozado por Diego Bautista Urbaneja, quien explica que durante todo ese período el orden caudillista convive en simbiosis con el orden legal y constitucional que denomina «liberal». En ese sentido, la progresiva construcción de ese orden, aunque era vacilante, incipiente, va mediando y transformando el sistema caudillesco[257].

---

257 Urbaneja, Diego Bautista. *La idea política de Venezuela: 1830-1870*. Caracas: Editorial Arte, Cuadernos Lagoven, Serie Cuatro Repúblicas pp. 42-45.

Para la fecha, el partido Liberal contagia a los grupos más bajos de la población al menos en las ideas, porque se identifican con sus necesidades o intereses aún no satisfechos. No obstante, a medida que pasan los años, el propio caudillismo que se desarrolla en el siglo XIX interactuará de manera imperfecta con las demandas sociales, las cuales irán progresivamente siendo canalizadas hasta el advenimiento de los primeros experimentos democráticos a finales de la quinta década del siglo XX. Una nueva figura del partido Liberal, Ezequiel Zamora, simboliza la esperanza de muchos para canalizar dichas expectativas. Este modesto comerciante, que inició sus simpatías con el partido Liberal alrededor de 1840, se convertirá en la figura política más importante de la zona de los Valles de Aragua y donde todavía se ejercía de una manera feroz la economía esclavista y el latifundio.

El descontento de aquellos que se identifican con sectores del partido Liberal como el de Antonio Leocadio Guzmán, encuentra apoyo popular con la participación de Zamora, el cual se ve exacerbado por la crisis económica de los años 40, en la que los precios de los productos agrícolas caen en el mercado internacional, generando más pobreza, desigualdad, represión y hambre. Hacia el año 1857, la realidad venezolana es cada vez más compleja. Los grandes hacendados se encuentran casi en quiebra, producto de créditos bancarios impagables: la crisis económica continúa sin parangón, los caudillos se enfrentan por alcanzar el poder y para los estratos bajos la situación es peor que antes. La gota que rebasa el vaso de la contención social es la supresión de la autonomía de las provincias que ejecuta el gobierno ese mismo año a cambio de una supuesta concesión para el poder municipal[258]. A partir de entonces, los liberales se ubicarán con las banderas de la federación, y a partir de la Guerra Federal o Guerra Larga identifican por jefe a Zamora y –después de su asesinato–

---

258 Gil Fortoul, José. *op. cit.*, pp. 9-10.

a Falcón, diferenciándose de los centrales a los que llaman godos o conservadores.

En ese sentido, las causas principales del conflicto federal serán el reparto desigual de tierras, el mantenimiento de una economía agrícola latifundista, la baja de los precios internacionales de los productos agrícolas, la miseria en que vivían los campesinos y alrededor de 40 000 exesclavos, la limitación de derechos políticos y la profunda desigualdad social. Si bien es conocida con el nombre de guerra, al igual que la independencia, realmente fue un conflicto de carácter intranacional (con regulaciones pacíficas y violentas) que se extendió entre los años 1859 y 1863, entre conservadores y liberales.

Los primeros, encabezados por el general José Antonio Páez, buscaban mantener el orden político y social, entre ellos aspectos como el mantenimiento del sistema electoral, el centralismo gubernamental, la esclavitud y el mantenimiento del poder político. Por su parte, los liberales, encabezados por Ezequiel Zamora, Juan Crisóstomo Falcón y Antonio Guzmán Blanco, quienes representaban a los sectores que no habían accedido al poder y/o que buscaban la satisfacción de nuevos derechos sociales, políticos y económicos. En ese sentido, propugnaban ideales tales como la libertad de prensa, la igualdad social, la libertad de los esclavos, la abolición de la pena de muerte y los títulos nobiliarios, y promovían el federalismo a fin de darle más poder a las regiones. Gracias a ello ganaron progresivamente el apoyo de las bases campesinas y los sectores más bajos de la estructura social. A pesar del enfrentamiento formal en cuanto a un problema ideológico, la base del conflicto se desata fundamentalmente porque muchas de las nuevas élites surgidas desde el proceso de la independencia se mantuvieron al margen del ejercicio del poder gracias a la inamovilidad de la aristocracia criolla y la burguesía comercial apoyada por caudillos militares. Fue, al igual que la independencia, un conflicto político. Y también, al igual que en la independencia, los diversos sectores sociales vieron (en este caso en el partido Liberal), la posibilidad de satisfacer –finalmente– sus demandas. A medida que se fue desarrollando el conflicto, el partido Liberal se fue imponiendo.

Zamora canalizó el ansia igualitaria que venía desde los primeros años de la independencia, ya que los que lo seguían eran los mismos llaneros que, según Brito Figueroa, acompañaron a Boves en 1813 y a Páez posteriormente. Zamora siempre cuestionó a los federales conciliadores, señalando que «... *algo podrido hay en la olla*», al considerar que esa actitud podía hacer perder el sentido de la lucha igualitaria[259]. Para Carrera Damas, la Guerra Federal, al igual que el resto de las guerras civiles que se desarrollan en el siglo XIX, fueron simplemente el desarrollo de conflictos inconclusos no resueltos en el conflicto independentista[260].

Con la muerte de Ezequiel Zamora, el ala más moderada del liberalismo se impuso. Si bien el conflicto finaliza con la firma del Tratado de Coche el 23 de abril de 1863 (documento de paz negativa), que genera una rotación en la élite gobernante (con lo cual se reduce la violencia estructural), al final los caudillos regionales se fueron apoderando de las tierras y los sectores más desfavorecidos –que habían apoyado a los federalistas– no fueron beneficiados con la repartición. Si bien se otorgan nuevos derechos políticos, plasmados en la constitución de 1864, el sistema caudillista mantuvo nuevamente una importante cuota de violencia estructural. Haciendo un balance entre lo positivo y negativo de este conflicto, Salcedo Bastardo dirá lapidariamente: «Desaparecido Zamora no había diferencia abismal entre los comandos contendientes [...] Tras 60 meses apocalípticos [...] la "Federación" queda como una prolongada escaramuza de horror y de aspiraciones otra vez pisoteadas, con mínima efectividad»[261]. Sin embargo, destaca que,

259 Brito Figueroa, Federico. *op. cit.,* p. 455.
260 Carrera Damas, Germán. *op. cit.,* pp. 71-73.
261 Salcedo Bastardo, José Luis. *op. cit.,* pp. 465-466.

aunque maltrecha, la sociedad queda más desprejuiciada y más receptiva a innovaciones. Esto trasciende la legislación y las instituciones venezolanas, lo cual va a implicar una importante diferencia con respecto a otras naciones del continente[262].

Y es que la Constitución de 1864, si bien no termina con toda la violencia de los grupos que abogaban por una mayor igualdad, es el instrumento que logra establecer un mecanismo idóneo para enfrentar las expresiones de la crisis estructural, abre el camino para la consolidación de una nueva élite que se instala definitivamente en 1870 y plantea, tal como señala Carrera Damas, un proyecto nacional para los próximos años. Este conflicto y el instrumento legal generado serán una nueva expresión de la interacción entre violencia estructural imperfecta y paz imperfecta estructural. Si bien criticarán los radicales a Falcón y a Guzmán Blanco por sus negociaciones con las élites conservadoras y su espíritu conciliador en 1864, a partir de 1870 el segundo aplicará una política dura, con algunas expresiones de violencia directa contra la antigua élite prorrealista heredada del conflicto independentista, pero promulgará decretos que regulan la vida civil, el comercio y la educación, promoviendo una tendencia que –curiosamente– siembra la semilla de la «democracia» en los venezolanos y que germinará en el siglo XX.

Esta es la opinión del historiador Straka, quien hace un balance del conflicto y enfatiza que, si bien el federalismo triunfa, en los seis primeros años de su instalación se generan revueltas de caciques en cada región. Esta lección hace que el nuevo caudillo Guzmán Blanco inicie un proceso de centralización de más de un siglo, que se extenderá en el país hasta el año 1990[263]. A nivel social, Straka cita la frase de Gil Fortoul que señala que la Guerra Federal fue en lo social lo que la independencia había sido en lo

262 Ibídem.
263 Straka, Tomás. «A ciento cincuenta años de la Guerra Federal». El papel literario. Caracas: El Nacional, 2009, pp. 6-7.

político. El triunfo del Partido Liberal en la Guerra Federal permitió el acceso al poder de hombres que representaban el ascenso de grupos como los pardos, con lo cual se drenaban tensiones sociales. En cuanto a lo social, se logró implantar el igualitarismo como un valor fundamental, no en cuanto a una igualdad socioeconómica (puesto que todos deseaban hacerse ricos), sino en cuanto a una estima similar para todos. Este fue un elemento fundamental en una sociedad en la cual el sistema de castas estuvo vigente hasta una generación atrás. A partir de entonces, la base campesina y parda se mantendrá tranquila por lo menos durante 70 años. Finaliza Straka diciendo:

> Fue lo que los liberales entonces llamaron «democracia», en un sentido que pasaría a ser dramáticamente venezolano: no poniendo el acento en la convocatoria a comicios libres y pulcros […] sino en la posibilidad de que cualquiera con el valor, la astucia y el talento suficientes, indistintamente de su origen, pudiera llegar hasta el pináculo de la sociedad. […] Basta echar un vistazo a los países del vecindario para comprender lo que significaba esa democracia venezolana[264].

Lo cierto es que ese proceso de inclusión e igualación de la sociedad en cuanto a derechos políticos y sociales será lento pero cada vez más efectivo, a pesar del caudillismo y el autoritarismo, interactuando con marcos legales cada vez más incluyentes hasta bien entrado el siglo xx.

---

264 *Ibídem.*

Capítulo V
A modo de conclusión: la Independencia desde el giro epistemológico

El conflicto entre patriotas y realistas por la independencia de Venezuela transcurrió en una interacción permanente entre regulaciones pacíficas y violentas. Se asume así la imperfección de la paz y de la violencia, lo cual representa un paso enorme en la interpretación de la complejidad del conflicto emancipador a partir de un giro epistemológico. Hacerlo desde este nuevo enfoque permite, por una parte, abandonar el tradicional discurso centrado en el análisis de una «guerra idealizada», para hacerlo desde un punto de vista más equilibrado y complejo, como es la realidad de los seres humanos. Asimismo, el giro epistemológico permite visibilizar las regulaciones pacíficas entre patriotas y realistas que dinamizaron el conflicto a lo largo de toda su duración. Todo ello para equilibrar el desfase epistemológico entre lo que imaginamos del conflicto y lo que en la realidad sucedió, o para tener una visión más coherente entre el momento histórico y la conciencia histórica.

Superar el adjetivo tradicional de *guerra* con el que usualmente se ha denominado de manera incompleta al proceso de independencia es un paso muy significativo. Las regulaciones violentas estuvieron presentes en el proceso de emancipación venezolano en forma de batallas, guerra de guerrillas, asaltos, fusilamientos, estratificación y discriminación por honor, color de piel y lugar de origen, proclamas, decretos y documentos. Sin embargo, las regulaciones pacíficas ocuparon la mayor parte de los espacios y la mayor parte del tiempo de la contienda. Sus expresiones fueron mucho más complejas e integrales. En cuanto a la contienda en sí, vinieron en forma de inclusión, igualación, amnistías, capitulaciones, regularización de la guerra, armisticios, encuentros, compadrazgos, diplomacia, comercio y tratados. En cuanto al funcionamiento de las estructuras, las regulaciones pacíficas se expresaron en el desarrollo de las actividades cotidianas, a pesar de que el enfrentamiento no se hizo presente en vastos espacios más allá de las formalidades establecidas en un mapa.

En ese sentido, al no ser absolutas ni perfectas, se da una interacción permanente de diversa intensidad entre violencia y paz, en la que se ponen en juego diversos proyectos e intereses. Es por ello que el término *conflicto* es el que mejor responde a la complejidad de dicho proceso.

Si bien en el desarrollo de la independencia hubo factores sociales y económicos que la hicieron más compleja, su inicio formal se debió a una motivación política entre quienes querían la secesión de Venezuela del Imperio y su libre determinación, y aquellos que buscaban evitar que esto se materializara. Igualmente, de la mano de la secesión del territorio que ha sido colonizado viene la exigencia de libre determinación, la cual se traduce en la interpretación que hacen los patriotas acerca de los beneficios que traerá consigo la independencia, en cuanto una mejora real de las condiciones del grupo de los mantuanos, al principio, y a partir de 1816 de las personas que a través de las armas defendieran el proyecto independentista. Es decir, la independencia se persigue para impulsar una mejor gestión de los conflictos, el desarrollo adecuado de las capacidades y proyectos de la mayoría de sus habitantes y la mejor distribución de los recursos para atender las diversas necesidades en comparación con el estado anterior de las cosas, tal como se expresa en el Acta de Independencia de Venezuela.

Este documento, que ponía de manifiesto dos visiones excluyentes de concebir la adscripción político territorial al imperio, será la causa del inicio del conflicto y solo será vislumbrada formalmente por ambos bandos en 1820, cuando en el artículo 7º del Tratado de Regularización de la Guerra lo expresan claramente. Es justamente la condición de libre, soberano e independiente que reconoce España en Venezuela en el Tratado de 1846 lo que permite afirmar que el conflicto entre patriotas y realistas fue por una causa política en pro de la secesión y la libre determinación.

Asimismo, la superación de la concepción del proceso de independencia visto solo como guerra viene de la mano, adicionalmente, de su reconocimiento como reivindicación de paz. Esto por la legitimidad y legalidad que tienen los pueblos –cuando forman parte de territorios colonizados– a la secesión, ya no solo en el marco del Derecho Internacional sino en el del derecho de libre determinación de los pueblos consagrado en los Derechos Humanos. En ese sentido, los procesos emancipadores como causa política podríamos interpretarlos como *reivindicaciones de paz en sí mismas*, no solo por su fuerza moral sino por la fortaleza que adquieren cuando quedan plasmadas y acordadas jurídicamente como un Derecho Humano.

En este marco, la coincidencia en ciertos principios del liberalismo, como la valoración de la persona en sí, de su racionalidad, el distanciamiento de posturas maniqueas y sagradas, el rechazo a las formas de gobierno absolutistas y a la violación de la dignidad del individuo, permitió que realistas y patriotas vislumbraran en determinado momento un espacio común de encuentro. A partir de 1820, esta coincidencia se da en «las formas» en que procede el liberalismo, el cual –materializado en el Estado Liberal– toma como absoluto el método y no los fines: la superioridad de la persuasión sobre la imposición, el respeto a los demás y, bajo este valor, el significado positivo de las diferencias y las diversidades. En este sentido, realistas y patriotas confluyen en la lucha contra la monarquía absoluta. Claro, cada uno a su manera. Los realistas, si bien no buscaban superar esta forma de Estado, sí buscaban (y lo alcanzaron progresivamente) limitar el poder del rey y aumentar el de diversos grupos de la sociedad mediante modelos políticos más equilibrados. Los patriotas, por su parte, si bien coincidían con los realistas en la lucha contra la monarquía absoluta, propugnaban un modelo republicano y un proyecto independentista.

La coincidencia en el «fondo» del liberalismo también se generó. Entre 1810 y 1846 se identifican una serie de espacios de encuentro, tanto en documentos de paz como en procesos de negociación, reconocimiento y perdón. Tal es el caso de las constituciones de 1811 de Venezuela y de 1812 de España, en las cuales se expresan por primera vez una serie de conceptos y principios que marcan un quiebre formal con el Antiguo Régimen absolutista. Las constituciones destacan como máximos instrumentos legales de un país para el desarrollo de las capacidades de sus habitantes y la regulación pacífica de conflictos. En ese sentido, resalta la coincidencia temporal en la promulgación de las primeras constituciones tanto en Venezuela como en España, las cuales, si bien varían su contenido en cuanto a la forma de Estado, coinciden en una serie de principios liberales que delinean la protección del individuo frente a los excesos del absolutismo. Tanto la Constitución venezolana de 1811 como la española de 1812 serán documentos con una influencia en valores tremenda.

Para Venezuela, la Constitución de 1811 significó un documento de paz en cuanto a que formalizaba el decreto de independencia ante el Imperio español, eliminaba los privilegios reales, implementaba la forma de estado republicana en la que la soberanía se traslada al pueblo y se ejerce a través de representantes electos y establecía principios de protección y valoración del individuo frente a los abusos del absolutismo. Por su parte, la Constitución de 1812 marcó el inicio de las reformas en la forma de Estado y de gobierno de España, al instaurar una monarquía limitada, dando más poder a las Cortes, promoviendo la igualación de las provincias e implementando también reformas liberales nunca antes vistas. No obstante, y a la par, ambos documentos generaron a lo interno de ambos países conflictos con expresiones de violencia. La influencia e impacto de ambas constituciones fue más formal que real en los primeros años, ya que la convulsión política tanto en Venezuela como en la península ibérica eran significativas y el modelo absolutista y tradicional de la sociedad estaba muy arraigado aún. A pesar de esto, abrirán una puerta que no se cerrará jamás, iniciando un camino irreversible a la consolidación de cambios en el ámbito político, social, económico y cultural.

En los primeros años del conflicto, las diferencias y la preponderancia del criterio de los extremistas en ambos bandos hicieron que los puntos coincidentes en el marco del liberalismo fueran prácticamente secundarios. Así, entre 1813 y 1819, la preeminencia de las actitudes extremistas en patriotas y realistas hizo que los valores y preceptos del liberalismo político no sirvieran de mediación para la generación de instancias de paz y se cometieran, por el contrario, terribles excesos. No obstante, a partir de 1820, la reinterpretación del conflicto que se produce en cada bando, producto del agotamiento, la reconfiguración de fuerzas y el arribo de los liberales al poder en España, hacen que el liberalismo político facilite las vías dialógicas.

La firma de los tratados de Trujillo, tanto de Armisticio como de Regularización de la Guerra, así como los encuentros consiguientes entre patriotas y realistas, representaron una «mediación» que permitió, por primera vez, que ambos bandos se sentaran a dialogar nuevas vías para la regulación del conflicto, a negociar pausas en la violencia y a limitar su desenvolvimiento. A partir de esta mediación, de esta instancia intermedia enmarcada en valores del liberalismo que patriotas y realistas compartían, la potenciación de las regulaciones pacíficas fue incrementándose y dinamizándose de manera definitiva. Sin negar la importancia de la violencia y la repercusión que tuvo en la definición final de la contienda, el liberalismo, como espacio de paz, fue determinante para el diálogo, la negociación y la reinserción.

La capitulación fue otro de los documentos de paz más utilizados a lo largo del conflicto. Algunas de ellas fueron violadas por el vencedor, principalmente las suscritas entre 1812 y 1815. Al fin y al cabo, había una falta de coincidencia en los objetivos y los valores del liberalismo que aún no habían sido socializados. Sin embargo, las capitulaciones suscritas en el marco de las grandes batallas y las amnistías decretadas a favor de los últimos realistas armados, estuvieron enmarcadas en el mismo espíritu liberal de los Tratados de Trujillo de 1820. Ciertamente se presentarán excepciones imperfectas en su aplicación, pero en términos generales hubo un cambio en lo referido a la valoración de la vida de los individuos y a la confianza en que, a través de compromisos asumidos por vías dialógicas, es posible convivir a partir del reconocimiento de culpas, del perdón, del olvido, del cambio en las conductas y de la reinserción a la vida nacional.

Con el retorno de los liberales moderados al gobierno de España, a partir de 1833, la coincidencia con el gobierno de Venezuela venía nuevamente enmarcada en valores liberales, principalmente en lo referido al respeto de la persona humana y de su racionalidad. Esto se materializaría, por ejemplo, en las reuniones del general Montilla con el embajador de España en Inglaterra, en el encuentro de los generales patriotas Soublette y O'Leary con el general español Pablo Morillo en Galicia en 1835 y en las conversaciones y progresivos acercamientos con el gobierno español a fin de lograr la reconciliación y el incremento de la ayuda mutua. Asimismo, el espíritu liberal fue fundamental para la apertura mutua de puertos para el intercambio comercial en 1837 y finalmente, para la concreción del tratado de reconocimiento de Venezuela por parte de España, el cual, a su vez, está teñido de esta ideología a lo largo de su contenido.

El liberalismo político fue, sin lugar a dudas, un espacio de paz dinamizador permanente de nuevas instancias pacíficas entre patriotas y realistas en el conflicto por la independencia. No obstante, y más allá de alguna referencia formal, será mucho más modesto en su efectividad para la canalización de los conflictos sociales y económicos de los grupos sociales más bajos que participaron en la contienda. En cuanto a esto último, las prácticas igualadoras de los primeros caudillos realistas y su continuación por parte de los republicanos serán mucho más efectivas que los bien intencionados principios liberales presentes en constituciones de poca aplicabilidad en esos años.

La independencia de Venezuela transcurrió en una interacción de regulaciones pacíficas y violentas entre los bandos en conflicto. Al ser la violencia y la paz formas de regulación imperfectas durante los conflictos, se asume que nunca llegan a ser estados absolutos. Esto, lejos de generar decepción, ofrece esperanzas para saber que, hasta en los momentos más violentos, siempre hay instancias, momentos y actores de paz.

Si bien el período entre 1810 y 1823 fue el de más violencia directa de toda la contienda, no es cierto que durante ese período no se hayan producido regulaciones pacíficas. Sobre la imperfección e interacción de la paz y la violencia está el caso de la llamada «Guerra a Muerte», entre 1813 y 1820, cuando a pesar de que las regulaciones de violencia directa y cultural alcanzaron su nivel más intenso entre patriotas y realistas, hubo actores, instituciones y países que mediaron por la paz, tal como representantes de la Iglesia Católica venezolana y del gobierno británico. El daño ocasionado por la violación de la capitulación de 1812 y el encarcelamiento de Francisco de Miranda generaron un impacto muy hondo en la conciencia de cada bando, porque más allá de la incapacidad para hacer cumplir y respetar los acuerdos, quedó de manifiesto la falta de voluntad para ello. Este fenómeno volvió a repetirse en julio de 1814, con la violación intencional de Boves a la capitulación que había suscrito con los patriotas rendidos en la ciudad de Valencia y en 1815 con la violación de la capitulación de Margarita por parte de los patriotas.

Quizá lo más importante e innovador a destacar de este período, más allá de las pocas regulaciones de paz negativa inherentes al conflicto, son las regulaciones de «paz positiva» impulsadas por líderes de ambos bandos a lo interno de sus ejércitos. En concordancia con la tesis de las mentalidades propuesta por Mijares, los líderes de cada bando se convirtieron en especie de mediadores entre sus ideas y las necesidades de quienes los seguían, promoviendo reivindicaciones para regulación de los conflictos sociales y económicos, al menos de los miembros de sus tropas. Al final los patriotas serán más efectivos conciliando o mediando las ideas de patria y república con la satisfacción de necesidades de igualdad social y beneficios económicos para los sectores más bajos de la estructura social, lo cual inclinará la balanza a su favor.

Curiosamente, el personaje que ha sido más satanizado por la «historia oficial» en Venezuela, el realista José Tomás Boves, será el primero en impulsar cambios que reducen la violencia estructural de la sociedad colonial. Las acciones bélicas emprendidas por Boves iban acompañadas del reparto de papeletas de propiedad de las casas, cabezas de ganado y otros bienes muebles tomados de los enemigos, muertos o desterrados, a los soldados de sus tropas, a fin de mantener y pagar la tropa, gratificar combatientes y pagar deudas. Todo ello, tal como señala Carrera Damas, a pesar de que estas entregas no incluían, como generalmente se ha creído, el reparto de tierras. Por el contrario, el soldado tomaba la tierra directamente. El conjunto de licencias y de vindicaciones otorgadas por Boves a sus tropas, y en menor medida a lo interno del lado patriota, pueden ser vistas como acciones de paz positiva, en medio de una sociedad colonial esclavista y estratificada. Esto es así porque los sectores más desfavorecidos estaban recibiendo, por primera vez, algún tipo de beneficio social y/o económico, además de reconocimiento a su integridad física que es el más primordial de los reconocimientos.

Los patriotas emplearán con posterioridad algunas medidas similares para obtener apoyos y lo conseguirán. Luego de la pérdida de la Segunda República y de un exilio, Bolívar decretó la libertad de los esclavos a su regreso a Venezuela en 1816, abriendo la participación de todos los grupos sociales en el ejército republicano mediante el ejercicio de la virtud armada. Si bien para Bolívar el mayor deber y motivación para un soldado era procurar la defensa de la patria mediante el ejercicio de la virtud armada, para la mayoría de los llaneros que seguían ahora a los patriotas la motivación no era tanto la defensa de la patria ni el ejercicio de la virtud, sino los beneficios tangibles que obtenían de sus campañas militares y la fuerza que les imprimía el general José Antonio Páez, su nuevo caudillo. Es decir, el progresivo incremento de apoyo al proyecto republicano no se produce, al inicio, por un cambio sustancial en la mentalidad de los estamentos más bajos, sino porque comienzan a hallar las vindicaciones que antes encontraban en el ejército realista.

En ese sentido Bolívar, a través de los decretos del 2 de junio y del 6 de julio de 1816, ejecuta una acción que potencia la paz positiva a lo interno del bando patriota, ya que abre la puerta, aunque sea formalmente, al derecho social de la libertad a los esclavos de Venezuela, que sufrían desde el período colonial este tipo de violencia estructural. En la misma tónica van los decretos de 1817 para repartir las tierras entre los soldados de la patria y la solicitud para que se convirtiera en ley. No obstante, dicho derecho vino acompañado del ejercicio de la virtud republicana de manera armada, es decir, la obligación de participar de las regulaciones violentas en el conflicto por la independencia. Por ello su carácter de paz positiva imperfecta puesto que, si bien dicha medida generó beneficios a unos, su goce dependía de la participación armada en el conflicto.

Asimismo, durante el conflicto se dieron casos en los que espacios y momentos de violencia para un determinado actor significaron mediaciones que desencadenaban espacios y momentos de paz para otros. Es el caso de lo ocurrido entre España y Venezuela y las regulaciones pacíficas que se potenciaron entre 1824 y 1827, al momento en que en la península ibérica las disputas violentas entre liberales y absolutistas se venían potenciando desde el año 1814. Igualmente, y a pesar de esto, el realista Dionisio Cisneros ya ejecutaba diversos ataques sobre poblaciones aledañas a la ciudad de Caracas desde el año 1821, los cuales se extendieron por una década.

En la fase final del conflicto, entre 1831 y 1846, las regulaciones entre patriotas y realistas fueron únicamente pacíficas, desarrollándose formalmente un «proceso de paz» entre España y Venezuela a partir del año 1833. A partir de aquí se dan las condiciones que permiten iniciarlo formalmente. Gracias a un proceso de empoderamiento pacifista de las partes, basado en la confianza generada por el cumplimiento de acuerdos y en la ventana de oportunidad que se presentó en ambos contextos políticos, se consolida un esquema de negociación en el que se definió una agenda temática, los procedimientos a seguir y las facilitaciones entre dos o más partes. Y todo ello gracias a la presencia de un elemento adicional clave a los que existían en el año 1820: la generación de la necesidad en los actores de resolver definitivamente el conflicto basado en la negociación de objetivos.

El Tratado de Reconocimiento, Paz y Amistad celebrado entre Venezuela y España en 1845 y ratificado un año más tarde, fue el resultado de un proceso de paz dinámico y complejo, resultado de la acción de personas, tanto militares como civiles, de ambos lados del conflicto, que en su momento desplegaron toda una suerte de habilidades y capacidades para potenciar las regulaciones pacíficas. Si bien los representantes de ambos países defendieron los intereses de sus respectivos estados, al final privó la coincidencia en el interés de resolver definitivamente el conflicto. Destaca el hecho de que militares, los cuales suelen identificarse necesariamente con la violencia, hayan dado pasos decisivos en la promoción de vías pacíficas para resolver el diferendo. Y es que la paz es una cuestión de potenciación de las capacidades propias para regular un conflicto por vías pacíficas. En segundo lugar, resalta también el hecho de que el Tratado es el resultado de la interacción de determinadas circunstancias conflictivas, intranacionales e internacionales de ambos estados, que terminaron por potenciar la suscripción del mismo. El éxito de un proceso de paz y reconciliación depende en gran parte de la influencia y la actitud que asuman sus líderes.

Es posible identificar en el conflicto la interacción de paces y violencias imperfectas más allá de la propia diatriba emancipadora. Si bien la selva amazónica y el sur de Guayana eran parte del conflicto entre patriotas y realistas –porque la autodeterminación implicaba la totalidad del territorio de Venezuela– solo lo eran desde un punto de vista formal, ya que dicho conflicto no llegó de hecho a la mayor parte de estas zonas. Estos espacios geográficos conformados por comunidades indígenas –entre las cuales destacan los yanomamis, los piaroas y los guajibos– podrían ser vistos como espacios de paz dentro del conflicto por la independencia, ya que sus territorios también formaban parte de la región que estaba en litigio entre realistas y patriotas. Si bien los bandos incorporaron en sus filas indígenas que habitaban en las áreas de influencia donde se asentó el hombre blanco y mestizo (fundamentalmente en la zona costera, los Llanos y la zona montañosa de los Andes), aquellos que habitaban o se desplazaron a las intrincadas zonas selváticas del sur de Venezuela se mantuvieron prácticamente aislados e inconscientes de la naturaleza y las consecuencias de este conflicto.

Otros espacios de paz imperfecta fueron aquellos donde se ubicaba la población de la zona de los Llanos sureños de Venezuela, los cuales también se mantuvieron, en parte, al margen del conflicto independentista. Desde una perspectiva crítica, Izard recuerda que hacia el sur de la zona llanera tanto los negros que escapaban del sistema esclavista como aquellos mulatos (cimarrones) que eran originarios de esta zona llevaban adelante una forma de vida que distaba mucho de aquel modelo de sociedad excedentaria, violenta y explotadora que se planteaba en el norte del país: aquella que se disputaban blancos canarios, peninsulares y criollos para implantar un incipiente modelo capitalista. No obstante, ya hacia finales del siglo XVIII, tanto los mulatos como los exesclavos que vivían en las poblaciones cimarronas de los Llanos venezolanos empezaron a verse afectados por la violencia de la sociedad colonial que se acercaba a estos territorios cuando los criollos lo conquistaban para el pastoreo de ganado. Esto generó nuevos conflictos sociales y económicos que interactuarían y harían más compleja la independencia de Venezuela.

Finalmente, durante el conflicto, incluso en las zonas donde se expresó la diatriba de diversas maneras entre patriotas y realistas, las regulaciones violentas convivieron permanentemente con instancias pacíficas. Ya lo señalaba Gil Fortoul cuando destacaba que en medio de los innumerables combates hubo siempre hombres que pensasen, escribiesen, hablasen y legislasen, y una parte del pueblo cultivó los campos, abrió caminos, transportó y exportó productos, conservó, en suma los elementos constitutivos de la patria. En esta tónica, Quintero ha dado cuenta de la existencia de actividades económicas, sociales, judiciales, comerciales, religiosas y lúdicas a pesar del conflicto que se desarrollaba entre patriotas y realistas. Y es que otro error de la historia oficial es reducir la recreación de este período histórico a las gestas heroicas en las regulaciones violentas por la Independencia entre 1810 y 1831. Como sucede en todos los conflictos políticos con expresiones de violencia, más allá de la guerra hubo un gran número de instancias en las que la gente común se mantuvo al margen de la contienda o, en ocasiones, se vio afectada. Pero contrario a lo que prevalece en el imaginario común, la mayor parte de la población en Venezuela no estuvo involucrada activamente en la contienda.

En Venezuela, el conflicto por la independencia fue, además de internacional, un conflicto intranacional, por lo cual la reconciliación, no solo entre españoles y venezolanos sino entre patriotas y realistas nacionales, se debió en gran medida al cambio en la visión de los líderes políticos y en la activación de capacidades en personas con cierto asidero en la sociedad. En los primeros años del conflicto, se producirán algunas experiencias de mediación para prevenir regulaciones violentas en el conflicto que iniciaba. Gran Bretaña como actor internacional, por una parte, y autoridades de la Iglesia Católica, emplearán los buenos oficios y la mediación a fin de evitar la violencia. Mediación vista más en el sentido de la paz imperfecta, es decir, como actores accionando en pro de fomentar espacios y regulaciones pacíficas. Si bien dichas mediaciones no evitarán las regulaciones violentas entre patriotas y realistas, la acción temporal o permanente de estos actores – así como la de otros muchos– sería crucial para la habilitación de espacios y momentos de paz durante todo el conflicto.

Hubo experiencias mediadoras iniciales que intentaron prevenir la violencia en el conflicto. Primero, por la crisis de legitimidad en el movimiento juntista que buscaba salvar la monarquía entre las provincias de Venezuela. Posteriormente, entre realistas y patriotas. Buenos oficios, cartas, discursos y exaltaciones que apelaron en todo momento al entendimiento de las partes, la búsqueda de salidas consensuadas, la protección de la población civil y el mantenimiento de la institucionalidad. Esto muestra que no todos pensaban en términos de violencia sino que, contrario a la omisión de los relatos de la historia oficial, muchos entendían las consecuencias de esta y apelaban al fomento de las regulaciones pacíficas. Representantes del clero, tales como Santiago Hernández Milanés y Narciso Coll y Prat, potenciaron sus capacidades para promover mediaciones para el entendimiento, el respeto a la institucionalidad y/o la denuncia contra los excesos del poder.

Actores como Boves y Páez, que en sus primeros años fueron importantes promotores de violencia directa y cultural, serán al mismo tiempo impulsores de importantes acciones de paz positiva para la inclusión de sectores discriminados por la violencia estructural de la sociedad colonial. Por otra parte, actores como Bolívar y Morillo, que fueron impulsores de acciones de violencia directa y cultural, a través de la llamada Guerra a Muerte y la Pacificación, otorgaron amnistías e hicieron respetar los tratados suscritos en 1820. El propio Sucre, artífice del Tratado de Regularización de la Guerra y precursor del Derecho Internacional Humanitario, fue autor de hechos muy violentos contra los pobladores de Pasto.

A nivel de estados, tanto en los representantes del gobierno de Venezuela como en los de España se observó la intención de resolver el conflicto de manera pacífica, asegurando el máximo de bienestar para cada parte. El proceso de paz emprendido entre España y Venezuela fue producto del esfuerzo desarrollado por actores como Páez, Soublette, Montilla, Morillo, la regente María Cristina y la reina Isabel ii. Esto se plasmó en la redacción y firma del Tratado de Reconocimiento, Paz y Amistad celebrado entre la República (de Venezuela) y S.M. la Reina de España.

La firma del Tratado de Paz y la negociación del reconocimiento de Venezuela por parte de España fue el resultado de una regulación pacífica larga y dinámica, con sus altas y bajas, por donde pasaron diferentes actores de ambos lados del océano, pero que al final, a pesar del tiempo, de los asuntos internos de cada país y de la activación de capacidades de cada uno de los negociadores, pudo llegar a buen término.

Abordar la independencia desde el giro epistemológico permite explorar nuevas facetas sobre los elementos del proceso de paz desarrollado y las características del Tratado suscrito entre España y Venezuela. El elemento más importante para que un conflicto político se encamine por vías pacíficas es que en los actores involucrados se «genere la necesidad» de potenciar sus capacidades para la paz o, al menos, que haya una convicción negociadora. Esto se manifiesta cuando hay voluntad de diálogo, bien para reconocerse y/o para negociar. Cuando las partes, o al menos una de ellas, ven en la violencia el camino para alcanzar sus objetivos y la negación de los de su contraparte, es difícil que se establezca un diálogo. Esta necesidad puede generarse, tal como señala Fisas, por desgaste de uno de los actores, por desgaste de ambos, por presión interna, por influencia de un elemento externo o por un cambio de percepción en los liderazgos o en las bases de los bandos. Es fundamental que al menos una de las partes tenga voluntad de hacerlo y convenza a la otra de la necesidad de dialogar, o que elementos externos de suficiente intensidad proporcionen nuevas oportunidades que puedan ser aprovechadas.

El consenso tácito sobre la necesidad de buscar una salida dialogada y no violenta a un conflicto, es decir, la llamada voluntad política, es la condición más importante para que se inicie o restablezca una negociación. Esta condición se da a finales del año 1819 y principios de 1820, cuando los líderes de ambos bandos sintieron la necesidad de reducir la violencia directa y cultural del conflicto que se venía arrastrando desde el año 1810. Esa necesidad sentida será el primer escalón que establecerá los primeros encuentros formales entre ambos bandos. Asimismo, en un conflicto político es importante aprovechar aquellas «ventanas de oportunidad» que surgen de manera no prevista para iniciar el camino hacia escenarios de negociación y diálogo. Estas coyunturas o ventanas podrían caracterizarse también como «mediaciones» las cuales, desde el punto de vista de la complejidad, permiten dinamizar el conflicto, bien sea para intensificar regulaciones pacíficas o violentas.

Estas complejas coaliciones que se dan en noviembre de 1820 generan los primeros encuentros entre patriotas y realistas, favorecen la redacción de un Tratado de Armisticio, promueven la regularización de la guerra y permiten el primer encuentro entre los líderes de cada grupo. A partir de este momento los actores se reconocen política y jurídicamente y recuperan la «otredad», es decir, el hecho de que cada uno considera a la contraparte como un «otro», que al igual que él tiene el mismo derecho de defender sus propios intereses, objetivos y/o necesidades.

Un obstáculo frecuente para la facilitación de una negociación entre patriotas y realistas fue la legitimidad de los líderes de cada bando. La composición heterogénea de los partidos con grupos con intereses, objetivos y necesidades igualmente heterogéneas y la necesidad de conciliar entorpecieron en muchas ocasiones los acercamientos. La «legitimidad de los voceros» es una cuestión básica en los procesos de negociación, a fin de saber con quién negociar, es decir, quienes son legítimos interlocutores. Dicha legitimidad fue un permanente motivo de conflicto al interior de cada bando, sobre todo entre los años de 1811 y 1817, momento en el que se consolida el liderazgo de cada bando. Era difícil que todos los «grupos interiores» se sintieran representados en su totalidad (entendiendo a estos como los conjuntos de individuos que componen a un actor colectivo) y que los líderes hicieran cumplir sus decisiones. Una vez se definió claramente la élite de cada bando, arropada bajo el manto de la legalidad y el monopolio de jerarquías al interior de los partidos, se dieron las condiciones para generar un acercamiento por la vía del diálogo. Pero para ello fue necesario ir eliminando las barreras en la forma en que cada uno se percibía y «generar confianza». Es en la fase de prenegociación de acuerdos cuando se construye la confianza, porque sin ella ningún actor se atreverá a dar un paso en función de ceder. De hecho, para fomentar la confianza entre las partes es necesario garantizar la confidencialidad, mostrarse comprometido en el proceso, buscar acercamientos informales y ser conscientes del costo que supondría abandonar las negociaciones.

Ese acercamiento que inició con el intercambio de epístolas, proclamas de reconocimiento y comunicaciones diversas entre 1819 y 1820, se consolidó con los encuentros de Trujillo y Santa Ana. Allí, en el lapso de tres días entre el 25 y 27 de noviembre de 1820, se generó un importante proceso de comunicación que permitió generar una percepción basada más bien en la «empatía», capacidad de colocarse en el lugar de otro, de sufrir con el otro, a fin de comprender las circunstancias por las que atraviesa en un determinado momento y entender las razones de su punto de vista, a pesar de no necesariamente compartirlo. En estas conversaciones se percibió una preocupación mutua por los niveles de violencia que había alcanzado el conflicto, por los efectos que había tenido la controversia durante todos esos años.

En ese sentido, y a pesar de no haber coincidencia en los objetivos, se logró «identificar intereses comunes» por lo que se propone iniciar un alto al fuego temporal (armisticio) y reducir la violencia para disminuir sus niveles y limitar su ámbito de acción (regularización de la guerra), lo cual no era menor cosa. Tanto patriotas como realistas habían pasado por un proceso de redefinición del enfrentamiento y en ambos partidos se habían consolidado «actitudes moderadas». Hubiese sido casi imposible alcanzar una negociación concertada exitosa en los primeros años del conflicto por la visión extremista que tenían los principales líderes de los bandos en pugna entre 1812 y 1819: por un lado Monteverde y Boves y, por el otro, Bolívar y Páez, mantuvieron actitudes bastantes extremas, al igual que el general realista Pablo Morillo en sus primeros años en Venezuela y el general patriota Francisco de Paula Santander en Nueva Granada. De hecho, las únicas negociaciones que se hicieron en este período fueron la capitulación suscrita por Miranda y Monteverde en 1812 y la amnistía de Morillo hacia Arismendi en 1815 que, al ser violadas con la complicidad de los factores radicales, se convirtieron en una experiencia infructuosa que terminó por reforzar la desconfianza que entre ambos bandos ya se había generado.

A estos actores se les suele denominar *spoilers* o saboteadores de la paz, porque ven amenazadas sus posiciones, privilegios, intereses o poder y usan la violencia para reventar el proceso. No obstante, no es adecuado calificar o encasillar a determinados actores con un adjetivo, ya que hasta los personajes que en algún momento pudiesen asumir conductas extremas y violentas pueden potenciar intencionalmente o no sus capacidades de regular conflictos pacíficamente o promover tipos de paz, como efectivamente sucedió.

La «capacidad de cumplir los acuerdos» era, a partir de noviembre de 1820, un aspecto fundamental para caminar hacia un proceso de paz en el futuro. Gran parte del éxito de las primeras negociaciones de paz en el conflicto por la independencia se producen a partir de esa fecha con la regularización de la guerra, ya que tanto patriotas como realistas potenciaron valores liberales como la honorabilidad y la caballerosidad, con lo cual garantizaron el trato humanitario y el cumplimiento de los tratados alcanzados entre ambos bandos del conflicto. De hecho, si bien el reinicio de hostilidades se efectúa unas semanas antes de lo previsto, esta decisión fue anunciada tal como lo establecía el Tratado. El respeto de estos valores liberales como intereses comunes a ser conservados nos habla de un «empoderamiento pacifista» que abonó el terreno para el inicio del proceso de desarme, amnistía y reinserción de los realistas entre los años de 1821 y 1831, incluso antes del inicio formal del proceso de paz para la búsqueda de la solución final del conflicto. En esta década, a pesar de la existencia de expresiones de violencia, hubo una potenciación de capacidades para la paz, lo cual habla de la interacción entre paces estructurales imperfectas y violencias estructurales imperfectas. Se efectuaron varias capitulaciones y amnistías con el consiguiente desarme y desmovilización de aquellos que protagonizaron acciones violentas y su progresivo proceso de dignificación y reintegración a la vida nacional.

Finalmente, en el año 1833 el gobierno del general José Antonio Páez envía a Carlos Soublette en misión diplomática a Europa a negociar el reconocimiento de la independencia por parte de España. Utilizando los canales diplomáticos británicos se generarán puentes con las autoridades españolas acreditadas en Londres y los primeros acercamientos directamente en la península ibérica. A partir de aquí se inicia formalmente el «proceso de paz», entendido como la consolidación de un esquema de negociación, una vez que se han definido la agenda temática, los procedimientos a seguir y las facilitaciones entre dos o más partes[265].

El 20 de marzo de ese año se efectuará una mediación muy interesante. El general Soublette y el general O'Leary se encontrarán en Galicia con el general Morillo, quien fuese el máximo líder de los realistas en Venezuela. Aquí se observa no solo el interés compartido por parte de España y Venezuela de alcanzar un arreglo pacífico final a un conflicto que ya se extendía por un cuarto de siglo, sino también cómo en el general español se habían potenciado las capacidades de paz, después de haber sido el líder de las tropas realistas en Venezuela y haber sufrido los rigores y crueldades de la guerra. Y es que Soublette, en su progresivo contacto con actores del reino, señala en su primer informe a Venezuela que son los españoles que han sido empleados en América, y especialmente en hacer la guerra en Colombia y Perú, los que curiosamente abogan más por el éxito del reconocimiento. Morillo, quien había negociado con Bolívar en 1820, facilitará una reunión con el gobierno constitucional de España, con lo cual se efectuará el primer encuentro entre los representantes de cada país. Aquí será fundamental todo el trabajo desarrollado en años anteriores, la socialización de los valores liberales y los acuerdos alcanzados con base en intereses. Sin embargo, ahora será necesario iniciar negociaciones con base en objetivos.

Estas conversaciones, que se extienden por casi otra década, generarán diversas regulaciones de paz negativa, positiva y de cultura de paz, encuentros entre actores, mediaciones de paz (por ejemplo a través de la reactivación del comercio y la diplomacia)

---

265 Escola de Cultura de Pau. *Informe Alerta 2010: informe sobre Conflictos, Derechos Humanos y Construcción de Paz*. Barcelona: Escola de Cultura de Pau, Universidad Autónoma de Barcelona, Icaria Editorial, 2009, p. 96.

favorecidas por posturas moderadas, pero también distintas interrupciones de ambos lados en el tiempo, tanto por la presencia de actitudes extremistas de algunos actores como por la dinámica interna de cada país. La conciliación de los objetivos fue siempre la más compleja. No obstante, como en este caso la independencia ya era un hecho irreversible, las negociaciones se centraron en los costos de dicho reconocimiento.

Finalmente, el 30 de marzo de 1845 se suscribió el Tratado en el cual las partes coincidían en la «satisfacción del objetivo» (la independencia de Venezuela del Imperio español) pero gracias, por una parte, a que la autodeterminación era ya un hecho y, por otra, a la satisfacción de ciertas necesidades e intereses –el reconocimiento por parte de Venezuela de la deuda española–, alcanzando así la resolución definitiva del conflicto. Venezuela reconocerá y asumirá la deuda hasta el día en que decreta su independencia, el 5 de julio de 1811.

Mediante la firma del tratado, España renunciaba a sus derechos coloniales de manera definitiva, con lo cual se elimina una de las más antiguas formas de violencia como lo son los derechos derivados por conquista de un territorio. También con dicho reconocimiento se eliminaba la causa inicial del conflicto político con los patriotas: la diferencia de criterio acerca de la soberanía y dependencia político territorial de Venezuela. En segundo lugar, y en correspondencia con lo anterior, España reconocía la independencia de Venezuela y todos los derechos que implicaba la soberanía sobre su territorio y la autodeterminación, con lo cual –adicionalmente a la reducción de la violencia del conflicto– se impulsan reivindicaciones de paz positiva a favor de Venezuela. El reconocimiento español de Venezuela sería de tipo político y jurídico, en cuanto a que, a pesar de que es un reconocimiento unilateral, se apoya en un documento jurídico bilateral suscrito entre dos estados.

Destacan también elementos que promueven una cultura de paz entre ambas naciones. La amnistía demuestra el deseo de impulsar una nueva forma de relacionamiento entre ambos países sobre principios de paz, perdón, unión y amistad. Se promueve el olvido acerca de los daños y perjuicios causados por la guerra, procurando no reavivar o exigir cuentas por acciones o hechos del pasado. Hoy en día los especialistas en conflictos hablan más que de olvido de memoria histórica, como una dinámica que requiere de corresponsabilidad, reconocimiento, reparación y/o reconciliación. En esta misma tónica se acuerda en el texto no consentir ningún tipo de iniciativa que busque amenazar la paz y seguridad del otro Estado, siendo un compromiso de cada parte la aplicación de la justicia sobre sus autores.

En el texto del tratado también se expresa el consentimiento en condenar cualquier tipo de iniciativa violenta, habla del compromiso con una actitud de perdón. El perdón es quizá el proceso más difícil de un proceso de paz. A fin de afianzar los espacios comunes más allá de las diferencias que durante tantos años fueron remarcadas, se reconoce y resalta el espacio común de los orígenes, del mestizaje racial, cultural, religioso y lingüístico, del comercio y las actividades económicas de provecho mutuo como nueva forma de relacionamiento entre ambos países, como una forma de dejar atrás el desencuentro y, con un nuevo ánimo, encontrarse cada uno en el otro.

El tratado también promueve la protección de sus derechos a nivel de herencia, sucesión, pagos de deuda, devolución o reconocimiento de bienes, indemnizaciones y, en general, de derecho civil y mercantil. Uno de los artículos aborda el punto del servicio militar y protege a los extranjeros de ambos países al exonerarlos de cumplir con dicha obligación. Desde el punto de vista de la paz negativa, los españoles en Venezuela o los venezolanos en España están exentos de verse obligados a participar en un conflicto regulado violentamente. En ese sentido, recuerda tangencialmente pero con continuidad aquel artículo del Tratado de Regulación de la Guerra de 1820 que protegía a la población no combatiente de las regulaciones violentas del conflicto por la independencia de Venezuela.

Otros artículos presentan la activación de una mediación que facilita el encuentro entre dos o más partes con el fin de satisfacer necesidades mutuas. En este caso, la reactivación e impulso del comercio es una manera de establecer y consolidar nexos, las cuales son medidas de paz positiva porque benefician a los estados y mejoran las condiciones de sus empresas y habitantes. Termina el tratado con el articulado que formaliza la diplomacia y las relaciones consulares, los cuales sin duda son medidas, por una parte, de paz positiva, porque benefician a sus ciudadanos y el futuro desenvolvimiento de las relaciones entre ambos países y, por otra parte, son promotoras de una cultura de paz.

Finalmente, el artículo 5, en el que se negocia el reconocimiento de la deuda nacional por parte de Venezuela será, sin lugar a dudas, el más difícil de solventar. Fundamentalmente porque, si bien ya había pasado el tiempo, la independencia estaba decidida desde hacía mucho y el comercio había sido reactivado, la existencia de la deuda seguía afectando la economía de ambos países y sus relaciones financieras con los bancos, fundamentalmente en el caso de las arcas españolas cuyo siglo XIX había sido (y seguiría siendo) bastante complejo. Tan difícil fue su negociación que ambas partes acordaron diferir su discusión para un arreglo posterior. Esto representó una muestra de altura de miras de parte de ambos estados y de gran confianza por parte de España.

Más de un año después se negociará en España el artículo 5º, en el cual Venezuela reconocerá la deuda hasta el día 5 de julio de 1811, fecha de la firma del Acta de la Independencia. Con la complementación del contenido de este artículo, Venezuela cedía en parte de sus intereses como Estado, pero a su vez España reconocía que, a partir de la declaración de independencia venezolana, el cobro de la deuda posterior al inicio del conflicto no era del todo justo, pues se trataba ya de un país independiente.

El tratado suscrito entre España y Venezuela en 1845 y ratificado en 1846 será la plasmación de años de maduración del conflicto, de años de socialización de valores liberales, de coincidencia e interacción de mediaciones y paces negativas, positivas y culturales imperfectas. Si bien este tratado cierra el conflicto político entre patriotas y realistas, entre Venezuela y España, no será suficiente para solucionar conflictos sociales y económicos que se superpusieron al conflicto independentista y que continuarán siendo regulados a lo largo del siglo xix. La complejización de dicho conflicto vendrá por la participación en cada bando de diversos grupos de la sociedad con intereses, necesidades y proyectos que buscarán satisfacer a través de estos. El éxito y fracaso de cada bando vendrá de su mejor o peor conjugación o mediación con las mentalidades de los grupos mayoritarios, es decir, de su capacidad de servir de canalizadores o reguladores de estas expectativas. Sin embargo, estos conflictos sociales y económicos de los grupos sociales más bajos de la sociedad colonial no serían resueltos por la independencia porque, si bien los reguló y dinamizó parcialmente, fueron más un medio para el proceso de secesión y libre determinación, y no fines del mismo. De ahí su recurrencia y posteriores regulaciones en el marco de nuevos conflictos políticos a lo largo del siglo xix, como es el caso del emblemático conflicto federal.

A nivel social, diversos historiadores han señalado que el conflicto federal dinamizó parte de las demandas de grupos sociales que no fueron canalizadas del todo por la independencia. La Guerra Federal permitió el ascenso de una nueva élite en el poder, muchos de los cuales venían del grupo de los pardos, y logró implantar el igualitarismo en cuanto a una estima similar para todos. Este logro es fundamental si se toma en cuenta que hasta una generación atrás la sociedad se estructuraba por castas. Ese proceso de inclusión e igualación de la sociedad en cuanto a derechos políticos y sociales será lento pero cada vez más efectivo, a pesar del caudillismo y el autoritarismo. Porque todos los conflictos denotan una continua interacción entre regulaciones pacíficas y violentas, siendo la imperfección su característica común.

Si bien es solo a mediados del siglo xx cuando los civiles comienzan a tener un protagonismo más importante en el desarrollo de la sociedad, lo cierto es que durante todo ese preludio los procesos de violencia directa y estructural interactúan continuamente con acciones de paz positiva y negativa. Solo es a partir de 1958, señala Straka, cuando podría hablarse de la igualación de derechos sociales y políticos. Quizá es solamente en este momento, cuando se inicia el período democrático en Venezuela, cuando se dan los primeros pasos del proceso de reconciliación y convivencia real después de un extendido conflicto intranacional.

www.ingramcontent.com/pod-product-compliance
Lightning Source LLC
Chambersburg PA
CBHW031949080426
42735CB00007B/325